Vorwort

Das Hohe Venn ist ein wahres Wanderparadies im Südosten Belgiens. Es befindet sich rund um den höchsten Punkt des Landes und bietet trotz fehlender Gipfel so manche schöne Aussicht bis weit in die Wallonie und nach Deutschland hinein. Zu jeder Jahreszeit haben Wanderungen in der Vennlandschaft ihren Reiz, doch sollte man nicht vergessen, dass ein Venn eine Moorlandschaft ist und daher auf vielen Routen wasserdichte Schuhe das Wandern erleichtern. Fichtenwälder wechseln sich mit weiten Mooren ab und werden von rauschenden Wildbächen durchzogen, deren Quellgebiete die feuchten Weiten des Venns sind. Diese wiederum sind Lebensraum für zahlreiche Libellenarten, das selten gewordene Birkhuhn und für Eidechsen, die sich auf den für das Hohe Venn charakteristischen Holzstegen sonnen. Die Routenvorschläge umfassen einfache und kurze Wanderungen, um die besondere Landschaft des Hochmoores kennen zu lernen, aber auch drei herausfordernde Streckenwanderungen, auf denen man an einem verlängerten Wochenende das gesamte Venn umrundet und durchquert. Beinahe alle vorgeschlagenen Touren können miteinander kombiniert werden.

Präzise Karten, genaue Streckenbeschreibungen, zahlreiche Stadt- und Ortspläne und Hinweise auf das kulturelle und touristische Angebot der Region – in diesem Buch finden Sie alles, was Sie zu einer Wanderung im Hohen Venn brauchen – außer gutem Wetter, das können wir Ihnen nur wünschen.

Kartenlegende

* in Auswahl

Wanderweg auf Hartbelag
z. B.: befestigter Fußweg • ruhige Anliegerstraße

Wanderweg
breiter oder gut begehbarer Weg
z. B.: Wald- und Forstweg

Wandersteig, Pfad
schmaler Weg/Pfad • Wiesenweg

Klettersteig, Kletterstelle
• schwierige Stelle
• Trittsicherheit erforderlich
• Leiter

Verkehrsreicher Abschnitt
Strecke auf oder direkt an Straße mit starker Verkehrsbelastung

Variante, Alternativstrecke
z. B.: Ausflüge • Abkürzungen • Ein- oder Ausstiege • alternative Hauptroute

Anschlussetappen und weitere Touren

Wanderweg geplant
Wanderweg gesperrt
Tunnelstrecke, Unterführung
Fährverbindung; Lift
Stadt-/Ortsplan
Routenverlauf; Wegpunkt
Gefahrenstelle; Text beachten
Treppe

Tourist-Information
Unterkunft; Jugendherberge
Campingplatz; Zeltplatz
Gasthaus
Einkaufsmöglichkeit; Kiosk
Erlach sehenswerter Ort
Einrichtung im Ort vorhanden
sonstige Sehenswürdigkeit
sehenswerte Kirche; Kapelle
sehenswertes Kloster
sehenswerte Synagoge; Moschee
sehenswerte/s Schloss, Burg
sehenswerte Ruine
sehenswertes Denkmal; Wegkreuz
sehenswerte/s Bergwerk; Höhle
sehenswerter Turm; Leuchtturm
sehenswerte Wassermühle; Windmühle
sehenswertes/r Kraftwerk; Flughafen
Museum
Ausgrabung; Römische Objekte
Tierpark; Natur-Information
Naturpark; sonstige Natursehenswürdigkeit
Aussichtspunkt
Rastplatz; Unterstand
Schutzhütte; Grillplatz
Wanderparkplatz
Brunnen*
Freibad, Badestelle; Hallenbad
Bushaltestelle*

Maßstab 1 : 35.000

1 cm ≙ 350 m   1 km ≙ 2,9 cm

0   1   2   3 km

Hikeline
Wanderführer

Michael Moll

Hohes Venn

Belgien, Eupen, Spa, Malmedy

VERLAGESTERBAUER

Hikeline®-Wanderführer
Michael Moll
Hohes Venn

A-3751 Rodingersdorf, Hauptstr. 31
Tel.: +43/2983/28982-0, Fax: -500
E-Mail: hikeline@esterbauer.com
www.esterbauer.com
2. neu konzipierte Auflage 2022
ISBN 978-3-7111-0016-0
Bitte geben Sie bei jeder Korrespondenz die ISBN an!

Umschlagbild: pixabay - Marisa04
Bildnachweis: alle Bilder Michael Moll; außer Tourist Info Eupen: S. 216. S. 218

Dank an alle, die uns bei der Erstellung dieses Buches tatkräftig unterstützt haben.

Das *Hikeline*-Team: Birgit Albrecht-Walzer, Katharina Amon-Schneider, Katrin Baumhauer, Beatrix Bauer, Michael Binder, Veronika Bock, Petra Bruckmüller, Roland Esterbauer, Dagmar Güldenpfennig, Martina Kreindl, Daniela Lehnerova, Gregor Münch, Mario Nakić, Karin Neichsner, Carmen Paradeiser, Amélie Pommier, Manuel Randa, Petra Schartner, Sonja Schleifer, Christian Thoren, Isabella Tillich, Martin Trippmacher, Carina Winkelhofer, Martin Wischin, Wolfgang Zangerl

Kartographie erstellt mit axpand (www.axes-systems.com)

Kirche; Kapelle
Kloster
Synagoge; Moschee
Schloss, Burg
Ruine
Denkmal
Wegkreuz
Bergwerk
Höhle
historischer Grenzstein, Römerstein
Grabanlage, Hügelgrab
Turm; Leuchtturm
Wassermühle; Windmühle
Funk-, Sendeanlage
Kraftwerk
Umspannwerk, Trafostation
Windkraftanlage
Sportplatz, Stadion
Golfplatz; Tennisplatz
Flughafen; Landeplatz
Quelle
Kläranlage
Schiffsanleger; Schleuse

Nur in Ortsplänen

P Parkplatz
Parkhaus/Tiefgarage
Post*
Apotheke*
H Krankenhaus
F Feuerwehr
Polizei
Theater*

Wald; Wiese, Weide
Nassfläche, Sumpf, Moor; Heide
Weinbau; Garten
Friedhof; Sand, Düne
Steinbruch, Tagebau; Gletscher
Fels; Schutt
Gebäude; Siedlungsfläche
öffentl. Gebäude; Industriegebiet
See/Staumauer/Fluss
A13 Autobahn
B12 Schnellverkehrsstraße
B236 Fernverkehrsstraße
Hauptstraße
Pass (820 m) untergeordnete Hauptstraße / Pass
550 Nebenstraße / Höhenpunkt
Fahrweg; Weg
Pfad; Fähre
S Eisenbahn / Bahnhof; S-Bahnhof
Eisenbahn stillgelegt; Nebenbahn
Straßenbahn / Haltepunkt; Bergbahn
Materialseilbahn; Sessellift
Staatsgrenze / Grenzübergang
Landesgrenze
Kreisgrenze, Bezirksgrenze
Damm
Stadtmauer, Mauer
Kanal
Naturpark, Nationalpark
Truppenübungsplatz, Sperrgebiet
Höhenlinie 100m
Höhenlinie 25m
Kilometerraster mit UTM-Koordinaten

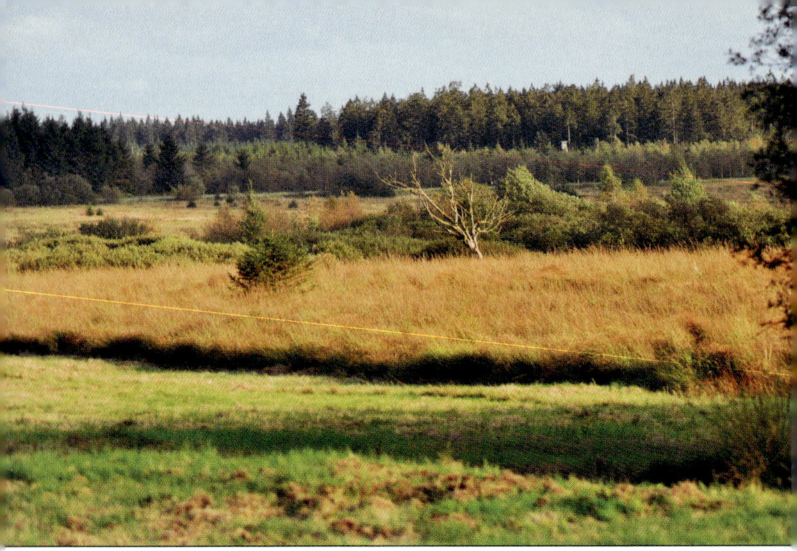

Inhalt

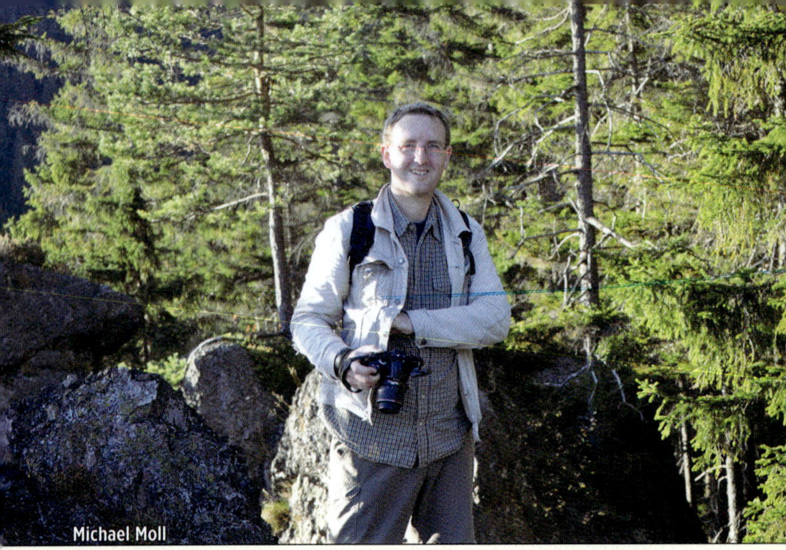

Michael Moll

Der Autor

Der in Essen geborene **Michael Moll** ist seit vielen Jahren als Reisebuchautor unterwegs und veröffentlichte bisher rund 90 Reiseführer, überwiegend in den Bereichen Wander-, Pilger-, Fahrrad-, und Wohnmobilreiseführer. Für seine Recherchen benutzt er niemals das Flugzeug, weshalb er zwar langsamer unterwegs ist, jedoch weitaus mehr Eindrücke aufnehmen kann. Um Ozeane zu überqueren, fährt er auf Frachtschiffen mit und für seine Reise nach China steigt er kurzerhand in den Zug.

Neben der Erstellung von Reiseführern hält er Multimediavorträge über seine Touren und veranstaltet Ausstellungen, in denen er einen Teil seiner Bilder präsentiert. Zudem ist er auch im Bereich der Tourismusförderung aktiv. So entwarf er beispielsweise ein Denkmal, welches den geografischen Mittelpunkt von Sachsen-Anhalt markiert und auf seine Initiative hin aufgestellt wurde.

Außerdem ist er vom Sauerländischen Gebirgsverein als Wanderführer zertifiziert und kann für Gruppenwanderungen gebucht werden.

Über seine Reisen und Projekte berichtet er nicht nur im Internet: www.michael-moll.com, sondern ist für die Leser und Wanderer auch in seinem Forum erreichbar: www.molls-reiseforum.de.

Hohes Venn

Das Hohe Venn befindet sich im Osten Belgiens, genauer gesagt in der Wallonischen Region. Es reicht im Norden an die Stadt Eupen heran, grenzt im Osten an die deutsche Grenze, wird im Süden von Robertville abgegrenzt und im Westen von einer gedachten Linie zwischen Jalhay und Malmedy. Da das Hohe Venn nicht als eigenständiger Naturraum gilt, wird es meist der Eifel oder den Ardennen zugesprochen. Das zeigt sich auch im Namen des Naturparks Hohes Venn – Eifel.

Das Hohe Venn ist weder Gebirge noch Ebene, sondern eine gewölbte Hochfläche mit einigen kleinen Seitentälern. Hat man also erst einmal die Hochfläche von Robertville oder Eupen aus erklommen, bewegt man sich zumeist in derselben Höhe und hat nur wenige Steigungen zu überwinden. Mit 694 Metern Höhe ist der Botrange nicht nur die höchste Kuppe des Hohen Venns, sondern zugleich auch der höchste Punkt Belgiens. Schon von jeher waren die Belgier bemüht, diesen Punkt zu erhöhen, um die 700-Meter-Marke zu erreichen, was Ihnen mit einer aufgeschütteten Treppe und einem Turm auf dem Botrange auch gelang. Der Höhenunterschied zur nächstgelegenen Ortschaft Eupen beträgt dabei rund 430 Meter.

Die Landschaft des Hohen Venns kann als rau bezeichnet werden. Starke Winde, meist von West, können über die ungeschützte Kuppe hinweg ziehen und bringen oft Niederschlag mit. Im Winter ist das Venn auch bei Langlaufsportlern beliebt und es existieren neben einem Langlaufzentrum auch mehrere Loipen.

Der Wasserreichtum der Moorlandschaft führte schon früh dazu, dass entsprechende Bauten entstanden, um das Wasser nutzen zu können. Da wäre zum einen die Gileppe-Talsperre, die zu ihrer Zeit Ende des 19. Jahrhunderts die größte Betonstaumauer Europas besaß, zum anderen die Wesertalsperre, die noch heute den größten Stausee Belgiens bildet. Nicht direkt zum Hohen Venn gehörend, aber in unmittelbarer, südlicher Nachbarschaft befinden sich die Stauseen der Warche bei Robertville und bei Bütgenbach. Doch die Flüsse und Bäche des Venns wurden nicht nur gestaut, sondern auch umgeleitet. So entstanden der Tunnel de la Helle (Hill-Tunnel), der einen Teil des Wassers der Hill unterirdisch in den Getzbach leitet, sowie der Soor-Tunnel, der zur Hochwasserschutzregulierung bis zum Gileppe-Stausee führt.

Namhafte Flüsse und Bäche im Hohen Venn sind die Weser/Vesdre, die Hill/Helle, die Soor, die Hoëgne (im Oberlauf auch Poleurbach), der Getzbach und die Rur. Darüber hinaus entspringen im Venn noch kleine Wasserläufe wie der Ternellbach, die Bayehon und die Ghaster.

Charakteristisch für das Hohe Venn sind die Holzstege, die den Besucher durch das Hochmoor leiten. So ist man zwar in den entsprechenden Venngebieten räumlich eingeschränkt, kommt aber dem sehr empfindlichen Venn so nahe wie möglich, ohne es zu schädigen.
Wo viel Wasser ist, herrscht auch viel Leben. Kaum ein Wanderweg, an dem es nicht brummt und summt und zahlreiche Libellen um einen herum kreisen. Neben diesen Hubschraubern der Natur trifft man auch immer wieder auf kleine Eidechsen, die sich auf den Holzstegen in der Sonne erwärmen. Nähert man sich ihnen langsam und mit vorsichtigen Schritten, so lässt sich ihnen sehr nahe kommen. Weniger nahe kommt man dem Birkhuhn. Die Vögel sind meist in den unzugänglichen Schutzzonen versteckt und benötigen diese auch in besonderem Maße. Trotz des Schutzes ist die ohnehin schon geringe Anzahl von Birkhühnern in den letzten Jahrzehnten deutlich gesunken. In manchen Regionen Mitteleuropas, wo das Birkhuhn früher selbstverständlich war, gilt es heute schon als ausgestorben. Daher sind die Schutzmaßnahmen im Hohen Venn zwingend notwendig. Das Birkhuhn ist zudem das Wahrzeichen des Naturparks Hohes Venn-Eifel.
Doch das Hohe Venn ist nicht nur eine reine Hochmoorlandschaft. Weite Wälder, überwiegend Fichtenwälder, sind ebenfalls typisch für die Hochfläche. Ein großer Teil der Wälder wird wirtschaftlich genutzt oder im Laufe der Jahre abgeholzt, um dem Moor wieder Platz zu schaffen. Auffällig sind hier die meist im rechten Winkel angelegten Wege oder breiten Schneisen, die sich durch die Wälder ziehen. Wenige dieser Schneisen sind mit Sichtblenden versehen, sodass Wanderer zu gegebener Uhrzeit mit viel Geduld eine Rast einlegen können, um mit etwas Glück Wild zu beobachten. Wildkatzen, Rothirsche, Rehe, Rotfüchse, Wildschweine, Marder, Blindschleichen und auch Luchse zählen neben zahlreichen Vogelarten zu den Tieren, denen man unterwegs begegnen kann. Blaubeeren, Wollgras und Heidekraut sowie Farngewächse untermalen den Landstrich.

Tourismus

Das Hohe Venn ist eine beliebte Wanderregion. Die drei beliebtesten Ausgangspunkte für Touren durch die Vennlandschaft sind Baraque Michel, Mont Rigi und Signal de Botrange. Sie liegen allesamt an der Nord-Süd-Tangente, die durch das Venn verläuft. Dort befinden sich auch die einzige Herberge (Baraque Michel) und die wenigen Restaurants im gesamten Venn. Das Schöne ist also: Es herrscht Natur pur, dafür besteht bei längeren Touren keine Infrastruktur, um unterwegs seinen Proviant aufzufrischen. Sämtliche Siedlungsflächen befinden sich außerhalb des Hohen Venns und somit auch in den meisten Fällen einige Höhenmeter niedriger.

Jedoch ist das Hohe Venn flächenmäßig nicht so groß und kann mit guter Kondition an einem Tag durchquert werden. Auf einer Wanderung von Nord nach Süd gilt aber zu beachten, dass mehrere Schutzzonen den Weg versperren und man so gezwungen ist, stellenweise auf die Straße auszuweichen, um nicht deutliche Umwege in Kauf nehmen zu müssen.

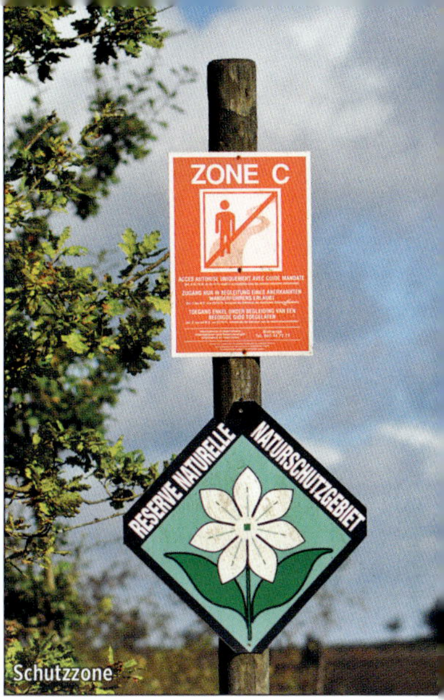

Schutzzone

Zahlreiche Wanderwege bieten eine reichhaltige Auswahl an kurzen und weiten Strecken, sowohl als Rundkurs als auch als Streckenwanderung. In den Orten um das Venn herum befinden sich zudem einige Pensionen und Bed and Breakfast-Unterkünfte – in den größeren Städten wie Eupen auch Hotels.

Schutzzonen

Die Moorlandschaften des Hohen Venns sind in vier Schutzzonen eingeteilt:
In den Wäldern dürfen Wege, Pfade und Forststraßen bedenkenlos betreten werden. Schneisen, die durch den Wald führen, sind jedoch tabu, es sei denn, die Wanderwegbeschilderung sagt etwas anderes. Hunde sind stets an der Leine zu führen und die Wege dürfen auch mit dem Rad, auf dem Rücken eines Pferdes oder auf Skiern erkundet werden. Zudem ist das Sammeln von Pilzen und Beeren erlaubt.
In der Schutzzone B darf nur auf markierten Wegen gewandert werden. Meistens handelt es sich in diesen Fällen ohnehin um Holzstege, die durch das Venn führen. Wer die Holzstege verlässt, begibt sich nicht nur in Gefahr, sondern schadet dem Venn auch in hohem Maße. Ein Moor kann sich nur sehr langsam erholen und ein Fußabdruck kann Schäden hinterlassen, die noch in Jahrzehnten zu sehen sind. Für Hunde, Fahrräder, Skifahrer und Pferde sind die Schutzzonen B grundsätzlich verboten. Ferner darf nichts gepflückt werden.
In der Schutzzone C gelten die gleichen Regeln wie in der Schutzzone B. Darüber hinaus dürfen diese aber nur in Begleitung eines anerkannten Wanderführers betreten werden. Informationen über geführte Touren erhält man im Naturparkzentrum Botrange.

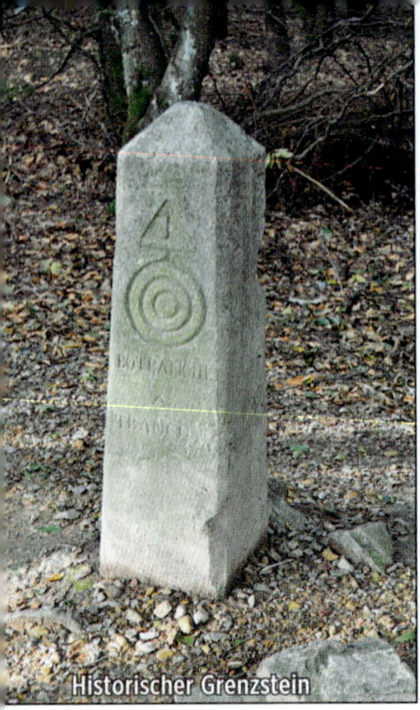

Historischer Grenzstein

Die Schutzzone D ist komplett der Natur vorbehalten und darf von niemandem betreten werden.
Außerdem befinden sich an den Zugängen zu den Schutzzonen Flaggenmasten. Sind dort – meist rote – Fahnen gehisst, warnen diese vor Gefahren wie Brandgefahr durch Trockenheit, Einschneien oder besonderen Maßnahmen zum Schutz der Flora und Fauna. In diesen Fällen ist das Betreten der Schutzgebiete ebenfalls untersagt. Informieren Sie sich im Wanderroutenplaner der Tourismusagentur Ostbelgien über aktuelle Sperrungen (www.ostbelgien.eu/de/wandern/wanderroutenplaner).
Im Sinne des sanften Tourismus wird darum gebeten, sich an diese Verbote zu halten, um der Natur ihren ohnehin schon geringen Rückzugsraum zu gewähren.

Hochwasser im Juli 2021

Die Hochwasserkatastrophe im Juli 2021 wütete auch im Hohen Venn. Speziell die Region um Eupen und der Bereich der Wesertalsperre waren betroffen. Hier traten viele Bäche und Flüsse – vor allem die Weser und die Hill – über die Ufer und richteten durch die Wassermassen mit Schlamm und Geröll großen Schaden an. In Eupen wurden fast 15 Prozent aller Häuser durch das Hochwasser beschädigt, als die Wassermassen durch die Straßen fluteten.
Bis zum Redaktionsschluss dieses Wanderführers waren immer noch einige Wanderwege und Brücken an Steinbach und Eschbach sowie im Hilltal und Getztal geschlossen. Das betrifft die Touren 2, 6, 10, 11, 39 und 48. Im Wanderroutenplaner der Tourismusagentur Ostbelgien sind die aktuell gesperrten Bereiche gekennzeichnet (www.ostbelgien.eu/de/wandern/wanderroutenplaner).

Brand im April 2011

Vermutlich durch Brandstiftung verursacht wütete am 25. April 2011 das schwerste Feuer seit 60 Jahren im Hohen Venn. Die anhaltende Trockenheit in diesem Monat begünstigte das Ausbreiten der Flammen, die erst nach zwei Tagen unter Kontrolle gebracht werden konnten. Die Feuersbrunst erstreckte sich über vier Kilometer und vernichtete 1.000 Hektar Moorlandschaft, darunter auch sieben Kilometer Holzstege. Doch schon Ende desselben Jahres konnte man mit Erleichterung feststellen, dass sich das Hohe Venn verhält-

Streckenstatistik					
Länge der Hauptstrecken:	508 km				
Aufstieg:	7.477 m	Abstieg:	7.477 m		
Hartbelag:	24 %	Wanderwege:	48 %	Wanderpfade:	28 %
Summe aller Strecken:	519 km				

nismäßig gut erholt hat. Die Brandflächen waren teilweise schon wieder überwachsen und in die zerstörte Landschaft kehrte sogar wieder Leben ein. Heute lassen sich fast keine Spuren mehr von dem Großbrand erkennen.

Vennkreuze und Grenzsteine

Markantes Zeichen für das Hohe Venn sind nicht nur die Holzstege, sondern auch die zahlreichen Kreuze, die in verschiedenen Ausführungen am Wegesrand stehen. Manche befinden sich ein wenig versteckt im Unterholz, andere sind überdacht oder haben eine Inschrift, die an ein bestimmtes Schicksal erinnert. Die ältesten Kreuze stehen meist an Kreuzungen und markieren diese auch als solche oder sind Teil einer ehemaligen Grenze, die sich durch die Region zog. Jüngere Kreuze weisen meist auf ein Einzelschicksal hin, wie zum Beispiel das Olivier Gazon-Kreuz. Gazon befand sich im Februar 1822 auf dem Weg von Sourbrodt nach Eupen oder Verviers und starb im Schnee. Das Kreuz wurde 1952 aufgestellt. Das Christiane-Kreuz erinnert an Léonard Christiane, der nach getaner Arbeit auf dem Feld von einem Blitz erschlagen wurde. Am bekanntesten, wahrscheinlich auch durch einen Hauch Romantik, ist wohl das Kreuz der Verlobten, welches an den tragischen Erfrierungstod eines jungen Paares erinnert. Kreuze jüngeren Datums gedenken auch der Schicksale von Soldaten, die hier mit ihrem Flugzeug abgeschossen wurden, und der Kriegsgefangenen, die in den Wäldern Zwangsarbeit verrichten mussten. Darüber hinaus existieren noch einige Denkmäler und Grenzsteine, welche die einstigen Fürstbistümer, Grafschaften und Staaten wie Holland und Preußen voneinander abgrenzten. Das Informationsbüro am Signal de Botrange und das Naturparkzentrum Botrange halten eine Übersichtskarte mit den meisten Kreuzen und Denkmälern bereit.

Streckencharakteristik

Länge und Höhenmeter

47 der in diesem Wanderführer vorgestellten Touren sind Rundkurse mit einer Gesamtlänge von 436 Kilometern. Die übrigen drei Streckenwande-

rungen (20,8 bis 28,7 Kilometer lang) können miteinander zu einem großen 72 Kilometer-Rundkurs kombiniert werden: Von Monschau geht es in einer Tageswanderung zum Teil an der Weser entlang zunächst nach Eupen, von dort in südliche Richtung über den höchsten Punkt des Venns bis Robertville. Am dritten Tag wird die Runde geschlossen, durch den Küchelscheider Wald und das Tal der Rur gelangen Sie wieder nach Monschau zurück.

Durch die verhältnismäßig geringe Größe des Venns ergeben sich meist relativ kurze Wanderungen, die sowohl an geübte Wanderer als auch an Einsteiger gerichtet sind. Die Länge der Touren liegt zwischen 4 und 20 Kilometern. Auch Hundebesitzer werden auf ihre Kosten kommen. Sie dürfen ihren vierbeinigen Freund zwar nicht mit in die Schutzzonen nehmen, aber auf den Touren durch die Wälder wird der Hund seine Freude haben.

Die meisten Touren beginnen an Wanderparkplätzen oder an Einbuchtungen, wo das Fahrzeug abgestellt werden kann. Mit öffentlichen Verkehrsmitteln ist der Großteil der Wanderrouten leider nur sehr schwer oder gar nicht zu erreichen.

Ausgedehnte Anstiege sind nicht zu befürchten, das Hohe Venn kann weitgehend als flach betrachtet werden. Lediglich die Einschnitte der kleinen Wildbäche und Flüsse erfordern Auf- und Abstiege, die jedoch keine Herausforderung darstellen.

Anforderungen, Ausstattung

Viele Wanderwege verlaufen auf Forststraßen, diese sind meist asphaltiert oder geschottert und gut begehbar. Auch die Holzstege lassen sich bequem erwandern. Dennoch empfehlen wir Ihnen gutes Schuhwerk, besonders die Wasserfestigkeit der Wanderschuhe ist von Bedeutung. Manche Teilabschnitte führen durch hohes, feuchtes Gras oder auch auf matschigen Pfaden. In abgelegenen Gebieten kommt es mitunter vor, dass ein schmaler Holzsteg nur sporadisch vorhanden ist und man sich manchmal zwischen Farnen, Gräsern und Pfützen wieder findet. Das klingt abenteuerlicher als es ist und sollte niemanden abschrecken – aber für wasserdichte Schuhe werden Sie bei den Wanderungen im Hohen Venn manches Mal sehr dankbar sein.

Die Angabe der Gehzeiten kann nur als Richtwert genannt werden. Hier spielen die eigene Kondition und die Geschwindigkeit eine große Rolle. Auch schlechtes Wetter ist ein Faktor, der eine Tour schon mal in die Länge ziehen kann. Pausen sind in den angegebenen Zeiten nicht berücksichtigt.

Die Wanderwege auf belgischem Boden verfügen nicht immer über Picknickplätze oder Schutzhütten. Der vorhandene Bestand befindet sich jedoch meist in einem guten Zustand und lädt zu einer Rast ein. Immer wieder passieren Sie auch einfache Sitzbänke, auf denen sich eine kleine Pause einlegen lässt. An

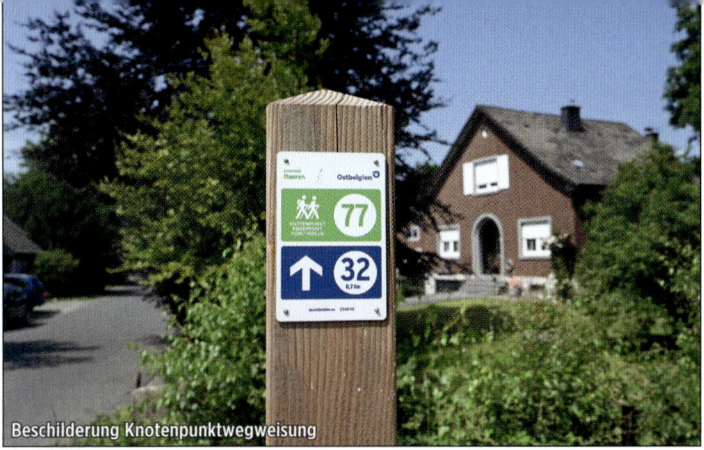

Beschilderung Knotenpunktwegweisung

Wanderparkplätzen und an den direkten Einstiegen in die Schutzzonen stehen zudem Informationstafeln mit Wanderkarten. Kioske existieren keine, Einkehrmöglichkeiten nur an den wichtigen Punkten Baraque Michel, Mont Rigi und Signal de Botrange sowie in den Ortschaften unterhalb der Hochebene.

Wegweisung

Die Wegweisung im Hohen Venn kann als sehr gut bezeichnet werden. Einfache Symbole wie Rauten, Rechtecke und Kreuze in verschiedenen Farben erleichtern die Orientierung und sind meist durchgehend vorhanden. Nur selten muss man an Gabelungen oder unübersichtlichen Stellen nach dem richtigen Weg suchen. Jedoch fehlen manchmal leider Kilometerangaben und fest definierte Startpunkte. So könnte man an jeder Stelle eines Weges einsteigen und so lange wandern, bis man wieder am Ausgangspunkt ankommt. Des Weiteren existieren auch hölzerne Wegweiser zu den markantesten Punkten im Venn, wie zum Beispiel Mont Rigi oder Baraque Michel. Diese Schilder befinden sich jedoch meist nur in den besser frequentierten Bereichen des Venns.

In den 2020er-Jahren wurde im Osten Belgiens damit begonnen, die Wanderwege mit einem Knotenpunktsystem zu verknüpfen. Markante Kreuzungen erhielten eine Nummer, sodass man mit Angabe der jeweiligen Ziffern von Kreuzung zu Kreuzung wandern kann. In dem Online-Wanderroutenplaner der Tourismusagentur Ostbelgien sind alle Nummern der vor Ort markierten Knotenpunkte in einer Karte angezeigt. Das Knotenpunktsystem ist noch im Aufbau und es bleibt abzuwarten, bis es flächendeckend im gesamten Hohen Venn vorhanden sein wird.

Jagden

In den Wäldern des Hohen Venns finden auch Jagden statt. Die einzelnen Zeiträume werden vorab angekündigt, unter anderem mit Plakaten. An den Wegen und Pfaden in den betroffenen Gebieten sind während der Jagd Verbots- und Informationsschilder angebracht. Zu diesen Zeiten sollten zur eigenen Sicherheit die entsprechenden Wanderwege gemieden werden.

Tourenplanung

Telefon

Auch wenn ein Großteil des Hohen Venns deutschsprachig und der Grenzbereich durch die Vennbahn auf den ersten Blick verwirrend ist, so befindet sich das Hohe Venn auf belgischem Boden, weshalb für Anrufe von außerhalb die Vorwahl 0032 zu wählen ist. Im unmittelbaren Grenzbereich können Mobiltelefone auch auf belgischer Seite noch deutschen Empfang haben und umgekehrt.

Sprache, Deutsch als Minderheit, Französisch-Wörterbuch

In Belgien existieren mit Niederländisch, Französisch und Deutsch drei Amtssprachen. Niederländisch wird überwiegend in Flandern, also im Norden Belgiens gesprochen. Der Süden des Landes, die Wallonie mit den Ardennen und dem Hohen Venn, ist französischsprachig, während im Osten die deutschsprachige Gemeinschaft Belgiens lebt. Sie ist mit etwas über 70.000 Menschen die kleinste der drei Sprachgruppen des Landes. Das deutsche Sprachgebiet ist zweigeteilt. Zum einen umfasst es die Region rund um Eupen, Raeren und Kelmis, zum anderen den Grenzraum zu Deutschland südlich von Bütgenbach. Das bedeutet, dass die Sprachgrenze durch das Hohe Venn verläuft und in Eupen keine Fremdsprachenkenntnisse notwendig sind, während am Südrand des Venns in Robertville und in Malmedy einige Grundkenntnisse in Französisch vorteilhaft sein können.

Infostellen

Tourismusagentur Ostbelgien, Hauptstr. 54, B-4780 St. Vith, ✆ 080/227664, info@ostbelgien.eu, www.eastbelgium.com

Verein Naturpark Nordeifel e. V., im Deutsch-Belgischen Naturpark Hohes Venn-Eifel, Bahnhofstr. 16, D-53947 Nettersheim, ✆ 02486/911117, info@naturpark-eifel.de, www.naturpark-eifel.de

Naturparkzentrum Botrange, Route de Botrange 131, B-4950 Robertville, ✆ 080/440300, info@botrange.be, www.botrange.be

Naturzentrum Ternell, Ternell 2/3, B-4700 Eupen, ✆ 087/552313, info@ternell.be, www.ternell.be

Verkehrsverein Eupen, Marktpl. 7, B-4700 Eupen, ✆ 087/553450,

info@eupen-info.be, www.eupen.be
Tourist-Information Robertville, Rue Centrale 53, B-4950 Robertville, ✆ 080/446475, info@robertville.be, www.robertville.be
Tourist-Information Signal de Botrange, Rue de Botrange 133, B-4950 Robertville, ✆ 080/447300, tourisme@waimes.be, www.waimes.be

Beste Reisezeit

Das Hohe Venn lässt sich grundsätzlich zu jeder Jahreszeit bereisen. Zugegebenermaßen ist die angenehmste Jahreszeit wahrscheinlich der Sommer, in der die Vennlandschaft ihre blühenden Heidekräuter präsentiert. Aber auch die raue Schönheit des Hochmoores im Herbst lädt zu schönen Wanderungen ein. Im Winter sind viele Holzstege bei hohem Schnee nicht begehbar, doch die Wälder und die zugänglichen Strecken lassen sich in der Bilderbuch-Winterlandschaft gut erwandern. Insbesondere Bewohner der Rheinischen Tiefebene zwischen Aachen und Köln können so mit einer kurzen Anreise zu einer Wintertour aufbrechen, obwohl bei ihnen vor der Tür keine Flocke liegen bleibt. Zu beachten sind aber auf jeden Fall die roten Flaggen, die an den Schutzzonen gehisst werden und das Wandern in den entsprechenden Gebieten untersagen. Grundsätzlich geschieht dies bei lang anhaltender Trockenheit. Informationen über gesperrte Wege erhält man beim Naturparkzentrum Botrange.

An- und Abreise mit der Bahn

Eupen, das Tor zum Hohen Venn, liegt im Nordwesten der Wanderregion. Bei der Anreise aus Deutschland nutzen Sie die Bahnverbindungen nach Aachen, dort haben Sie regelmäßig Anschluss an den Bus 14 nach Eupen, Fahrzeit etwa 30 Minuten. Von der Aachener Station Aachen-Rothe Erde können Sie auch die Orte Roetgen und Monschau im östlichen Bereich der Wanderrouten erreichen, dafür nutzen Sie die regelmäßigen Verbindungen der Buslinie SB66.

Busverbindungen

Ab Eupen Bushof bzw. Eupen Bahnhof verkehrt vier bis sechs Mal täglich die Buslinie 394 in Richtung Sankt Vith. Stationen sind u. a. der Kreisverkehr Drossart, Baraque Michel, Mont Rigi, Signal de Botrange, Naturparkzentrum Botrange (jeweils 20 bis 30 Minuten) sowie Sourbrodt, Elsenborn und Bütgenbach.
Eine weitere Busverbindung besteht ab dem Bahnhof Verviers. Die Buslinie 390 startet an der Haltestelle Verviers Gare Centrale und passiert Jalhay Centre, Baraque Michel, Mont Rigi, Signal de Botrange, Naturparkzentrum Botrange (jeweils 20 bis 30 Minuten) und fährt weiter durch Sourbrodt, Elsenborn und Bütgenbach bis Rocherath.

Infostellen

Deutsche Bahn AG, Reise-Service: ✆ 030/2970, Mo-So 0-24 Uhr, Auskünfte über Fahrpreise und Fahrpläne im In- und Ausland, Informationen über die Serviceleistungen der Deutschen Bahn, www.bahn.de

An- und Abreise mit dem Auto

Erster Anlaufpunkt für das Hohe Venn ist die im Norden gelegene Stadt Eupen. Von Deutschland aus ist sie über die Autobahn 44 und an Aachen vorbei problemlos zu erreichen. Auf belgischer Seite trägt die Autobahn die Nummer 3. Im Europäischen Fernstraßennetz handelt es sich um die E 40. Im Ort folgen Sie dann der Beschilderung nach Robertville bzw. nach Malmedy, weil man bei einer Fahrt in diese beiden Ortschaften das Venn automatisch durchquert und an den wichtigen Stationen Baraque Michel, Mont Rigi und bei einer Fahrt nach Robertville auch noch am Signal de Botrange vorbeikommt. Wer aus dem Süden Deutschlands anreist, wird vermutlich die Autobahn 50/E 42 nutzen. Auf belgischem Boden heißt sie A 27 und führt an St. Vith vorbei nach Malmedy. Malmedy befindet sich zwar bereits in der Nähe des Hohen Venns, Eupen liegt jedoch deutlich näher dran. So durchquert man also entweder auf der E 421 das Hohe Venn nach Eupen oder man bleibt auf der Autobahn 27 bis Verviers und wechselt dort auf die A 3 nach Eupen.
Wohnmobilfahrer steuern entweder den Camping de la Gileppe in der Nähe der Gileppe-Talsperre an oder fahren als Freisteher zum Schotterparkplatz am Signal de Botrange. Es existiert auf dem großen Platz am Waldrand zwar keine Ver- und Entsorgungsmöglichkeit, doch ist das Übernachten im Wohnmobil dort geduldet. Als Ausgangspunkt für Wanderungen im Hohen Venn ist dieser Platz geradezu ideal.

Übernachtung

Die Zahl der Übernachtungsmöglichkeiten im Hohen Venn ist eingeschränkt. Einige Quartiere befinden sich in den Ortschaften Eupen, Robertville und Jalhay. Doch auf der eigentlichen Hochfläche des Hohen Venns existiert nur die Herberge Baraque Michel, welche einfache, aber gemütliche Zimmer anbietet, Duschen und Toiletten befinden sich auf dem Gang. Weitere Schutzhütten oder Übernachtungsmöglichkeiten existieren nicht. Zelturlauber haben auf dem Camping de la Gileppe in der Nähe der Gileppe-Talsperre Gelegenheit, ihr Zelt aufzuschlagen, und Wohnmobilreisende können auf dem geschotterten Parkplatz am Signal de Botrange nächtigen. Für den 72 Kilometer langen Rundkurs sind am Ende der Etappen Übernachtungsbetriebe bei den Ortsdaten aufgelistet.

Bekleidung, Ausrüstung

Für eine gelungene Wanderung ist die Ausrüstung ein wichtiger Faktor. Der

Markt für Outdoorbekleidung ist mittlerweile unübersehbar, deswegen hier nur einige Grundregeln:
Der wichtigste Ausrüstungsgegenstand sind Schuhe mit Profilsohle. Die Passform sollte man vor einer längeren Unternehmung unbedingt auf Tagestouren überprüfen!
Für die Kleidung gilt das „Zwiebelprinzip": Mehrere Schichten erfüllen verschiedene Funktionen und lassen sich separat tragen sowie vielfältig kombinieren. Die unterste Schicht soll Schweiß vom Körper weg führen, darüber folgen bei Bedarf eine wärmende Schicht und zuletzt die äußerste Hülle, die Wind und Regen abhalten, trotzdem aber dampfdurchlässig sein soll.
Als Materialien kommen entweder Kunstfasern – leicht, wenig Feuchtigkeitsaufnahme, leider manchmal starke Geruchsbildung – oder hochwertige Wolle – etwas schwerer, wärmt aber auch im nassen Zustand und nimmt kaum Geruch an – in Frage. Baumwolle ist für anspruchsvolle Touren weniger geeignet, denn sie nimmt viel Feuchtigkeit auf und braucht sehr lange zum Trocknen.
Für Tagestouren benötigt man einen Regenschutz, eine Trinkflasche, Sonnenschutz, ein kleines Erste-Hilfe-Set und etwas Verpflegung für unterwegs. Bei Mehrtagestouren kommen noch Wäsche zum Wechseln, ein kleines Waschzeug und Kleidung für den Abend dazu. All das sollte in einem Rucksack von maximal 35 Litern Volumen Platz finden. Vor allem untrainierte Menschen sollten darauf achten, sich nicht zu viel Gepäck zuzumuten, denn die zusätzliche Belastung durch das Tragen kann eine schöne Wanderung schnell zur Quälerei werden lassen.

Zu diesem Buch

Dieser ***Hikeline*-Wanderführer** enthält alle Informationen, die Sie für Ihre Wanderung benötigen: exakte Karten, eine detaillierte Wegbeschreibung und die wichtigsten Informationen zu touristischen Attraktionen und Sehenswürdigkeiten.
Und das alles mit der ***Hikeline*-Garantie**: Die Routen in unseren Büchern sind von unserem Autor vor Ort geprüft worden. Um höchste Aktualität zu gewährleisten, nehmen wir nach der Erhebung Korrekturen von Lesern bzw. offiziellen Stellen bis Redaktionsschluss entgegen, die dann jedoch teilweise nicht mehr an Ort und Stelle verifiziert werden können.

Konzept

Am Beginn jeder Tour finden Sie grundlegende Informationen wie Start- und Zielort, die Länge, die zu bewältigenden Höhenmeter im Auf- und Abstieg, die Gesamtschwierigkeit, die durchschnittliche Wegzeit in normalem Gehtempo, ein Höhenprofil und die Anteile an Asphaltwegen, Wanderwegen und -pfaden sowie eine kurze Charakteristik der Tour. Die Gehzeiten und die Schwierigkeitsgrade werden bei allen Touren nach einem einheitlichen Prinzip ermittelt, somit sind Abweichungen von der Beschilderung vor Ort – bei der z. B. die Gehzeit oft von Gemeinde zu Gemeinde unterschiedlich berechnet wird – möglich.

LEICHT

Angenehme Familienwanderung, insgesamt nur geringe Höhenunterschiede und keine starken Steigungen und Gefälle, wenige kurze steilere Abschnitte sind aber möglich. Die Tour verläuft meist auf breiten und gefahrlos zu begehenden Wegen, sie kann (fast) bei jeder Witterung begangen werden. Die Wanderung stellt keine großen Anforderungen an Ausrüstung, Erfahrung und Kondition.

MITTEL

Die Wanderung erfordert normale Kondition und etwas Ausdauer. Längere Steilabschnitte und schmale, steinige Pfade oder schwierig zu begehende Bereiche sind möglich, Trittsicherheit ist teilweise erforderlich. Es können in sehr kurzen Bereichen gesicherte Kletter- und Gehpassagen vorkommen. Einige Wege sind bei Regen schwieriger begehbar und rutschig.

SCHWER

Die Tour erfordert abschnittsweise große Anforderungen an Kondition, Erfahrung und Orientierung. Große Höhenunterschiede mit z. T. auch längeren steilen Abschnitten kommen im Honen Venn nicht vor. Es gibt aber Touren, die sehr lang oder abschnittsweise schwierig zu begehen sind. Nur sehr selten kommen drahtseilgesicherte Passagen vor. Die Begehbarkeit ist stark witterungsabhängig.

Karten

Eine Übersicht über die geografische Lage der Touren gibt Ihnen die Übersichtskarte auf der vorderen inneren Umschlagseite.

Die Detailkarten sind im Maßstab 1:35.000 erstellt. Dies bedeutet, dass 1 Zentimeter auf der Karte einer Strecke von 350 Metern in der Natur entspricht. Zusätzlich zum genauen Routenverlauf informieren die Karten auch über die Beschaffenheit des Bodenbelags bzw. über die Art des Weges sowie über kulturelle und gastronomische Einrichtungen entlang der Strecke. Die Höhenlinien haben einen Abstand von 25 Metern.

Die beschriebene Haupttour wird immer in Blau, Varianten oder Abstecher in Grün dargestellt. Die genaue Bedeutung der einzelnen Symbole wird in der Zeichenerklärung auf den Seiten 4 und 5 erläutert.

Textteil

Der Textteil besteht im Wesentlichen aus der genauen Routenbeschreibung. Stichwortartige Streckeninformationen werden von dem Zeichen ⤳ begleitet. Manche besonders markante oder wichtige Punkte auf der Strecke sind als Wegpunkte **1**, **2**, **3**, ... durchnummeriert und – zur besseren Orientierung – mit dem selben Symbol in den Karten und im Höhenprofil wieder zu finden. Bei Varianten wird dasselbe System angewendet, allerdings mit Großbuchstaben **A**, **B**, **C**, ...

Die Kilometerangaben, im Text hochgestellt, zeigen Ihnen die schon zurückgelegte Strecke seit dem Tourenstart an, sie sind auf hundert Meter gerundet. In Klammern finden Sie die Höhe des betreffenden Punktes. Der Wegpunkt **7** 5,1 (340) ist also 5,1 Kilometer vom Ausgangspunkt der Tour entfernt und liegt auf einer Höhe von 340 Metern.

Ferner sind alle wichtigen **Orte** zur besseren Orientierung aus dem Text hervorgehoben. Die Symbole Ortsanfang und Ortsende kennzeichnen ein größeres, geschlossenes Siedlungsgebiet. Gibt es interessante Sehenswürdigkeiten in einem Ort, so finden Sie unter dem Ortsbalken die jeweiligen Adressen, Telefonnummern und Öffnungszeiten.

Die Beschreibung der einzelnen Orte sowie historisch, kulturell oder naturkundlich interessanter Gegebenheiten entlang der Route tragen zu einem abgerundeten Reiseerlebnis bei. Diese Textblöcke sind kursiv gesetzt und unterscheiden sich dadurch auch optisch von der Streckenbeschreibung.

Absätze in grüner Farbe behandeln Varianten und Ausflüge.

TIPP: Textabschnitte in Blau heben Stellen hervor, an denen Sie auf den weiteren Wegeverlauf und auf mögliche Varianten hingewiesen werden. Sie geben auch Empfehlungen und Erläuterungen zu Sehenswürdigkeiten oder Freizeitaktivitäten etwas abseits der Route.

Öffnungszeiten – Kategorien

- Öffnungszeiten
- frei zugänglich
- täglich
- häufig (5-6 Tage/Wo.)
- durchschnittlich (3-4 Tage/Wo.)
- selten (bis 2 Tage/Wo.)
- nach tel. Anfrage

Diese Angaben gelten während der Wandersaison und dienen als Orientierungshilfe. Die tagesaktuellen Öffnungszeiten finden Sie über den Weblink.

Weblink

Im Ortsdatenblock bei dem jeweiligen touristischen Eintrag befindet sich nach dem @ Symbol eine sechsstellige Zahlen- und Buchstabenkombination *(z. B. @ abc123).* Die Eingabe dieser Weblink-ID auf unserer Internetseite www.esterbauer.com leitet Sie direkt auf die entsprechende Webseite weiter und ersetzt somit die mühsame Eingabe ellenlanger Webadressen.

GPS-Gitter in den Karten

Das Gebiet dieser Karten liegt in der Zone 32 und hat den Bezugsmeridian 9 Grad Ost. Um zu navigieren, ist der GPS-Empfänger auf WGS 84 (World Geodetic System 1984) und UTM-Projektion einzustellen. Die Koordinaten (East und North) sind in der Karte in Kilometern, auf dem GPS-Empfänger in Metern angegeben. Für die GPS-Navigation ist auf den Karten ein grau gepunktetes Gitter mit einer Maschenweite von 1 Kilometer vorhanden. Da einige Karteninhalte hervorgehoben oder generalisiert dargestellt werden, ist eine absolute Lagegenauigkeit nicht immer garantiert.
Den Link zu den aktuellen GPS-Tracks finden Sie auf der vorderen Umschlagseite.

Tour 1 10,7 km

Waldwanderweg von Eupen zur Wesertalsperre

Start/Ziel: Kreisverkehr der N68 und N67 im Ortskern von Eupen

Aufstieg: 241 m *Hartbelag:* 23 %

Abstieg: 241 m *Wanderwege:* 76 %

Gehzeit: 2,5 - 3 Std. *Wanderpfade:* 2 %

Charakteristik: Gemütliche Wanderung mit moderaten Steigungen, die stadtnah aber dennoch mit viel Natur vom Zentrum Eupens bis zur beeindruckenden Wesertalsperre verläuft. Dort genießen Sie den Ausblick auf das Wasser und haben in dem Ausflugsrestaurant oberhalb der Talsperre die Möglichkeit zu einer Einkehr. Durch den Wald geht es wieder zurück in die Vororte von Eupen.

Markierung: keine

Anfahrt: Über die N67 oder N68 bis in das Zentrum von Eupen. An der Schnittstelle der beiden Hauptverkehrsstraßen befindet sich der Ausgangspunkt. Im näheren Umkreis gibt es in den umliegenden Straßen Parkmöglichkeiten.

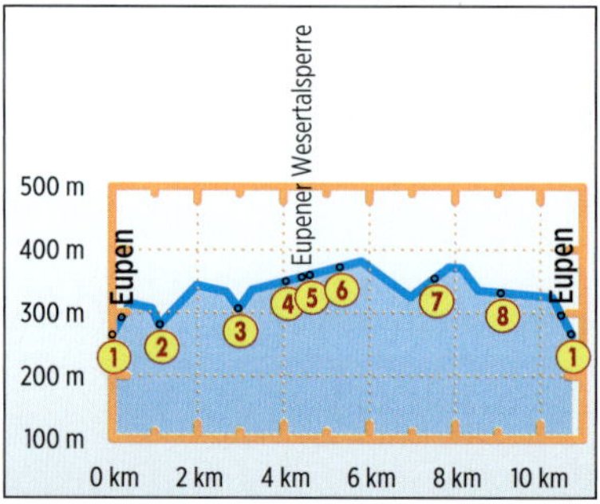

Eupen s. S. 216

1 0,0 (264) Vom Kreisverkehr in die Straße **Frankendelle** hinein gehen und den kleinen **Temsepark** mit dem Springbrunnen auf der rechten Seite liegen lassen ⇝ leicht bergauf und entlang der **N 68** auf einem schmalen Asphaltstreifen durch eine weite Linkskurve ⇝ beim Zebrastreifen rechts in den Wald abzweigen ⇝ vor der Treppe rechts halten und auf dem breiten Waldweg zunächst oberhalb der Straße weiter leicht ansteigend wandern ⇝ über 700 m fast schnurgerade an der Südflanke des Schnorbergs durch den Wald ⇝ gegen Ende des Waldes mit deutlichem Gefälle auf einem kurzen Asphaltweg hinab bis zum Kehrweg ⇝ rechts halten und hinunter zur Weser-Brücke.

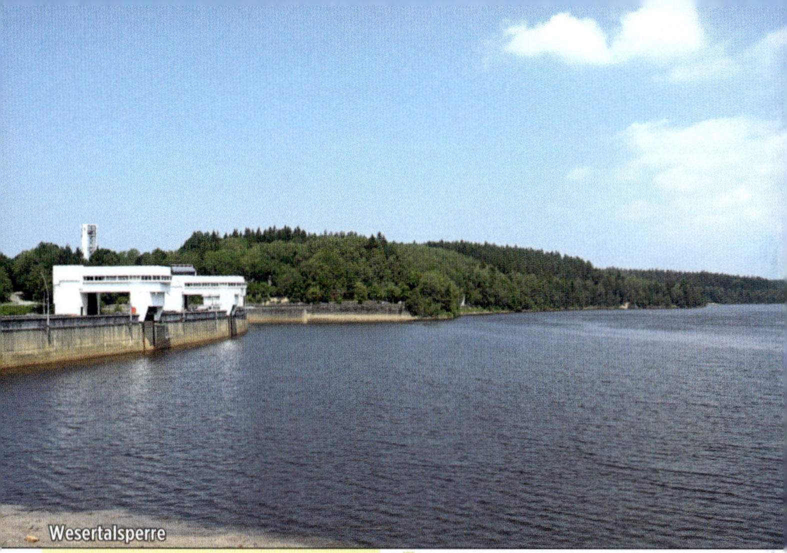

Bellmerinbrücke

Bei den Hochwassern im Juli 2021 wurde die Bellmerinbrücke durch das Hochwasser der Weser stark in Mitleidenschaft gezogen, sodass sie nur noch mit leichten Fahrzeugen befahren werden durfte. Das wurde zum Problem für das Viertel Langesthal, da es selbst von Rettungsfahrzeugen wie schweren Feuerwehrwagen nicht mehr erreicht werden konnte. Die Bellmerinbrücke ist seit der Instandsetzung Ende 2021 wieder befahrbar.

2 1,1 (280) An der Brücke vorbei weiter geradeaus ⤳ gleich hinter dem Zebrastreifen halblinks an der Schranke vorbei und hinter dem Wohnhaus hinauf ⤳ wieder in einen Wald hinein und dem Waldweg nun erneut stets geradeaus folgen, oberhalb des Wesertals bleiben.

3 3,0 (305) Nach einem Firmengelände – der Sitz der Firma Orgelbau Schumacher, Belgiens größter Orgelbauwerkstatt – über den Diepbach ⤳ weiter auf dem kurvigen Pfad.

4 4,1 (349) Nach gut 1 km an der Straße rechts ⤳ an der Wasseraufbereitungsanlage halblinks vorbei und mit einem kurzen, aber knackigen Anstieg hinauf bis zur Straße auf Höhe der Krone der beeindruckenden Weserstaumauer ⤳ an der Staumauer rechts und diese für den sehenswerten Ausblick bis zur Hälfte abschreiten.

Der Eupener Stausee

Der Eupener Stausee wird mit dem Wasser der Weser (La Vesdre) gespeist, weshalb der See auch als Wesertalsperre bezeichnet wird. Während die Weser den See von

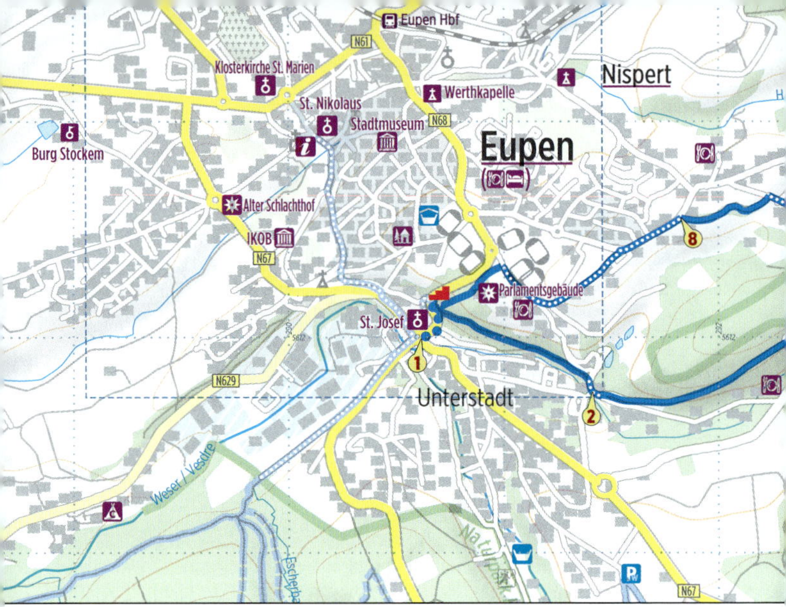

Nordosten her erreicht, wird er auch von südlicher Seite aus gefüllt. Hier mündet der Getzbach in den See und bringt durch den Tunnel de la Helle auch Wasser aus der Hill mit. Der Bau der Staumauer wurde im Jahr 1936 begonnen, konnte jedoch erst nach Ende des Zweiten Weltkrieges fertiggestellt werden. Heute ist die Wesertalsperre der wichtigste Stausee in ganz Belgien und versorgt die Region rund um Eupen bis Lüttich und Spa mit Trinkwasser.

5 4,6 (359) Von der Staumauer wieder zurück zum nördlichen Abschnitt der Mauer ⇝ Sie können noch einen Abstecher in die Grünanlage neben der Staumauer machen und sich in Ruhe umschauen ⇝ dann über den schmalen Treppenstieg den See aufwärts verlassen und hinauf zur Terrasse des Restaurants Wesertalsperre.

Besucherzentrum Wesertalsperre

Besucherzentrum, Langesthal 164, ✆ 087743161

Taverne, Langesthal 164, ✆ 087743161, Fr-Mo, Mi 10-23 Uhr, Do 15-23 Uhr

AUSSICHT: Wenige Meter rechts von der Restaurantterrasse erreichen Sie ein kleines Mäuerchen, von dem aus sich ein schöner Überblick auf die Staumauer genießen lässt.

Von der Restaurantterrasse gehen Sie weiter in Richtung Großparkplatz ⇝ Sie kommen am Kletterturm vorbei.

Kletterturm. Einst war der Turm oberhalb der Weserstaumauer ein reiner Aussichtspunkt. Mittlerweile wurde er jedoch zu

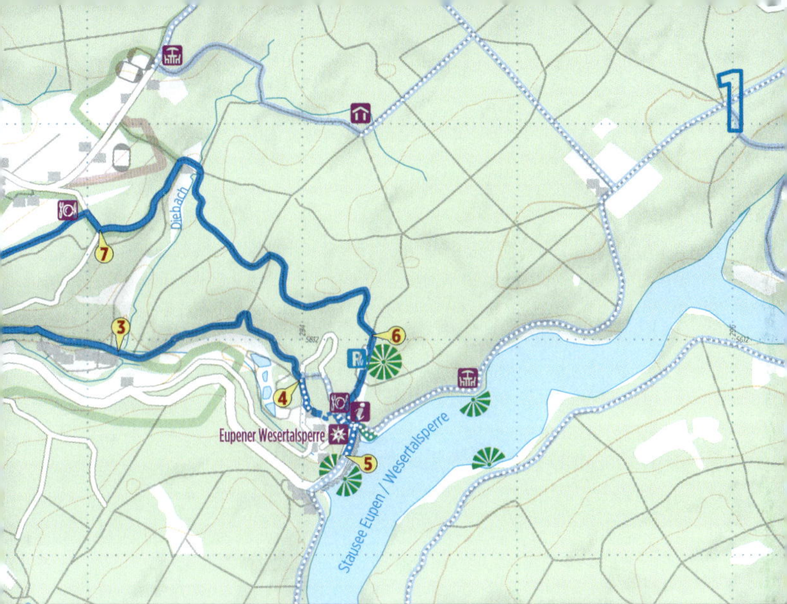

einem beliebten Kletterturm umgewandelt und kann von Kletterern sowohl außen als auch innen erklommen werden. Dabei wird eine Höhe von über 30 m überwunden.

Entlang der Wiese zur Straße und dann geradeaus am Parkplatz entlang ⁓ am Ende in den Wald.

6 5,3 (370) Gleich zu Beginn an der Gabelung links halten ⁓ auf dem Schotterweg abwärts und in der engen Linkskurve einen Bachlauf überqueren ⁓ dem kurvigen Waldweg stets folgen, bis Sie zum Diebach kommen ⁓ dort ein frei stehendes Wohnhaus komplett umrunden.

7 7,5 (353) Nach 550 m an der Gabelung halbrechts und bis zum Waldrand wandern ⁓ am Waldrand links und an der Schranke vorbei ⁓ nach 500 m

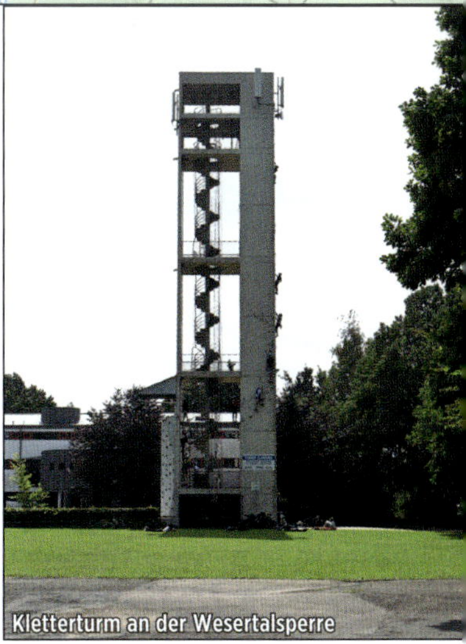

Kletterturm an der Wesertalsperre

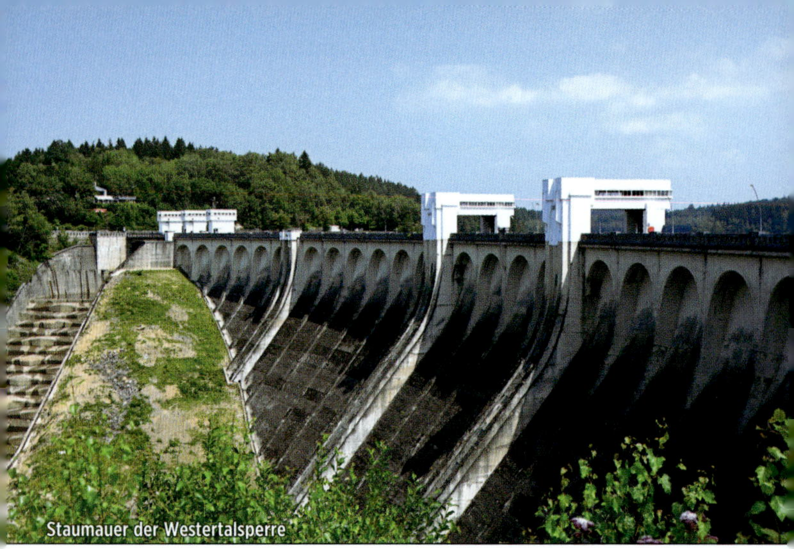

Staumauer der Westertalsperre

an der Kreuzung rechts abbiegen in den Weg **Opersbach** ⇝ an einem Hof vorbei den Wald verlassen ⇝ gleich hinter dem Hof links abzweigen.

8 9,1 (330) An der Straße **Schönefelderweg** nach links ⇝ in der Rechtskurve halblinks in den **Eichenberg** hinein ⇝ der Straße mit einem leichten Gefälle und durch eine weite Rechtskurve hindurch folgen ⇝ am Ende rechts am Café Jägerhof vorbei.

Café Jägerhof, Kehrweg 15, ✆ 087742703, Mi-Mo

Nun wieder etwas bergauf, rechts befindet sich ein Sportplatz und links das Parlamentsgebäude.

Parlamentsgebäude, Am Platz des Parlaments 1. Im Gebäude ist das Parlament der Deutschsprachigen Gemeinschaft des Königreichs Belgien untergebracht. Das Parlament wird alle fünf Jahre neu gewählt und umfasst 25 Abgeordnete.

Hinter dem Parkplatz des Parlaments, gleich hinter der Hecke und noch vor der Straßeneinmündung, links auf den schmalen Pfad einbiegen ⇝ diesem geradeaus an der Nordflanke des Schorbergs folgen ⇝ zum Abschluss die bereits bekannten Treppenstufen hinab bis zum Zebrastreifen an der N 68 ⇝ links abbiegen und auf dem bekannten Weg mit leichtem Gefälle bis zum Kreisverkehr.

1 10,7 (264) Am Kreisverkehr endet die Tour.

Eupen

Tour 2 — 14,9 km

Rund um den Eupener Stausee

Start/Ziel: Parkplatz am Eupener Stausee (Wesertalsperre)

Aufstieg: 164 m — *Hartbelag:* 68 %

Abstieg: 164 m — *Wanderwege:* 32 %

Gehzeit: 3,5 - 4 Std. — *Wanderpfade:* 0 %

Charakteristik: Eine angenehme Wanderung mit tollen Ausblicken rund um den Eupener Stausee. Interessante Bauten am Wegesrand, die mit dem Bau der Wesertalsperre zusammenhängen, und nur geringe Höhenunterschiede.

Markierung: roter Querbalken im weißen Quadrat

Anfahrt: Ab Eupen auf der N 67 Richtung Monschau und am Ortsausgang auf die N 68a, der Beschilderung zur Talsperre folgen.

Tipp: Nach der Hochwasserkatastrophe im Juli 2021 kam es aufgrund der starken Überschwemmungen am Weg südlich der Wesertalsperre zu Erdrutschen. Zum Redaktionsschluss im Frühjahr 2022 war der Weg noch gesperrt. Erkundigen Sie sich ggf. vor der Tour beim Besucherzentrum Wesertalsperre nach dem aktuellen Stand, „Hochwasser im Juli 2021" auf Seite 14).

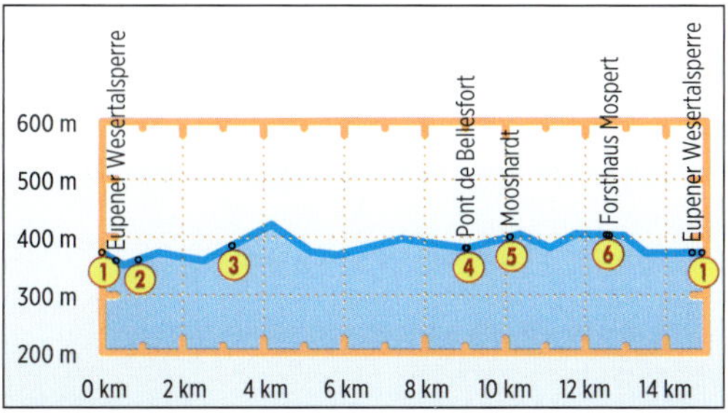

Parkplatz am Eupener Stausee

1 0,0 (374) Vom Parkplatz in Richtung Turm und Restaurant gehen.

Besucherzentrum Wesertalsperre

Besucherzentrum, Langesthal 164, ✆ 087/743161

Taverne, Langesthal 164, ✆ 087/743161, Mo-Fr 11-18 Uhr, Sa, So/Fei 10-18 Uhr

Eupener Stausee s. S. 27

Dem Straßenverlauf im weiten Linksbogen folgen und hinab zur Staumauer ⤳ nach rechts über die Staumauer spazieren, weit kann der Blick über den See schweifen ⤳ am Ende der Staumauer nach links und unter mächtigen Laubbäumen hindurch.

2 0,9 (362) An einer Schranke vorbei und in Ufernähe bleiben ⤳ immer wieder lassen sich links die Ausblicke auf das schimmernde Wasser genießen ↝ durch eine weite Linkskurve und dabei immer am Ufer des schmaler werdenden Sees entlang, hierbei handelt es sich um den Zulauf des Getzbaches ↝ in einem weiten Rechtsbogen gehen Sie bis zum Ende des Sees ↝ der Arm wird immer schmaler und es ist bald nur noch der Getzbach erkennbar ↝ bis zu einem Unterstand, an dem der Tunnel de la Helle (Hilltunnel) zum Vorschein tritt.

Tunnel de la Helle

Auf rund 2,5 Kilometer Länge fließt Wasser aus dem Hillbach unterirdisch in das Getzbachtal, wo es zunächst in den Getzbach mündet und nur wenig später Teil des Eupener Stausees wird.

Auf dem breiten Weg weiter, nach 250 m an der Karte für das hiesige Radwegenetz links abbiegen ↝ dem Linksbogen des Weges folgen und über den Getzbach hinweg.

Getzbach s. S. 64

3 3,2 (385) An den markant aufragenden Felsen des ehemaligen Steinbruchs vorbei und auf dem breiten Forstweg weiter durch den Wald ↝ dabei ganz leicht an Höhe gewinnen ↝ an der Haarnadelkurve, die nach rechts führt, weiter geradeaus ↝ nach einem weiten Rechtsbogen verläuft der Weg kurvig und nähert sich wieder dem Eupener Stausee, bald können Sie die Aussicht auf die Staumauer am anderen Seeufer genießen ↝ an mehreren Abzweigen

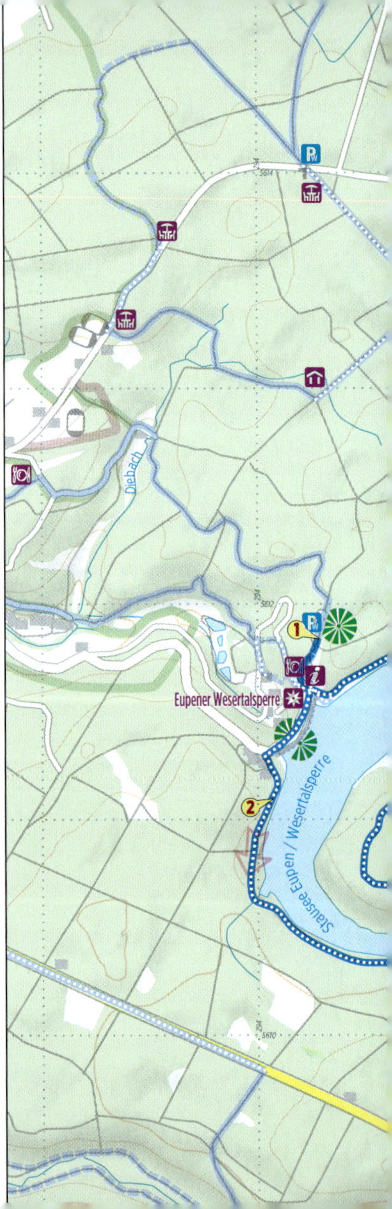

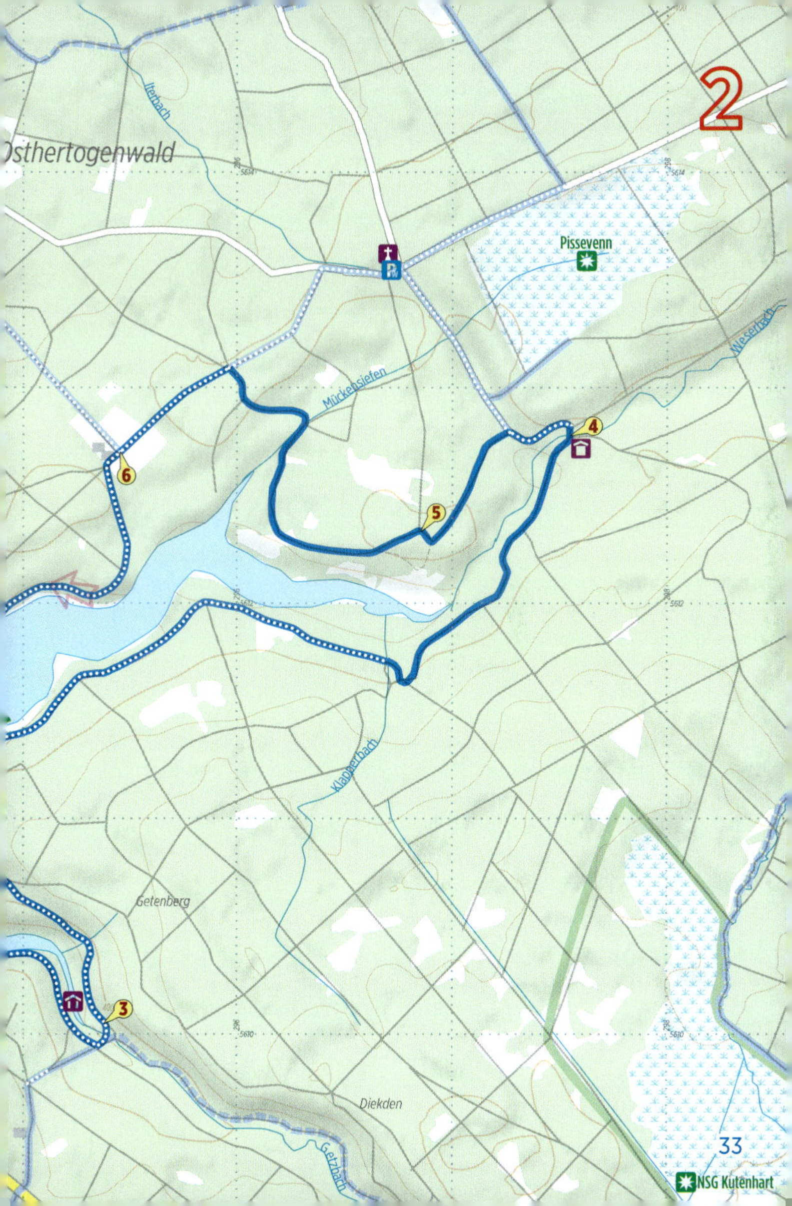
2
Osthertogenwald
Iterbach
Pissevenn
Mückensiefen
Weserbach
Klapperbach
Getenberg
Diekden
Getzbach
NSG Kutenhart

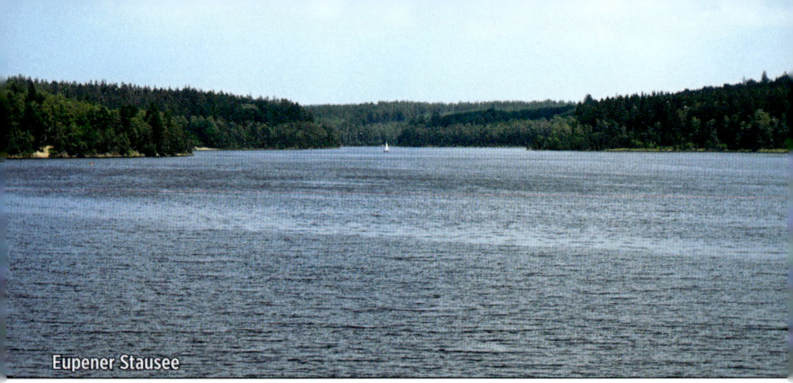

Eupener Stausee

vorbei und immer dem Wegverlauf am Ufer folgen ⤳ bald entfernt sich der Weg wieder etwas vom Ufer ⤳ im Nadelwald geradeaus am Abzweig nach rechts vorbei ⤳ in einer scharfen Linkskurve eine kleine Steigung überwinden ⤳ an der kleinen Schleuse der Weser und einer Holzhütte vorbei und am Rande des Wesertals bis zu einer Brücke auf der linken Seite.

Weserbrücke Pont de Bellesfort

4 9,0 (383) Die Brücke überqueren und damit auch den schmalen Lauf der Weser ⤳ dahinter nach links wenden ⤳ nach der Rechtskurve scharf links abbiegen ⤳ auf dem zweispurigen, schotterigen Forstweg durch den dichten Wald ⤳ nach der Rechtskurve gelangen Sie zum Punkt Mooshardt.

Mooshardt

5 10,1 (402) An der Sitzbank nach links abbiegen und dem weiteren Verlauf des Forstwegs folgen ⤳ Sie gehen in einem weiten Rechtsbogen, entfernen sich dann vom See und tauchen in den Wald ein ⤳ bald nach der scharfen Linkskurve stoßen Sie an der Kreuzung auf einen Asphaltweg, hier links abbiegen und noch kurze Zeit bis zum Forsthaus Mospert wandern.

Forsthaus Mospert

6 12,5 (405) Am Forsthaus geradeaus vorbei und über die Straßenbemalung mit dem Wappen von Eupen hinweg ⤳ gleich dahinter der Linkskurve folgen und sanft abwärts wandern ⤳ in einem weiten Bogen am Ufer des Sees entlang, dabei passieren Sie vereinzelt Sitzbänke, die sich für eine Rast anbieten ⤳ mit schönen Ausblicken auf die Staumauer auf diese zuwandern ⤳ an einer Schranke vorbei auf die schmale Straße treten ⤳ die Staumauer links liegen lassen und im weiten Bogen rechts hinauf ⤳ zum Abschluss können Sie von der Terrasse des Restaurants die Wanderung Revue passieren lassen.

1 14,9 (374) Das Ende der Wanderung ist am Parkplatz erreicht.

Parkplatz am Eupener Stausee

Tour 3 4,4 km

Wanderung zwischen Pissevenn und Stausee

Start/Ziel: Wanderparkplatz Schönefelderweg/Vennstraße im Wald Grünklosterberg

Aufstieg: 47 m *Hartbelag:* 44 %

Abstieg: 47 m *Wanderwege:* 56 %

Gehzeit: 1 Std. *Wanderpfade:* 0 %

Charakteristik: Diese waldreiche Wanderung lädt zur Erholung ein. Während Eichhörnchen und Rehe aufgeregt den Wanderweg überqueren, genießt man auf dieser Tour die Ruhe des Forstes und hat die Möglichkeit eines kleinen Abstechers zum Pissevenn.

Markierung: rot-weiß-rote Markierung im weißen Quadrat

Anfahrt: Eupen über den Schönefelderweg ostwärts verlassen. Im Wald erscheint links ein kleiner Wanderparkplatz an einem Kreuz. Ab Roetgen/Deutschland über die Straße Petergensfeld und wenig später links in die Vennstraße.

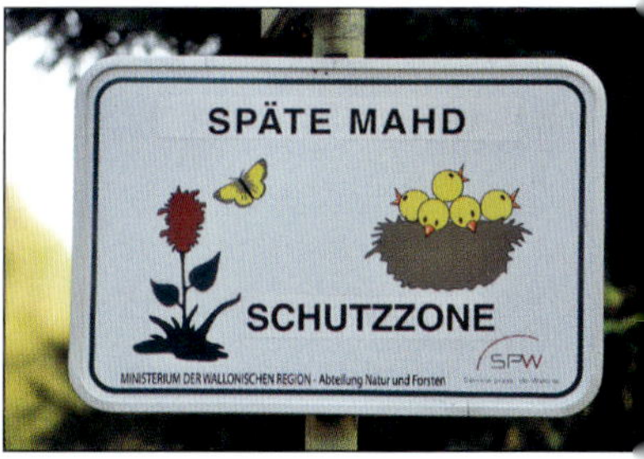

Wanderparkplatz Schönefelderweg/Vennstraße

1 0,0 (415) Vom schotterigen Parkplatz zur **Vennstraße**, dort nach rechts schwenken ⤳ in einem Bogen dem Straßenverlauf folgen ⤳ an dem Felsen in den ersten Abzweig nach links ⤳ an der Schranke vorbei dem Forstweg folgen ⤳ durch einen weiten Rechtsbogen wandern, weiter durch den Mischwald.

2 1,0 (397) An der Kreuzung nach links auf den Schotterweg ⤳ dem Weg in mehreren Kurven durch den Wald folgen ⤳ bei einer Kreuzung an der Sitzbank vorbei und auf dem zweispurigen Schotterweg weiter ⤳ in einem weiten Linksbogen ⤳ hinter einer

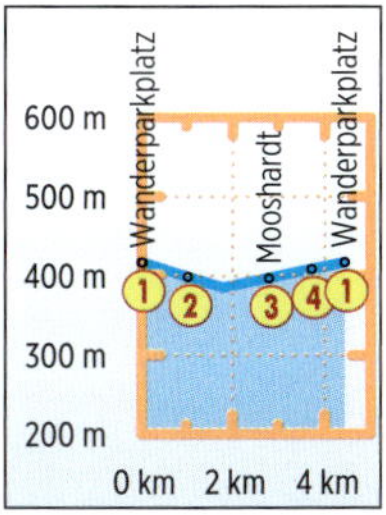

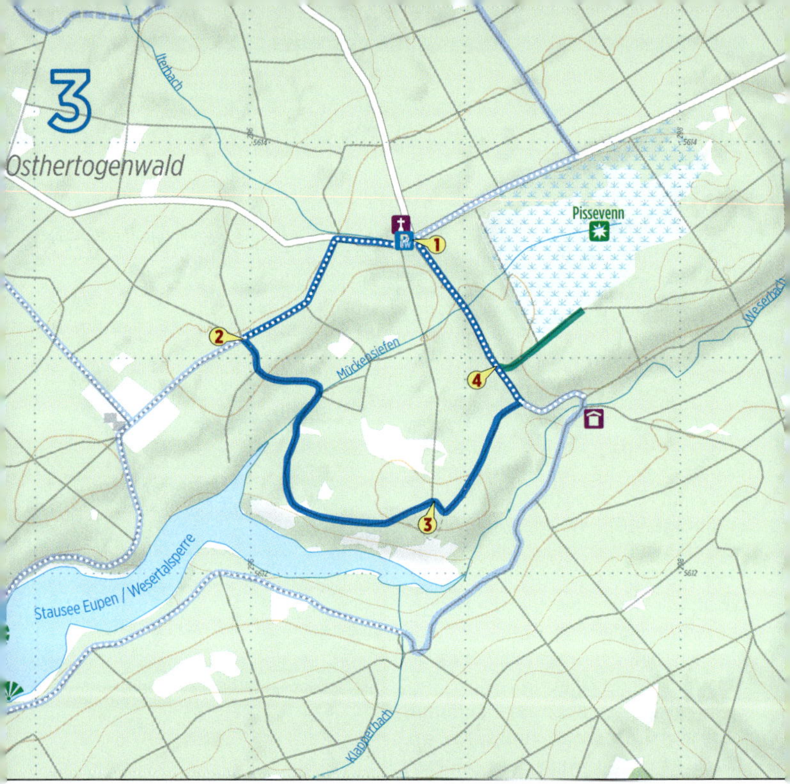

weiteren Sitzbank an der Gabelung halb links bleiben.

Mooshardt

3 2,8 (496) An der T-Kreuzung Mooshardt Rechts abbiegen ⏦ nach wenigen Metern an der nächsten Sitzgelegenheit links herum ⏦ dem Schotterweg durch den Nadelwald folgen ⏦ nach dem Rechtsbogen an der asphaltierten T-Kreuzung links abbiegen und auf dem leicht aufwärts führenden Weg weiter.

AUSFLUG Am nächsten Abzweig können Sie einen kurzen Abstecher rechts zum kleinen Feuchtgebiet Pissevenn einlegen. Das Pissevennn dürfen Sie nur bewundern, aber nicht betreten. Die Entstehung des Namens ist nicht eindeutig geklärt.

4 3,7 (407) Am Abzweig vorbei geradeaus durch den Wald ⏦ an der Metallschranke vorbei zur Straße.

1 4,4 (415) Links am Parkplatz endet die Wanderung.

Wanderparkplatz Schönefelderweg/Vennstraße

Tour 4 — 9,3 km

In den Wäldern östlich von Eupen

Start/Ziel: Wanderparkplatz Schönefelderweg Vennstraße im Wald Grünklosterberg

Aufstieg: 96 m
Abstieg: 96 m
Gehzeit: 2 - 2,5 Std.

Hartbelag: 47 %
Wanderwege: 32 %
Wanderpfade: 21 %

Charakteristik: Auf breiten Forstwegen erreichen Sie bei dieser waldreichen Tour zunächst das Forsthaus Mospert. Weiter geht es mit Schwung einen angenehmen Weg hinab, bevor Sie die Vennstraße überqueren und anschließend unter Fichten, Buchen und Eichen durch das hohe Gras wandern.

Markierung: rote Raute in einem weißen Quadrat

Anfahrt: Eupen über den Schönefelderweg ostwärts verlassen. Im Wald erscheint links ein kleiner Wanderparkplatz an einem Kreuz. Ab Roetgen/Deutschland über die Straße Petergensfeld und wenig später links in die Vennstraße.

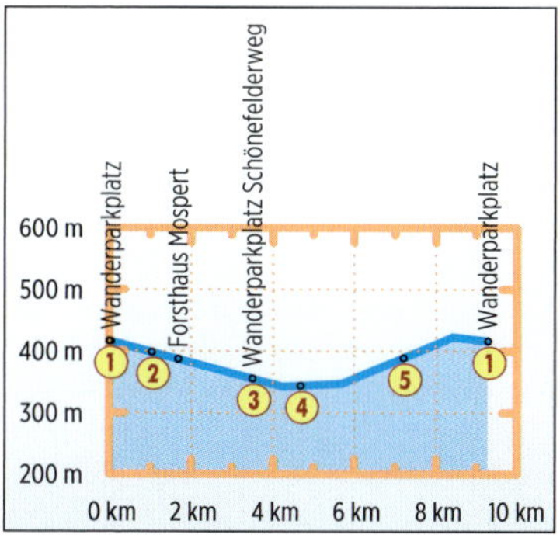

Wanderparkplatz Schönefelderweg/Vennstraße

1 0,0 (416) Den Schotterparkplatz verlassen und nach rechts wenden ~ der wenig befahrenen Landstraße durch einen Rechtsbogen folgen ~ an dem Felsen in den ersten Abzweig nach links ~ an der Schranke vorbei dem Forstweg folgen ~ durch einen weiten Rechtsbogen wandern und weiter durch den Mischwald.

2 1,0 (398) An der Wegekreuzung geradeaus ~ nach 450 m aus dem Wald hinaus und zwischen den Feldern zum Forsthaus Mospert.

Forsthaus Mospert

Nach einer kleinen Pause am Forsthaus und der Lektüre der dortigen Waldinformationstafeln rechts abbiegen ~ auf dem schnurgeraden Asphaltweg dahin, im Frühjahr und Sommer unter dem Blattwerk mächtiger Kastanien ~ an einem in Holz geschnitzten Gedicht eines Försters vorbei und mit leichtem Gefälle in nordwestliche Richtung immer geradeaus ~ unter hohen Bäumen erreichen Sie eine rot-weißen Schranke, an dieser und einem dahinter liegenden Picknickplatz vorbei.

3 3,5 (355) Die Straße überqueren, dabei einen Blick auf das Wegkreuz werfen, und über den Parkplatz hinweg ~ an einer weiteren Schranke vorbei und gleich dahinter an der Gabelung halb rechts halten ~ in den sehr dichten Wald hinein.

TIPP Am rechten Wegesrand erkennt man nach einiger Zeit noch alte Signalanlagen der Vennbahn, im Unterholz ist die überwucherte Bahntrasse gerade noch zu erahnen.

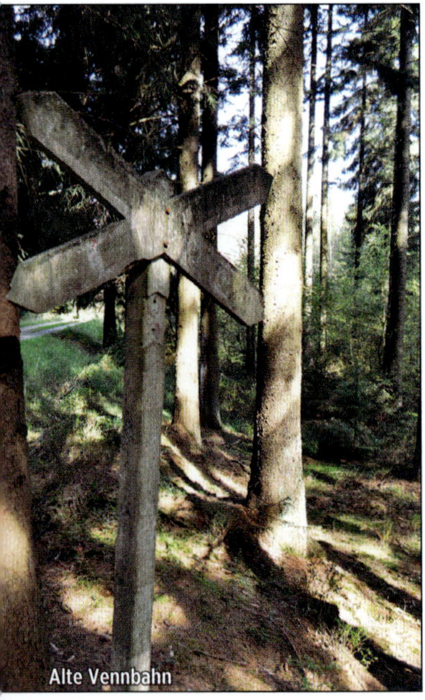

Alte Vennbahn

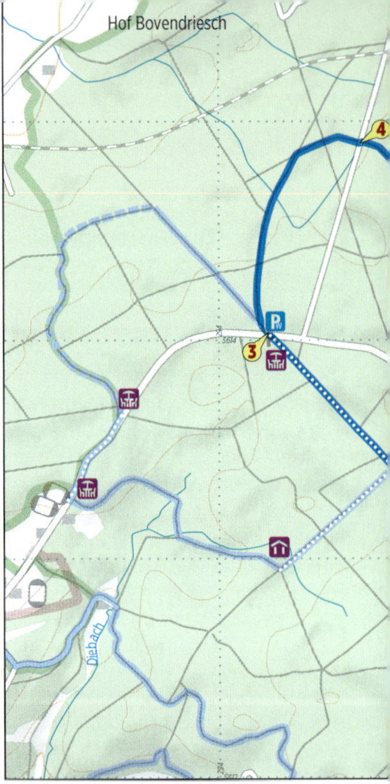

Die alte Bahntrasse überqueren und nach einiger Zeit dem deutlichen Wegverlauf nach rechts folgen ~ auf dem zweispurigen Schotterweg bleiben.

4 4,7 (343) Die Landstraße queren und geradeaus auf dem Forstweg wieder in den Wald hinein wandern ~ dem kurvigen Wegverlauf folgen ~ in einer Linkskurve an einer Sitzbank den Iterbach überqueren ~ mit ei-

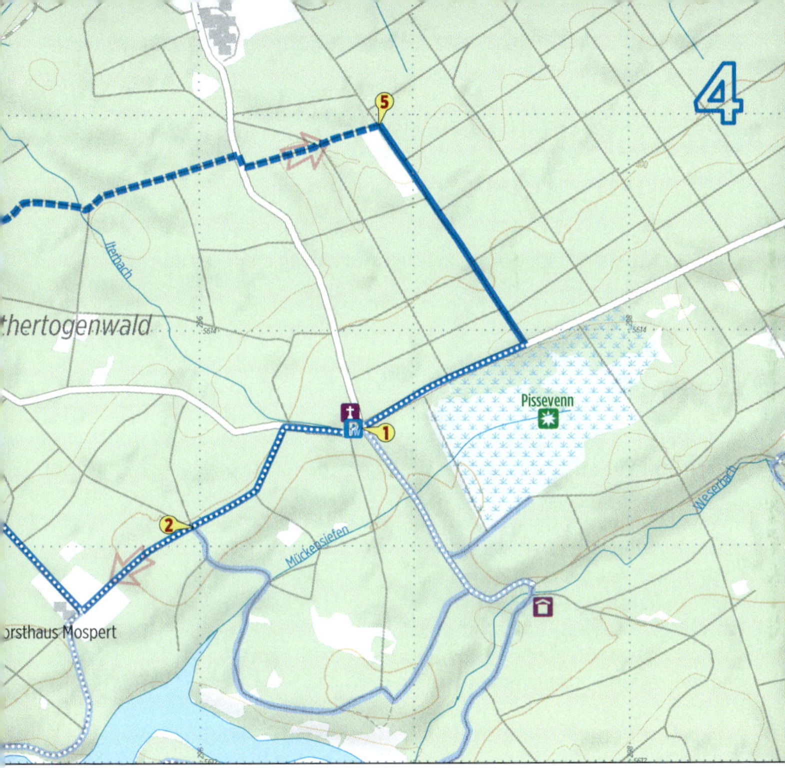

ner ganz leichten Steigung weiter geradeaus ⤳ nach der Schranke an der T-Kreuzung rechts abbiegen und ein kurzes Stück an der kaum befahrenen Straße entlang ⤳ schon nach 50 m wieder links abbiegen und auf einem wurzeligen Waldweg weiter wandern ⤳ durch das Gras bis zu einer deutlich erkennbaren Schneise bzw. T-Kreuzung.

5 7,2 (388) Rechts abbiegen unter hohen Fichten sanft bergauf wandern ⤳ weiter geradeaus bis zum Ende des Graswegs ⤳ an der asphaltierten Landstraße rechts einbiegen und am Pissevenn entlang ⤳ auf der **Vennstraße** geradeaus und mit leichtem Gefälle bis zur Kreuzung mit dem Wegekreuz.

1 9,3 (416) Kurz danach ist am Parkplatz das Ende der Wanderung erreicht.

Wanderparkplatz Schönefelderweg/Vennstraße

Tour 5 5,5 km

Entspannt durch den Osthertogenwald

Start/Ziel: Parkmöglichkeit am Schönefelderweg im Wald Grünklosterberg

Aufstieg: 45 m *Hartbelag:* 37 %

Abstieg: 45 m *Wanderwege:* 37 %

Gehzeit: 1,5 Std. *Wanderpfade:* 26 %

Charakteristik: Festes Schuhwerk ist hilfreich, wenn man die Wälder östlich von Eupen erforschen möchte und dabei an schmalen Gräben entlang und durch hohes Gras hindurch wandert. Durch den herrlichen Osthertogenwald marschiert man auf dem Rückweg dann aber wieder auf breiten Wegen, macht in einer kleinen Schutzhütte eine Pause und beendet seinen angenehmen Waldspaziergang.

Markierung: grüne Raute in einem weißen Quadrat

Anfahrt: Eupen über den Schönefelderweg ostwärts verlassen. Im Wald erscheint links eine Parkmöglichkeit an einer Schranke. Ab Roetgen/Deutschland über die Straße Petergensfeld und wenig später links in die Vennstraße.

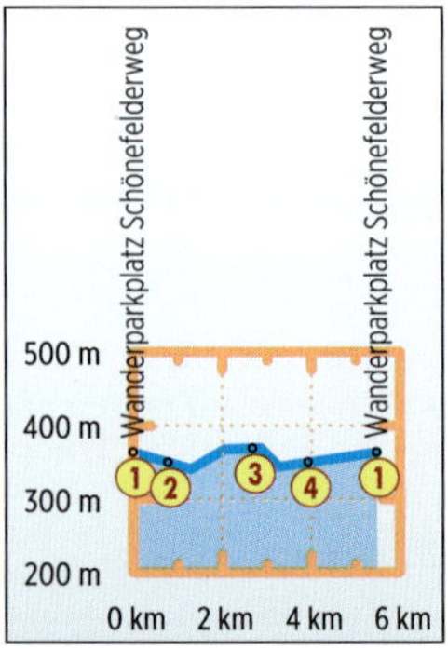

Wanderparkplatz Schönefelderweg

1 0,0 (365) Von dem kleinen Parkplatz an der rot-weißen Schranke und den beiden Felsbrocken vorbei in den Wald hinein ⇝ gleich dahinter an der Gabelung links halten und auf dem breiteren Forstweg bleiben ⇝ durch den schönen Mischwald, im Sommer kommen Sie hier an hohen Farngewächsen vorbei ⇝ bis zu einem nach links tiefer in den Wald hinein führenden Trampelpfad.

2 0,8 (351) Links auf den Pfad und auf dem morastigen Waldweg der Ausschilderung der grünen Raute folgen ⇝ weiter unter Buchen, Eichen und Fichten und dabei einen weiten Linksbogen beschreiben ⇝ bis zu einem kleinen Bach ⇝ mehrmals auf schmalen Holzstegen Gräben überqueren ⇝ auf dem ausgetretenen Pfad durch den dichten

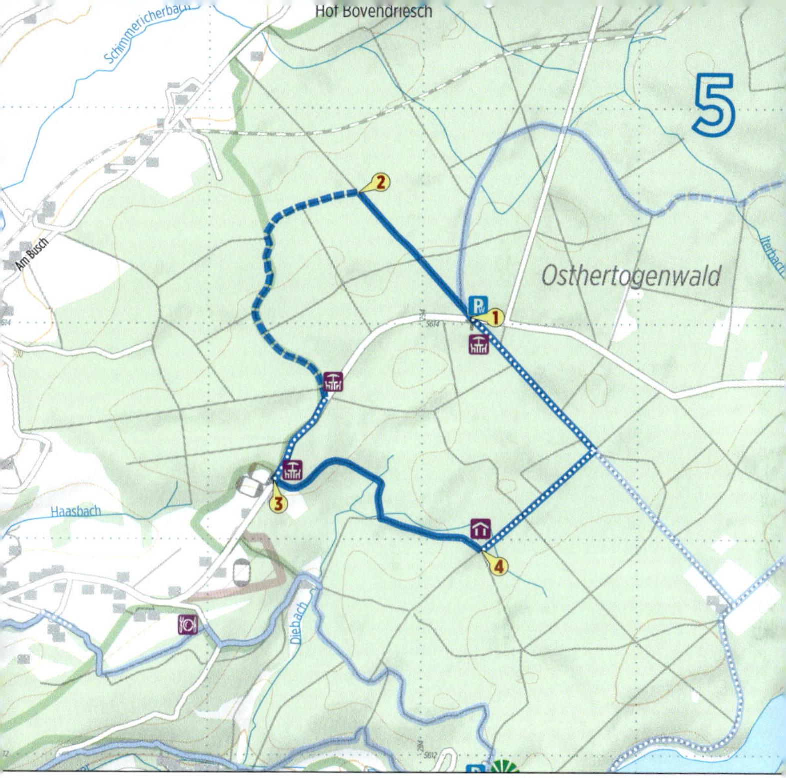

Wald und dabei auch auf die Beschilderung achten ⤳ einen Steg mit einem Holzgeländer bzw. einem einfachen Handlauf nicht überqueren, sondern davor nach links wenden und am Graben entlang ⤳ nach einer weiten Linkskurve auf einen breiten Wiesenweg ⤳ durch das hier manchmal knöchelhohe Gras bis zu einem Picknickplatz kurz vor der Landstraße ⤳ Sie zweigen an der Landstraße nach rechts ab ⤳ auf dem schmalen Asphaltsträßchen bleiben, bis rechter Hand hinter wenigen Bäumen ein Sportplatz zu erkennen ist.

3 2,7 (370) Auf Höhe des Sportplatzes links abzweigen und an dem Picknickplatz und der Schranke vorbei in den Osthertogenwald.

Osthertogenwald

Der Hertogenwald war ein herzogliches Waldareal und reichte im Mittelalter bis an den Stadtwald von Aachen heran. Nach der napoleonischen Zeit wurde der Wald in einen belgischen

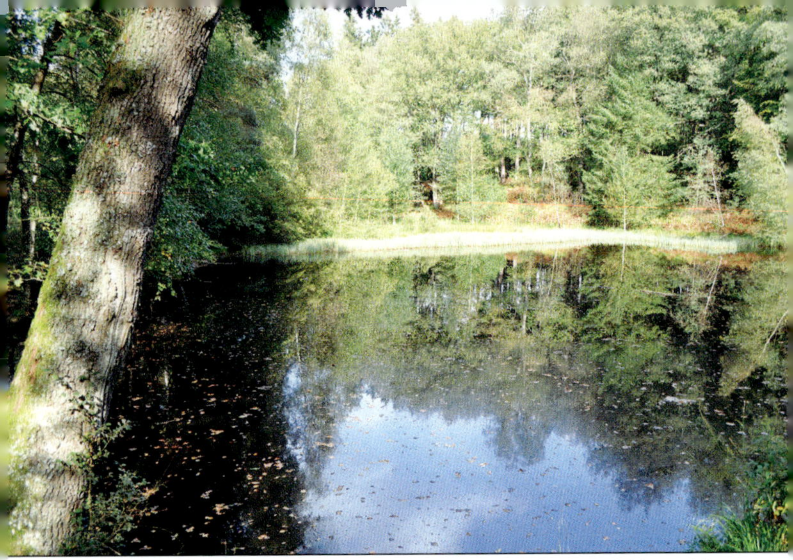

und einen preußischen Abschnitt geteilt, was sich heute immer noch an den beiden zuständigen Forstämtern und auch an der Namensgebung durch Osthertogenwald und Westhertogenwald erkennen lässt. Heute umfasst das Waldgebiet eine Fläche von über 6.000 Hektar. Die Forstwege sind überwiegend asphaltiert, bieten jedoch ein Netz von Wanderwegen, deren Gesamtlänge mehrere hundert Kilometer beträgt.

Eine Streuobstwiese zur Rechten liegen lassen und dem kurvigen Verlauf des breiten Waldwegs folgen ⇝ in einer Rechtskurve an einem kleinen Weiher eine Pause einlegen und die Ruhe genießen ⇝ hinter dem Weiher rechts halten ⇝ weiter durch den herrlichen Wald und an einem nach rechts führenden Abzweig halb links halten ⇝ nach einer S-Kurve bis zur Schutzhütte.

4 3,9 (350) Hinter der Hütte an der T-Kreuzung links abbiegen ⇝ dem ganz sanft aufwärts führenden und schnurgeraden Weg folgen ⇝ an Nadelbäumen und einer Sitzbank vorbei bis zum Ende der Trasse ⇝ am querenden Asphaltweg links abbiegen und abermals ein längeres Stück stets geradeaus bleiben, dabei mit einem ganz leichten Gefälle ⇝ am Ende an der Schranke und dem Picknickplatz vorbei zur Straße.

1 5,5 (365) Am Wanderparkplatz endet die kurze Rundtour.

Wanderparkplatz Schönefelderweg

Tour 6 15,8 km

Grenzüberschreitendes Vennwandern

Start/Ziel: Parkplatz Raeren-Petergensfeld an der Vennbahntrasse

Aufstieg: 169 m *Hartbelag:* 6 %

Abstieg: 169 m *Wanderwege:* 45 %

Gehzeit: 3,5 - 4 Std. *Wanderpfade:* 49 %

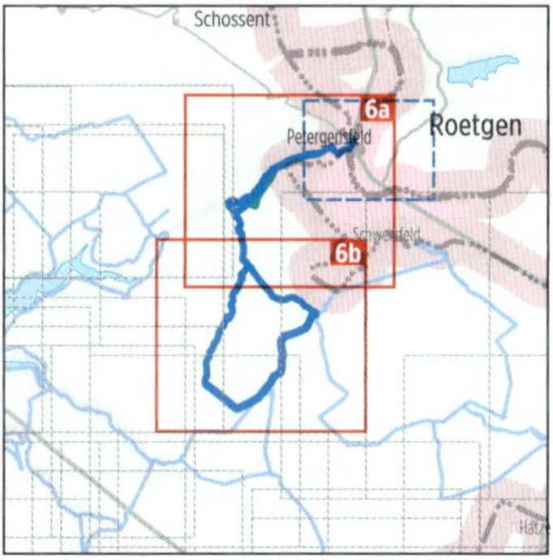

Charakteristik: Abwechslungsreicher Rundweg, der einen Einblick in die Grenzbeziehungen zwischen Deutschland und Belgien ermöglicht. So treffen Sie in Deutschland auf die belgische Vennbahntrasse und auf belgischer Seite auf den ehemaligen Standort von Reinartzhof. Dabei wandern Sie wechselweise durch Wald und an rauer Vennlandschaft entlang.

Markierung: grün-weiß-grüne Markierung, als Genusstour 21 mit Knotenpunkten

Anfahrt: Von Aachen oder Monschau auf der Bundesstraße 258 bis Raeren-Petergensfeld. An der Vennbahntrasse auf den Parkplatz an der Bahnhofstraße.

Tipp: Die Wanderwege entlang von Steinbach und Eschbach waren zum Redaktionsschluss im Frühjahr 2022 gesperrt. Erkundigen Sie sich vor der Tour im Wanderroutenplaner über aktuelle Sperrungen, „Hochwasser im Juli 2021“ auf Seite 14.

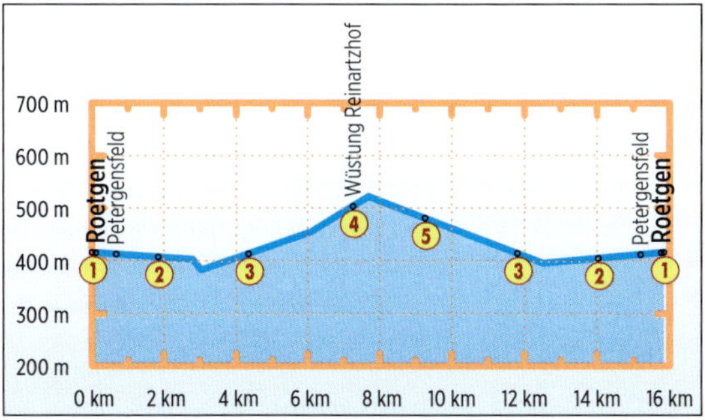

Petergensfeld (Raeren)

Kaffeefee, Bahnhof-Roetgen 1, 01777991928, März-Nov., Di-So 12-18 Uhr, @ ewr514

Petergensfeld gehört zum belgischen Raeren, grenzt jedoch direkt an Roetgen auf deutscher Seite und scheint eher zu Roetgen zu gehören. Hier kommt es zum Kuriosum, dass deutsche Einwohner von Roetgen belgischen Boden betreten, sobald sie ihr Grundstück verlassen.

1 0,0 (416) Vom Parkplatz gehen Sie südwärts bis zur Bundesstraße 258, rechts befindet sich am früheren Bahnhof Roetgen das nette kleine Café **Kaffeefee** ~ die Bundesstraße an der Verkehrsinsel überqueren und auf der anderen Straßenseite direkt auf die Vennbahntrasse (s. S.„Vennbahn“ auf Seite 207) ~ Sie befinden sich hier auf belgischem Boden und blicken links auf die in Deutschland liegende Grünanlage, wo sich eine Wanderstation mit Tourist- und Nationalpark-Information befindet.

Roetgen (D) s. S. 48

Vorwahl: 02471

Nationalpark-Infopunkt Roetgen, Bundesstr. 18a, Ecke Mühlenstr., 132276, @ hxi743

An der Kreuzung am **Radverkehrsknotenpunkt 11** rechts auf die **Mühlenstraße**, Sie sind nun zunächst wieder in Deutschland unterwegs ~ die Wohnhäuser auf der rechten Seite stehen in Belgien, die Häuser links erheben sich auf deutscher Seite ~ die Internationalität erweitert sich noch,

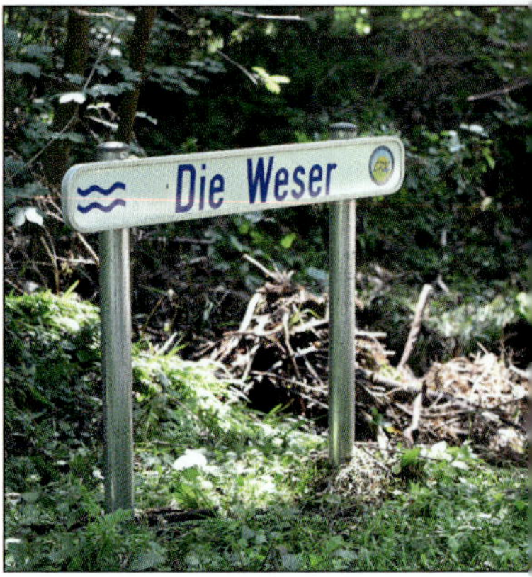

denn Sie biegen wenig später rechts in die Straße namens **Spanisch** ein, damit sind Sie wieder in Belgien ~ diese Straße an der ersten Gelegenheit nach links verlassen und in die **Wesertalstraße** ~ an einer Schranke vorbei geradeaus in den Wald hinein, Sie kommen ins Wesertal.

2 1,8 (408) Nach etwa 900 m am Lauf der Weser den Hauptweg nach rechts verlassen und dem schmalen Waldpfad stets am Wasserlauf entlang folgen ~ nach 1,2 km mündet der Eschbach von links in die Weser, hier nach links und die Weser überqueren ~ gleich danach rechts und fortan dem kurvigen Pfad am Ufer des Eschbachs in südliche Richtung folgen.

3 4,3 (414) An der Mündung des Steinbachs in den Eschbach erreichen Sie einen Picknickplatz, hier halten Sie sich halblinks, von rechts werden Sie auf dem Rückweg an diese Stelle gelangen ~ links vom **Steinbach** fol-

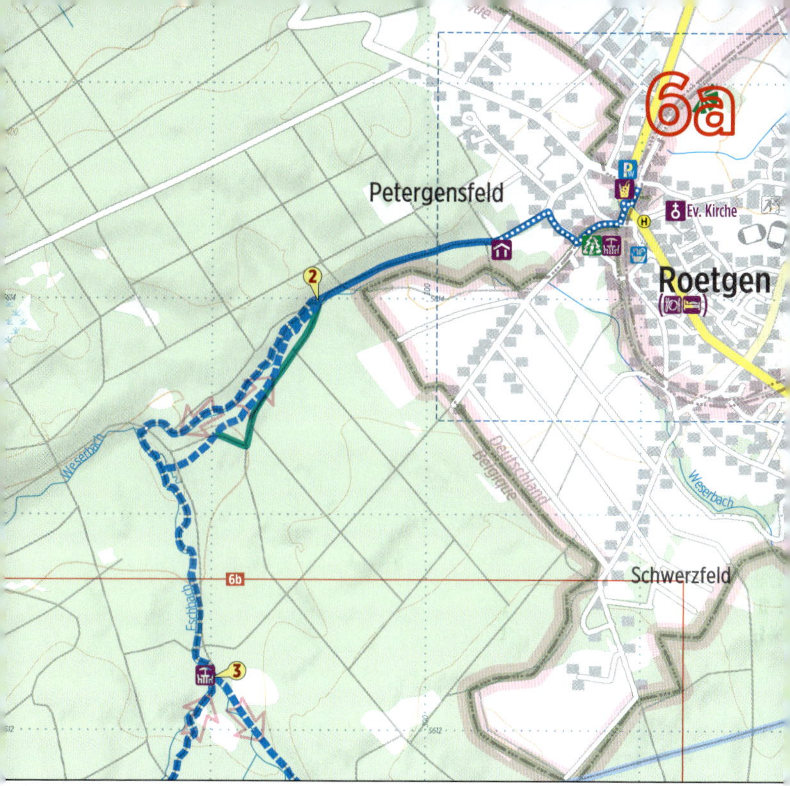

gen Sie dem kurvigen Pfad ~ nach 1,7 km an der Kreuzung rechts, den Steinbach überqueren und an einem Picknickplatz vorbei ~ auf dem nun deutlich breiteren Weg geradeaus ~ nach 700 m an der Gabelung beim nächsten Picknickplatz links halten ~ kurz danach am **Braun-Neicken-Kreuz** vorbei weiter geradeaus ~ Sie erreichen die Wüstung Reinartzhof.

Reinartzhof

Kapelle Reinartzhof. Die Kapelle wurde 1973 als Gedenkstätte an die frühere Siedlung eingeweiht. Am 1. Mai finden jährlich Pilgerwanderungen zur Kapelle statt.

Beim Reinartzhof handelte es sich um mehrere Einzelhöfe, die ursprünglich zu Deutschland gehörten und nach dem Ersten Weltkrieg an Belgien fielen. Da sich die Höfe im Einzugsbereich der Wesertalsperre befanden, wurden die Bewohner aufgefordert, die Siedlung zu verlassen. Zu Beginn der 1970er-Jahre zogen die letzten

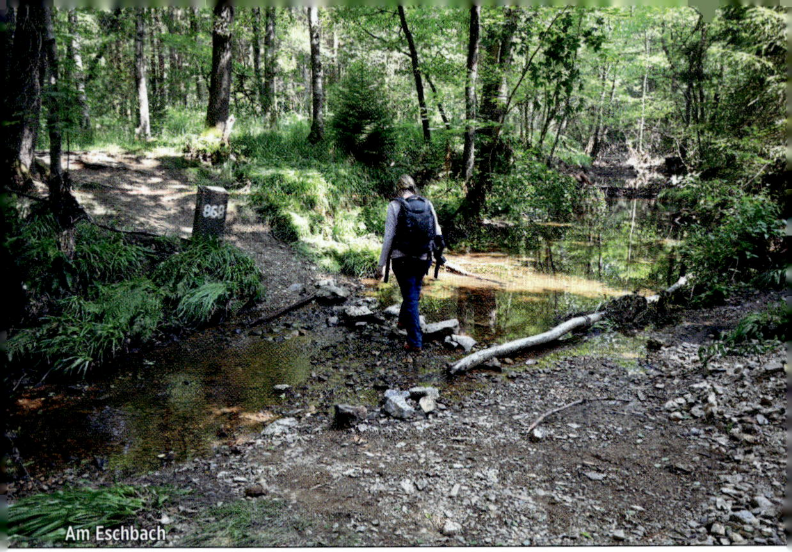

Am Eschbach

Bewohner weg und die Gebäude wurden abgerissen.

4 7,3 (504) Von der Andachtsstelle geradeaus weiter, Sie kommen nach wenigen Meter zu den Überresten der Siedlung Reinartzhofs ⇝ an der Gabelung rechts halten ⇝ auf dem breiten Forstweg durch den Wald ⇝ an der Schranke vorbei zum Waldrand ⇝ hier vor der Vennlandschaft rechts auf den breiten Weg zwischen Wald und Venn ⇝ auf diesem Weg eine Rechtskurve beschreiben ⇝ mit Blick auf die Schutzzone B des Venns zur Linken und dem Wald zur Rechten bis zum Eschbach.

Der Eschbach

Der Eschbach ist ein kurzer Bach, der im Naturschutzgebiet Kutenhart entspringt, den Steinbach aufnimmt und wenig später in die Vesdre/Weser mündet.

5 9,3 (481) Den Bach überqueren und gleich dahinter rechts auf dem Pfad am Wasserlauf entlang ⇝ nach etwa 1,4 km am Querweg rechts über den Eschbach und gleich danach links auf den Pfad ⇝ nun immer weiter am Bach entlang.

3 11,8 (415) Bald erreichen Sie den Picknickplatz, an dem der Steinbach in den Eschabch mündet, hier links abbiegen und auf dem bereits bekannten Weg entlang des Eschbachs weiter ⇝ noch vor der Weser zweigen Sie am Wanderwegknotenpunkt 21 rechts ab und bleiben somit rechts der Weser ⇝ auf dem Pfad geradeaus über den breiten Hauptweg.

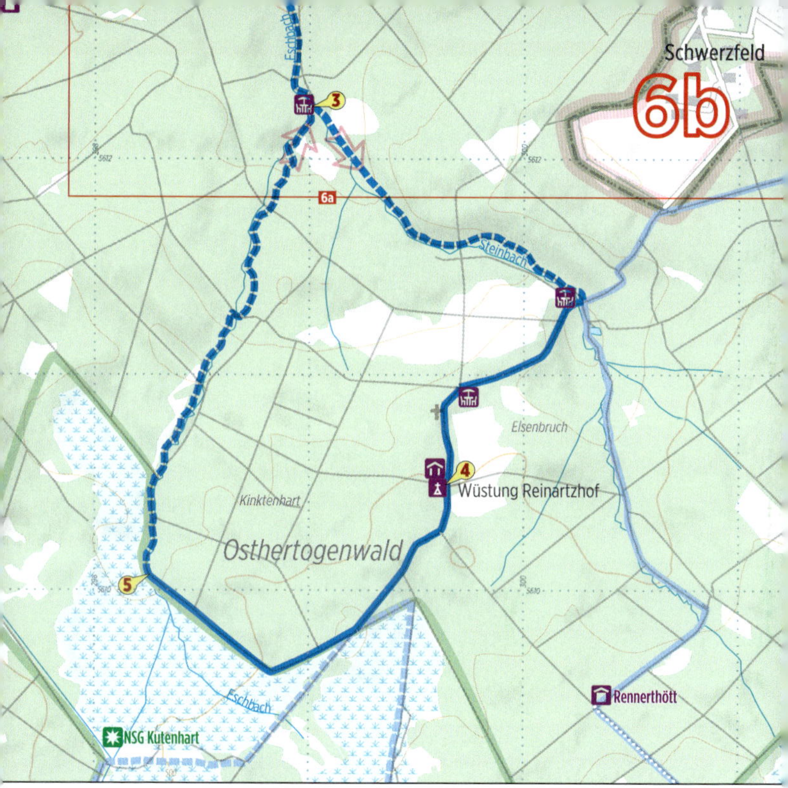

VARIANTE Sie können auch rechts abzweigen und 150 m danach links einschwenken, wenn Sie am Ende der Tour lieber auf einem durchgehend sehr breiten Weg zurück in den Ort gehen möchten.

Der Pfad nähert sich der Weser und stößt bei der Weserbrücke auf den Hauptweg, hier links über die Weser.

2 14,0 (405) Nun auf dem bekannten breiten Weg zurück in den Ort ⇝ von der **Wesertalstraße** rechts in die Straße **Spanisch** und wenig später wieder in die **Mühlenstraße** auf deutscher Seite ⇝ an der Vennbahntrasse nach links, kurz darauf die Bundesstraße überqueren und in die **Bahnhofstraße**.

1 15,8 (416) Am Parkplatz erreichen Sie wieder den Ausgangspunkt der Wanderung.

Petergensfeld (Raeren)

Tour 7 **14,3 km**

Von Roetgen aus ins Hohe Venn

Start/Ziel: Roetgen, Wanderparkplatz in der Pilgerbornstraße

Aufstieg: 180 m *Hartbelag:* 6 %

Abstieg: 181 m *Wanderwege:* 64 %

Gehzeit: 3,5 - 4 Std. *Wanderpfade:* 30 %

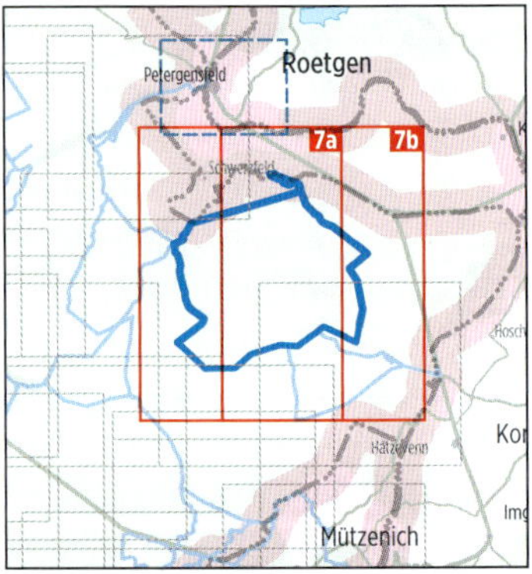

Charakteristik: Überwiegend eine Waldwanderung auf ruhigen und breiten Wegen mit herrlichen Blicken auf die Vennlandschaft.

Markierung: blaue Raute im weißen Quadrat

Anfahrt: Von Monschau auf der Bundesstraße 258 bis Roetgen. Kurz hinter dem Ortseingang links in die Pilgerbornstraße und diese bis zum Grenzübergang durchfahren.

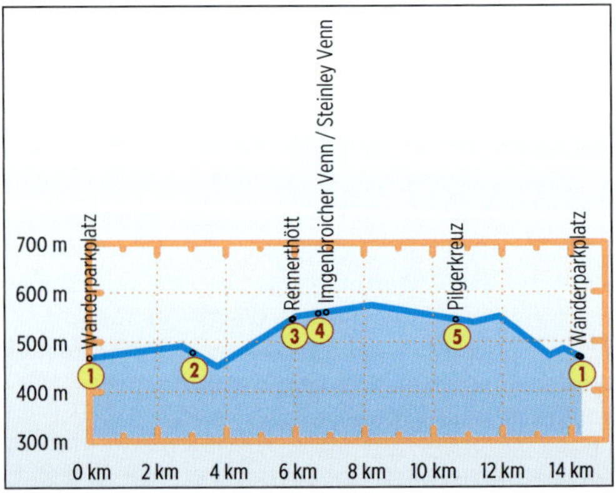

Roetgen Ⓓ

Vorwahl: 02471

Nationalpark-Infopunkt Roetgen, Bundesstr. 18a, Ecke Mühlenstr., ✆ 132276, @ hxi743

Evang. Kirche, Rosentalstr., ✆ 2336. Die barocke Saalkirche stammt aus dem Jahr 1782.

St. Hubertus, Hauptstr., ✆ 5994103. Die heutige Kirche ist ein neogotischer Neubau aus der Mitte des 19. Jhs.

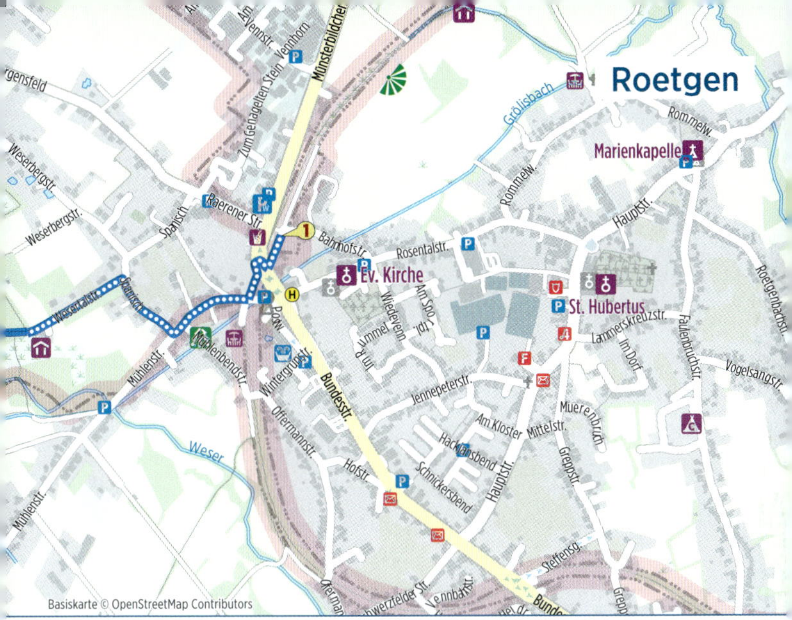

Marienkapelle. Die Kapelle ist der übriggebliebene Teil von der ursprünglichen, ersten katholischen Kirche aus dem 17. Jh.

Roetgen-Therme, Postweg 8, ✆ 12030, @ tkx162

Gut Marienbildchen, Münsterbildchen 3, ✆ 2523, ⏲ Di-Sa 12-15 Uhr, 17-22.30 Uhr, @ ami474

Mirabela, ✆ 921474, ⏲ Mi-So 12-14.30 Uhr und 17.30-22 Uhr, @ teu687

Schwarzmüller Stubn, Wilhelmstr. 23, ✆ 1332717, ⏲ Mi-Sa ab 17 Uhr, @ tdm817

Das kleine Roetgen machte weltweit Schlagzeilen, als im September 1944 die ersten amerikanischen Truppen deutschen Boden betraten, was noch heute im Archiv der New York Times nachzulesen ist. Schon zu römischen Zeiten war Roetgen ein wichtiger Kreuzungspunkt zwischen Aachen und Köln sowie Düren und Lüttich. Heute verläuft durch die Ortschaft die Trasse der einstigen Vennbahn. Durch die kuriose Situation, dass die Trasse belgisches Hoheitsgebiet ist, ist ein Teil Roetgens zur deutschen Exklave geworden.

1 0,0 (467) Vom Wanderparkplatz noch bis zum Ende der **Pilgerbornstraße**, dort nach links in den Wald eintauchen ~ über die deutsch-belgische Grenze hinweg ~ über die Weser, dann links halten und der Wandermarkierung gelbes Kreuz entlang der Weser folgen ~ nach einer weiten Rechtskurve erreichen Sie eine Forststraße, hier nach rechts wenden und auf dem breiten Weg

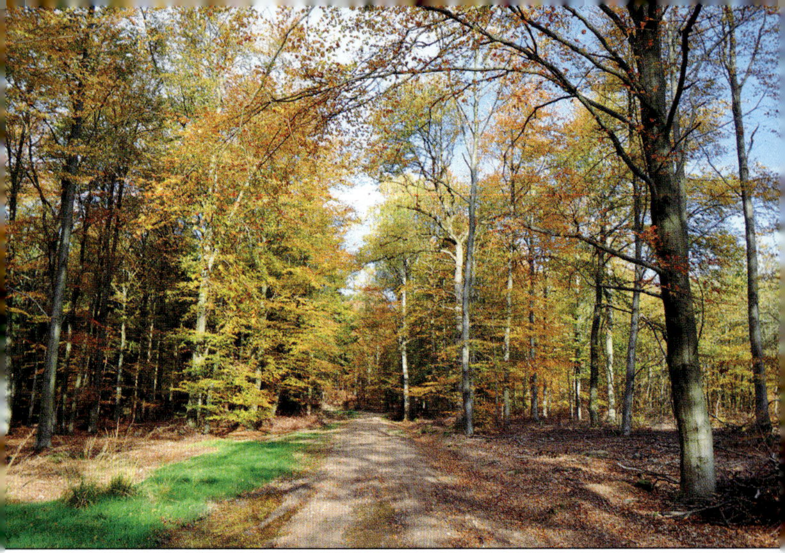

geradewegs durch den Mischwald ⇝ einen weiteren Bach überqueren ⇝ an mehreren abzweigenden Forstwegen vorbei, bis in einer Rechtskurve auf der rechten Seite wieder ein Grenzstein und eine rot-weiße Schranke erscheinen, die die Grenze zu Deutschland markieren.

Die Geschichte der deutsch-belgischen Grenze könnte ganze Bücher füllen, angefangen mit dem historischen neutralen Territorium Neutral-Moresnet, unweit von Eupen, bis hin zu den deutschen Enklaven, verursacht durch die Vennbahn, die als belgisches Staatsgebiet durch Deutschland führt. Im Zuge des vereinten Europas spielt der Grenzverlauf im (Wander-) Alltag zum Glück kaum noch eine Rolle.

2 3,0 (478) An der Grenze vorbei gehen und im Nadelwald eine Rechtskurve beschreiben ⇝ an einem Linksabzweig vorbei und durch eine S-Kurve ⇝ dahinter bis zu einer Informationstafel und einem weiteren Abzweig ⇝ vor dem Steinbach nach links wenden und an einem Auffangbecken für die Weserumleitung vorbei ⇝ in sanften Kurven parallel zum schmalen Steinbach wandern, dabei sanft hinauf ⇝ an der T-Kreuzung nach rechts schwenken und weiter durch den Wald ⇝ bis zur **Forsthütte Rennerhött** auf der rechten Seite.

3 5,9 (546) An der Hütte links abbiegen und dem zweispurigen Forstweg folgen ⇝ stets geradeaus wandern, bis zu einer Informationstafel zu Beginn des Imgenbroicher Venns.

Imgenbroicher Venn

Dieses Venn ist Heimat für das scheue Birkhuhn und Quellgebiet für kleinere

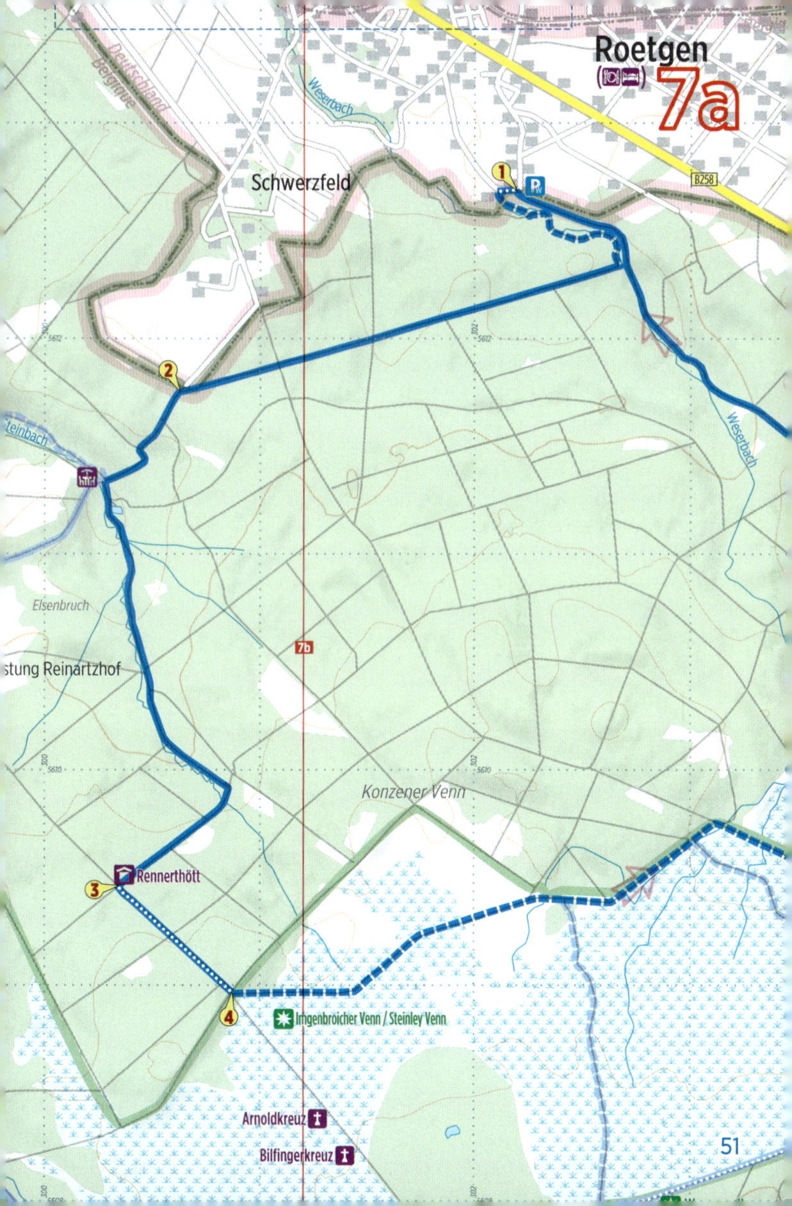
Roetgen
7a
Deutschland
Belgique
Weserbach
Schwerzfeld
B258
1
2
3
4
Steinbach
Elsenbruch
stung Reinartzhof
7b
Konzener Venn
Rennerthött
Imgenbroicher Venn / Steinley Venn
Arnoldkreuz
Bilfingerkreuz

Bäche, die im weiteren Verlauf in die Vesdre/Weser münden.

4 6,7 (557) An der Informationstafel halb links halten und auf dem breiten Grasweg zunächst geradeaus und wenig später durch eine Linkskurve hindurch ⤳ dabei am Quellgebiet des Steinbaches vorbei ⤳ die weite, grün leuchtende Wiesenlandschaft passieren ⤳ in einer Rechtskurve wieder an den Fichtenwald heran ⤳ parallel zum Waldrand an der Einstiegsmöglichkeit für einen Holzstegpfad vorbei und weiter auf dem breiten Grasweg ⤳ nach einer weiteren Linkskurve und einem ganz leichten Gefälle bis zu einem weiteren Holzsteg, auf dem es rechts zum Aachener Kreuz ginge ⤳ weiter geradeaus und am Ende des Weges nach rechts abbiegen ⤳ die noch junge Weser überqueren und nach 650 m der Beschilderung der blauen Raute nach links in den Fichtenwald folgen ⤳ im Wald geradeaus und über eine Kreuzung hinweg.

Pilgerkreuz

5 10,6 (544) Am Pilgerkreuz vorbei und bald danach auch an einer Forsthütte vorbei ⤳ einen Abzweig passieren ⤳ 250 m danach auf dem Hauptweg im Rechtsbogen laufen und einen Bach überqueren ⤳ auf dem breiten Forstweg geradeaus, aber schon an der ersten Möglichkeit nach links abbiegen ⤳ auf dem deutlich abwärts führenden Weg die Idylle des Waldes genießen und nach einiger Zeit wieder am Ufer der Weser entlang ⤳ dem kurvigen Bachlauf zunächst folgen, an einem Abzweig jedoch halb rechts bleiben und dem Forstweg durch eine weite Linkskurve folgen ⤳ an den Grenzsteinen der deutsch-belgischen Grenze entlang bis zur Schranke.

1 14,3 (467) Ende der Wanderung am Wanderparkplatz.

Roetgen

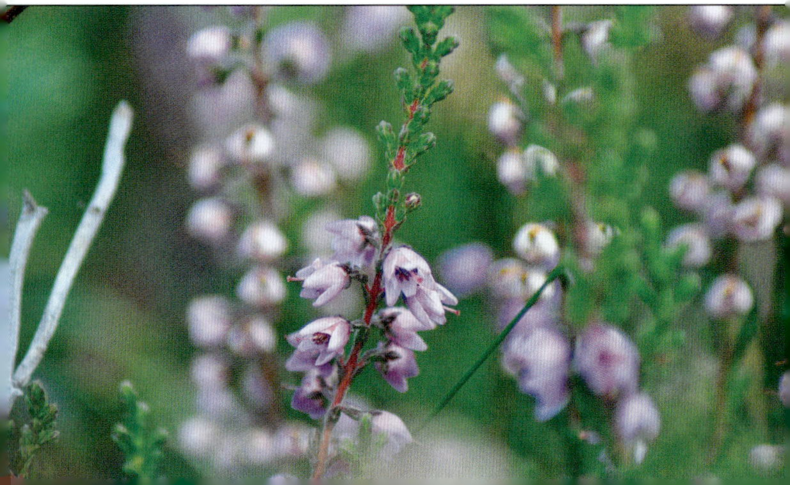

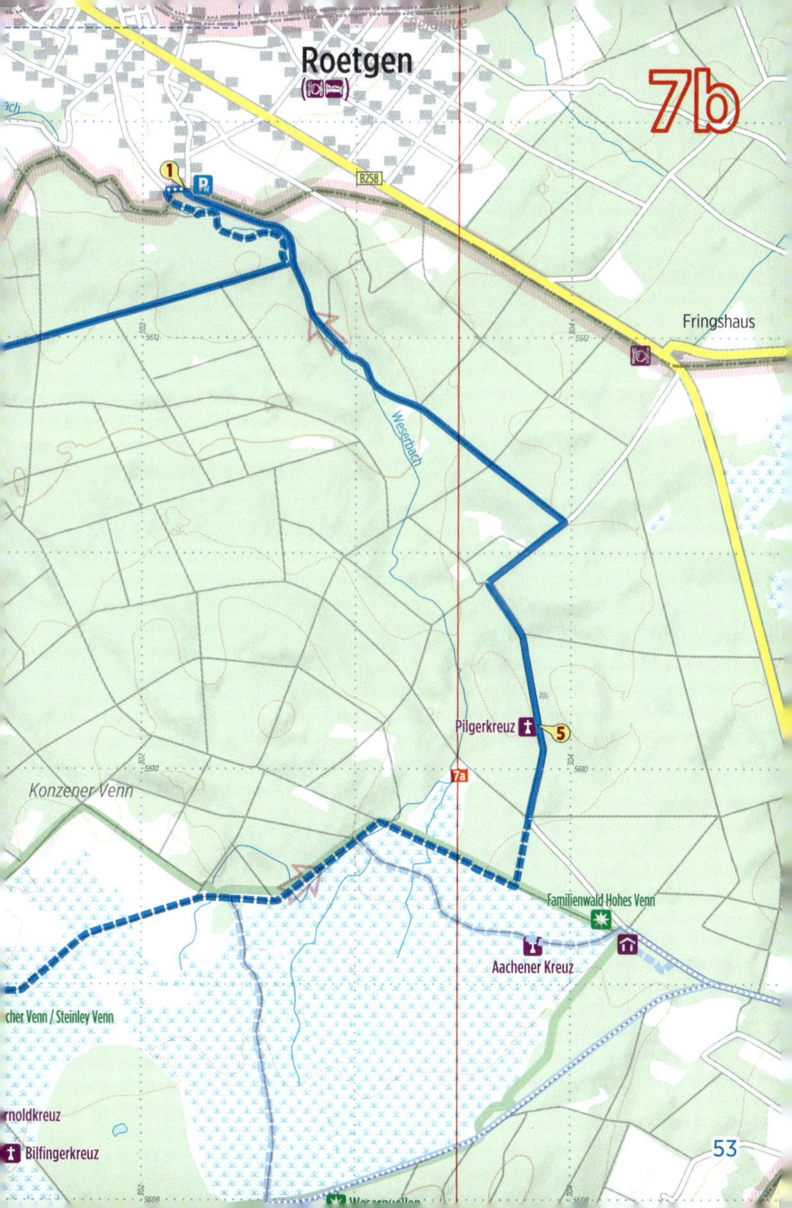
Roetgen
7b
B258
Fringshaus
Weserbach
1
5
Pilgerkreuz
7a
Konzener Venn
Familienwald Hohes Venn
Aachener Kreuz
cher Venn / Steinley Venn
rnoldkreuz
Bilfingerkreuz

Tour 8 **8,2 km**

Auf Holzstegen durch das Imgenbroicher Venn

Start/Ziel: Konzen, Parkplatz am Ortsausgang an der Bundesstraße 258

Aufstieg: 70 m
Abstieg: 70 m
Gehzeit: 2 - 2,5 Std.

Hartbelag: 56 %
Wanderwege: 0 %
Wanderpfade: 44 %

Charakteristik: Mit einem Grenzübertritt in den belgischen Staatsforst startet die zunächst waldreiche Wanderung auf einem breiten, gut ausgebauten Weg. Nach der Passage eines Waldlehrpfades lohnt eine Pause, vor allem für Kinder, im sogenannten Waldsofa, bevor es dann auf hölzernen Stegen durch das Imgenbroicher Venn geht, wo man zwischen Eidechsen und Libellen dem Alltag entfliehen kann. Abschließend passiert man noch die Quellen der Weser, bevor es durch den Wald wieder auf die deutsche Seite zurückgeht.

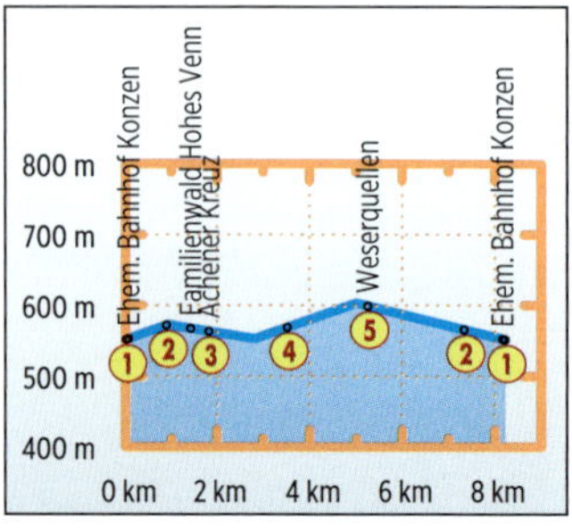

Markierung: rote Raute im weißen Quadrat

Anfahrt: In Konzen auf der B 258 in Richtung Roetgen. Noch vor dem ersten Grenzübergang erscheint der Parkplatz auf der linken Seite. Von Roetgen über die B 258 in Richtung Monschau, dabei für rund 2 Kilometer auf der Landstraße durch belgisches Gebiet.

Konzen (Monschau) Ⓓ

Vorwahl: 02472

- **St. Peter**, Kirchenweg. Das Gotteshaus wurde um 1160 errichtet und im 15. Jh. umgebaut. Nach einem Brand im Jahr 1869 und den Zerstörungen im Zweiten Weltkrieg erfolgte jeweils der Wiederaufbau. Im Inneren gibt es noch den romanischen Taufstein aus dem 12. Jh. zu sehen. Die Kirche wird Mutterkirche genannt, denn sie war bis Mitte des 14. Jhs. die einzige Kirche im Monschauer Land.
- **Pankratius-Kapelle**. Die aus Bruchsteinen erbaute Kapelle gilt als eines der ältesten Bauwerke in der Region. Die Entstehungszeit wird auf 885 geschätzt.
- **Jägersruh**, Trierer Str. 23, ✆ 3774,

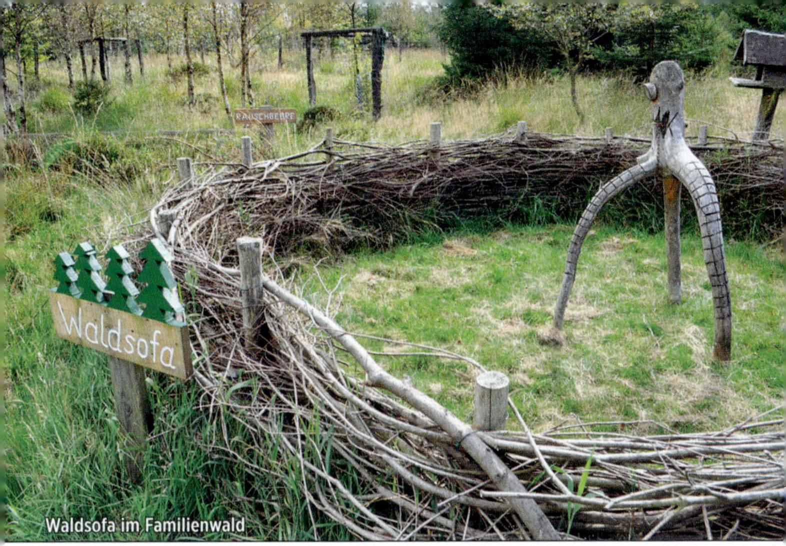

Waldsofa im Familienwald

@ ngw214

Konzen ist der älteste Stadtteil von Monschau und hat in seinem Wappen Kaiser Karl den Großen abgebildet. Die erste urkundliche Erwähnung stammt aus dem Jahre 888.

Eine Besonderheit in Konzen ist die Bundesstraße 258, die nach Norden hin aus Deutschland heraus führt und für rund 2 Kilometer durch belgisches Gebiet verläuft, ohne Anbindung an das belgische Straßennetz zu haben. Grenzpolitisch nicht weniger interessant ist der Hof namens Rückschlag, der sich durch den Verlauf der Vennbahn komplett auf belgischem Boden befindet und damit die kleinste Exklave Deutschlands bildet.

Parkplatz an der B 258

1 0,0 (553) Vom Schotterparkplatz zur Straße gehen und nach rechts wenden ⟿ auf deutscher Seite an der Straße entlang bis zur ersten Ausfahrt ⟿ nach rechts abbiegen und nach wenigen Metern über die ausgediente Gleisanlage hinweg ⟿ an einem Gedenkkreuz vorbei, hier verunglückte 1827 die 15-jährige Anna Hauseur tödlich beim Lehmstechen ⟿ auf dem Asphaltweg in den **Staatswald Oberweser** und auf belgisches Territorium ⟿ an einer Landkarte und einigen Holzschnitzereien vorbei ⟿ die Gemarkung Lehmkuhl passieren und weiter geradeaus.

2 0,9 (570) An der Gabelung halb rechts halten ⟿ weiter geradeaus auf der Asphaltpiste bis zum Picknickplatz mit dem „**Waldsofa**" im Familienwald Hohes Venn.

VARIANTE Nach wenigen Metern können Sie links auch den Durchgang durch ein Tor und den dahinter liegenden Waldlehrpfad nutzen.

Familienwald Hohes Venn. Mit Schutzhütte, Rast- und Spielplatz sowie Informationstafeln. Der Ausgangspunkt für Wanderungen in das Hohe Venn bietet verschiedene Angebote für Kinder und Erwachsene. Schmale Pfade schlängeln sich durch einen gut 1 ha großen abgegrenzten Bereich, wo zwischen den Stationen alle Elemente der hiesigen Moorlandschaft entdeckt und auch die typischen hölzernen „Knüppeldämme" erlebt werden können. Eine besondere Attraktion ist das „Waldsofa", das aus Ästen und Zweigen erbaut ist.

Waldsofa

Nachdem der Orkan Wiebke im Februar 1990 einen großflächigen Fichtenbestand wie Streichhölzer umknickte, entstand eine 1 ha große Brachfläche. Der damalige Oberförster nutzte die Gelegenheit und ließ den heutigen Waldgarten mit seinem Waldsofa, einem Spielplatz, einer Picknickhütte und einen Lehrwald entstehen. Kooperationspartner waren hierfür unter anderem der Eifelverein, das Konzener Familienzentrum und das Forstamt Elsenborn. Heute können hier Kinder auf spielerische Weise die Natur und insbesondere den Wald kennenlernen.

Hinter der Picknickhütte halb links auf den breiten Schotterweg ⤳ Sie kommen zum Holzsteg, der den Beginn des Weges durch das **Imgenbroicher Venn** markiert ⤳ auf dem Holzbohlenpfad an einer knorrigen, geduckten Kiefer vorbei bis zum Aachener Kreuz auf der linken Seite.

Aachener Kreuz

3 1,8 (564) Am Aachener Kreuz die Ruhe genießen und weiter geradeaus ⤳ immer wieder auf dem Holzsteg und auf einem schmalen, teils morastigen Pfad ⤳ durch ein kleines Birkenwäldchen ⤳ weiter geradeaus und über kleine Bachläufe hinweg bis zu einer T-Kreuzung.

TIPP Diese Bäche sind die noch jungen Oberläufe der in der Nähe entspringenden Weser.

Gleich hinter dem Bach links abbiegen und auf dem breiten Wiesenweg am Waldrand entlang ⤳ mit einer leichten Steigung einem Rechtsbogen folgen.

4 3,5 (570) Auf Höhe des kleinen Waldes zur Linken nach links abbiegen und auf einem schmalen Holzsteg und auf Wurzelpfaden durch den Wald ⤳ auf einer schmalen Holzbrücke über einen Bach ⤳ den Wald verlassen und auf dem schmalen Steg durch das Imgenbroicher Venn ⤳ an Heidekraut und einzelnen Birken vorbei weiter in südliche Richtung durch das Hochmoor ⤳ nach einiger Zeit und ausgiebigem Genuss des Venns erreichen Sie eine T-Kreuzung, hier nach links wenden und auf dem asphaltierten Weg weiter wandern ⤳ an einem Schild mit Hinweis auf die Weserquellen vorbei.

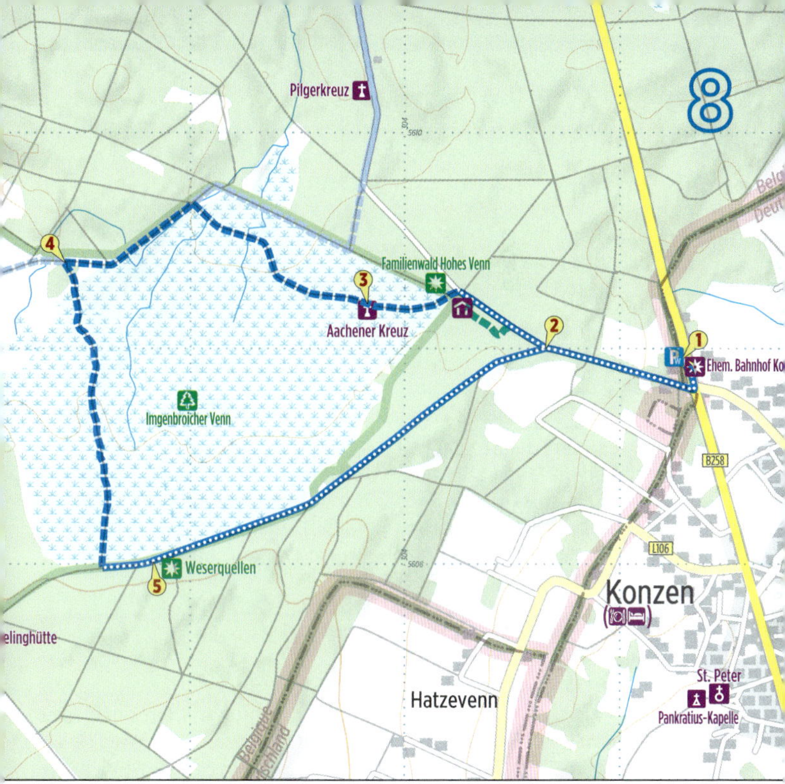

TIPP Die Quellen befinden sich nur wenige Meter entfernt rechter Hand im dichten Nadelwald.

Weser s. S. 200

5 5,2 (600) Zwischen dem Wald und dem Imgenbroicher Venn immer auf dem geraden Weg am Waldrand bleiben ⇝ in einem Linksbogen an einer Sitzbank eine kleine Pause einlegen und am sogenannten Schmuggelpfad vorbei ⇝ weiter geradeaus und die Gemarkung **Scheedsjaas** passieren ⇝ leicht bergab wandern, nach der leichten Rechtskurve erreichen Sie den bereits bekannten Weg.

2 7,3 (570) Hier halb rechts laufen und weiter auf der Asphaltpiste ⇝ dem schnurgeraden Weg am Gedenkkreuz vorbei folgen und das belgische Staatsgebiet wieder verlassen ⇝ hinter den alten Gleisen an der Landstraße nach links schwenken.

1 8,2 (553) Nach wenigen Metern endet die Wanderung am Parkplatz.

Parkplatz an der B 258

Tour 9 — 9 km

Durch das Naturschutzgebiet Kutenhart

Start/Ziel: Parkplatz am Haus Ternell

Aufstieg:	187 m	*Hartbelag:*	11 %
Abstieg:	187 m	*Wanderwege:*	0 %
Gehzeit:	2,5 - 3 Std.	*Wanderpfade:*	89 %

Charakteristik: Abwechslungsreiche Wanderung durch dichte Wälder und auf schmalen Pfaden bis in das malerische Getzbachtal hinein. Nach dem Tal wartet die Durchquerung einer wunderbaren Vennlandschaft der Schutzzone B, bevor es wieder durch das grüne Getzbachtal zurück zum Haus Ternell geht. Hier können Sie das Venn- und Waldmuseum besuchen und im Restaurant einkehren.

Markierung: roter, senkrechter Balken bis zum Naturschutzgebiet; durch das Gebiet mit einer grün-weiß-grünen Markierung

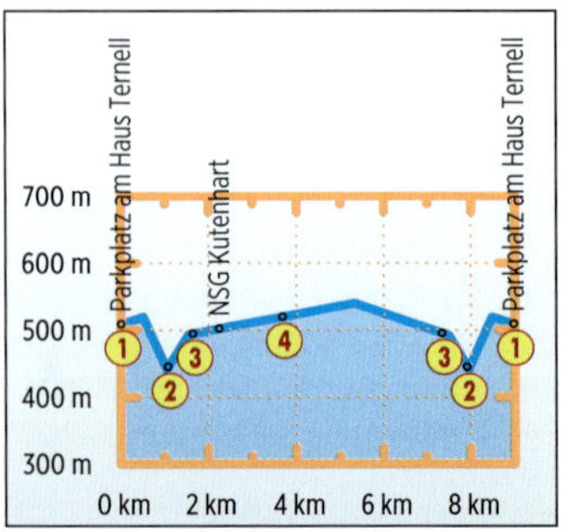

Anfahrt: Ab Eupen auf der N 67 in Richtung Monschau/Deutschland. Auf der rechten Seite erscheint das Haus Ternell und gleich dahinter Parkplätze auf beiden Seiten der Straße.

Forsthaus Ternell (Eupen) s. S. 61

1 0,0 (508) Beim Haus Ternell die Straße überqueren und auf den Forstweg gehen ⤳ an einer hölzernen Skulptur vorbei und auf dem asphaltierten Weg gerade durch den Wald ⤳ vor einer weiten Rechtskurve den Asphaltweg geradeaus verlassen und auf dem schmalen Pfad durch das Gras wandern ⤳ deutlich bergab über den Wurzelpfad ⤳ eine Forststraße überqueren und über Stock und Stein weiter abwärts in das Tal des Getzbachs hinein.

Getzbach s. S. 64

2 1,1 (448) Den Getzbach auf der kleinen Brücke überqueren ⤳ direkt dahinter nach rechts und etwas oberhalb des Wasserlaufs durch das ruhige Tal

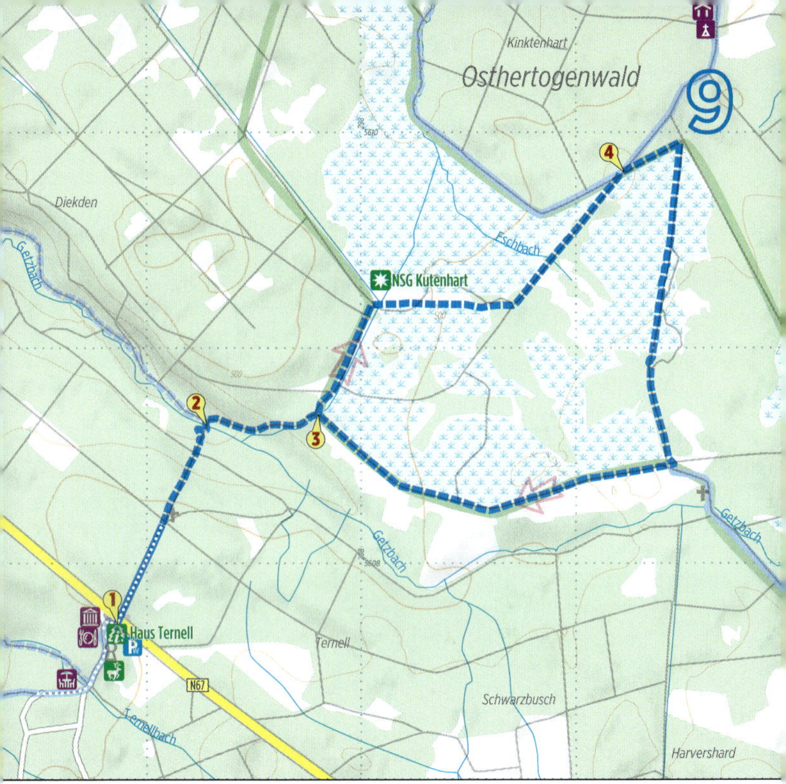

wandern ⤳ dem sanft ansteigenden Weg folgen, bis sich dieser vor dem Naturschutzgebiet Kutenhart gabelt.

Naturschutzgebiet Kutenhart

3 1,6 (493) Nach links wenden und parallel zur Vennlandschaft wandern ⤳ den Blick über das Hochmoor streifen lassen und zwischen Wald und Venn auf einem breiten Grasweg wandern ⤳ an einer Waldschneise vorbei ⤳ in der bald folgenden Linkskurve nach rechts abbiegen und auf dem schmalen Weg und Steg direkt durch das Naturschutzgebiet wandern ⤳ nach einer weiten Linkskurve am Quellgebiet des Eschbachs vorbei ⤳ weiter geradeaus an einsamen Birken entlang und das Naturschutzgebiet verlassen ⤳ am Waldrand halb rechts abbiegen und auf dem breiten Grasweg weiter ⤳ nur wenige Meter vor einer T-Kreuzung scharf rechts abbiegen und wieder auf einen schmalen Pfad wechseln ⤳ wechselweise auf

Holzstegen und auf einem Trampelpfad durch die weite Landschaft des Kutenharts ⤳ deutlich geradeaus, unter dünnen Bäumen hindurch und mit tollen Aussichten über das Moor.

4 3,7 (518) Am Ende bei der Infotafel rechts abbiegen und auf dem breiten Grasweg entlang des Kutenharts immer geradeaus ⤳ durch eine weite Rechtskurve bis zur bereits bekannten Gabelung.

3 7,3 (493) Mit dem Venn im Rücken nach halb links wenden und abwärts durch den Mischwald wandern ⤳ auf kurvigen Wegen bis hinab in das Getzbachtal.

2 7,9 (444) Den rauschenden Bach an der ersten Brücke nach links überqueren ⤳ leicht rechts bergauf und dem schmalen, steinigen Pfad bergauf folgen ⤳ durch das hohe Gras an Höhe gewinnen und über eine Forststraße hinweg ⤳ weiter bergauf und durch den Wald ⤳ auf die asphaltierte Forststraße geradeaus und weiter durch den Wald ⤳ an der bekannten Skulptur und der Schranke vorbei ⤳ die Landstraße überqueren.

TIPP: Am Ende der Wanderung bietet sich eine Einkehr im Restaurant Ternell's an, für die Speisen werden frische regionale Lebensmittel verwendet, nach Möglichkeit in Bio-Qualität.

1 9,0 (508) Ende der Wanderung am Parkplatz.

Forsthaus Ternell (Eupen) s. S. 61

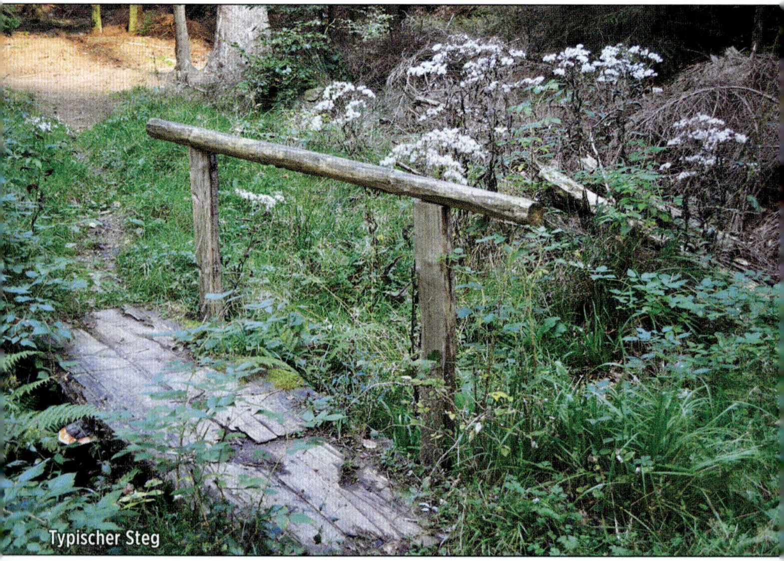

Typischer Steg

Tour 10 8 km

Drei-Bäche-Wanderung am Haus Ternell

Start/Ziel:

Aufstieg:	184 m	*Hartbelag:*	12 %
Abstieg:	184 m	*Wanderwege:*	17 %
Gehzeit:	2 - 2,5 Std.	*Wanderpfade:*	70 %

Charakteristik: Mit dem Rauschen von drei Bächen im Ohr durch die grüne Lunge des Hohen Venns. Zuerst wandern Sie durch die Schlucht des Ternellbachs hinab bis an das Ufer der Hill. Nach einer kurzen Steigung geht es dann im Tal des Getzbaches wieder zurück zum Ausgangspunkt. Eine Besichtigung im Museum innerhalb des Hauses Ternell ist im jeden Fall zu empfehlen.

Markierung: grünes Kreuz im weißen Quadrat, als Genusstour 26 mit Knotenpunkten

Anfahrt: Ab Eupen auf der N 67 in Richtung Monschau/Deutschland. Auf der rechten Seite erscheint das Haus Ternell und gleich dahinter Parkplätze auf beiden Seiten der Straße.

Tipp: Zum Redaktionsschluss im Frühjahr 2022 waren die Wege entlang von Getzbach und Hill gesperrt. Erkundigen Sie sich ggf. vor der Tour beim Haus Ternell nach dem aktuellen Stand, „Hochwasser im Juli 2021“ auf Seite 14).

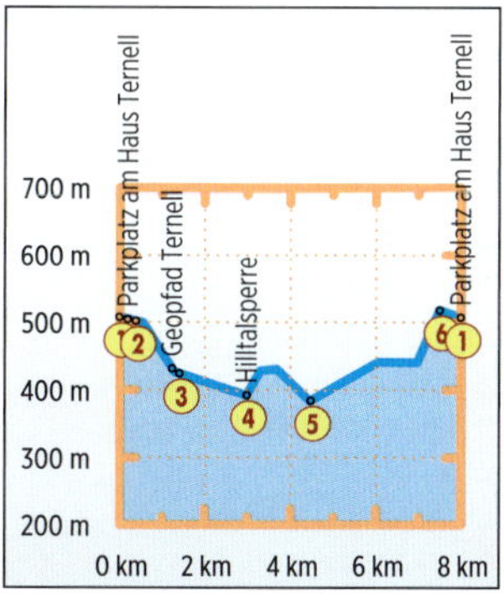

Forsthaus Ternell (Eupen)

Haus Ternell, Ternell 2-3, ✆ 087552313, Mo-Fr 10-12 Uhr und 13-17 Uhr, Sa, So/Fei 10-17 Uhr. Das Naturzentrum informiert als Venn- und Waldmuseum auf 100 m² Ausstellungsfläche. Im Außenbereich mit Kräutergarten und Abenteuerspielplatz. @ acp243

Restaurant Ternell´s, Ternell 2-3, ✆ 087341725, Mi-Fr 9-19 Uhr, Sa, So 9-20 Uhr, in der Sommersaison auch tägl. geöffnet. Mit großem Biergarten unter Kastanien.

Das Haus Ternell ist eine Bildungseinrichtung der Deutschsprachigen Gemeinschaft in Belgien und beschäftigt sich mit der naturbezogenen

Öffentlichkeitsarbeit. Es werden zahlreiche Aus- und Fortbildungskurse angeboten, die sich mit naturkundlichen Themen befassen, ferner werden Vortragsreihen durchgeführt. Zum Haus Ternell gehören neben einem kleinen Venn- und Waldmuseum auch ein Labor, der Geo-Pfad Ternell, ein Wildgehege und in der Winterzeit auch ein Langlaufzentrum. Im Museum zeigen verschiedene Dioramen die Flora und Fauna des Hohen Venns.

1 0,0 (507) Den Parkplatz verlassen und entlang der Straße zum Haus Ternell gehen ⇝ zwischen Museum und Restaurant die breiten Stufen aus Kopfsteinpflaster hinab steigen ⇝ den kleinen Kräutergarten rechts liegen lassen ⇝ an der Informationstafel an einer T-Kreuzung links abbiegen ⇝ auf dem Asphaltweg durch den Wald ⇝ am Wildgehege vorbei ⇝ bis zum Gedenkstein für den Förster Roger Decheneux.

2 0,4 (502) Dort vor der Forsthütte rechts abbiegen ⇝ auf dem wurzeligen Weg durch den Wald ⇝ neben dem kleinen **Ternellbach** leicht bergab wandern ⇝ den Bach auf einer Holzbrücke überqueren ⇝ dem Wasserlauf auf dem Trampelpfad folgen ⇝ über einen kleinen Steg und eine weitere Brücke ⇝ auf dem wurzeligen Weg hinab bis zur deutlich breiteren **Hill** (La Helle) ⇝ nun rechts und auf dem Uferweg entlang der Hill weiter passieren ⇝ durch den dichten Wald bis zu einer Hinweistafel über den Geopfad Ternell.

Geopfad Ternell

Auf dem Geo-Pfad werden geologische Aufschlüsse aus der Zeit des Kambrium bis in das Devonzeitalter präsentiert und mittels umfangreicher Schautafeln erläutert. Dieser im Auftrag der Regierung der Deutschsprachigen Gemeinschaft erstellte Pfad führt grenzüberschreitend vom Tal der Hill bis zum Venn bei Mützenich.

3 1,4 (425) An der Informationstafel vorbei weiter geradeaus ⇝ im leichten Auf und Ab immer am Bach entlang ⇝ eine weitere Info-Tafel passieren, dann entfernen Sie sich auf dem gut erkennbaren Weg etwas vom Ufer ⇝ Sie wandern bis zu einem nach rechts abzweigenden Weg.

4 3,0 (393) Rechts dem steilen Schotterweg aufwärts folgen, dabei können Sie die Aussicht über das Tal von La Helle genießen ⇝ nach einer Rechtskurve über die Monschauer Straße hinweg ⇝ an einer rot-weißen Schranke auf den zweispurigen Forstweg ⇝ ein weites Stück geradeaus und an einer Wildfutterstelle vorbei ⇝ dem morastigen Weg bis zu einer großen Gabelung folgen ⇝ dort halb rechts und mit leichtem Gefälle durch den Nadelwald ⇝ am Ende des Pfades für ein kurzes Stück rechts auf die Asphaltpiste ⇝ schon nach 100 m am Hinweisschild für das hiesige Radwanderwegenetz nach rechts den Asphaltweg verlassen ⇝ bis zu einem Schleusenbauwerk, hier erreichen Sie den Getzbach.

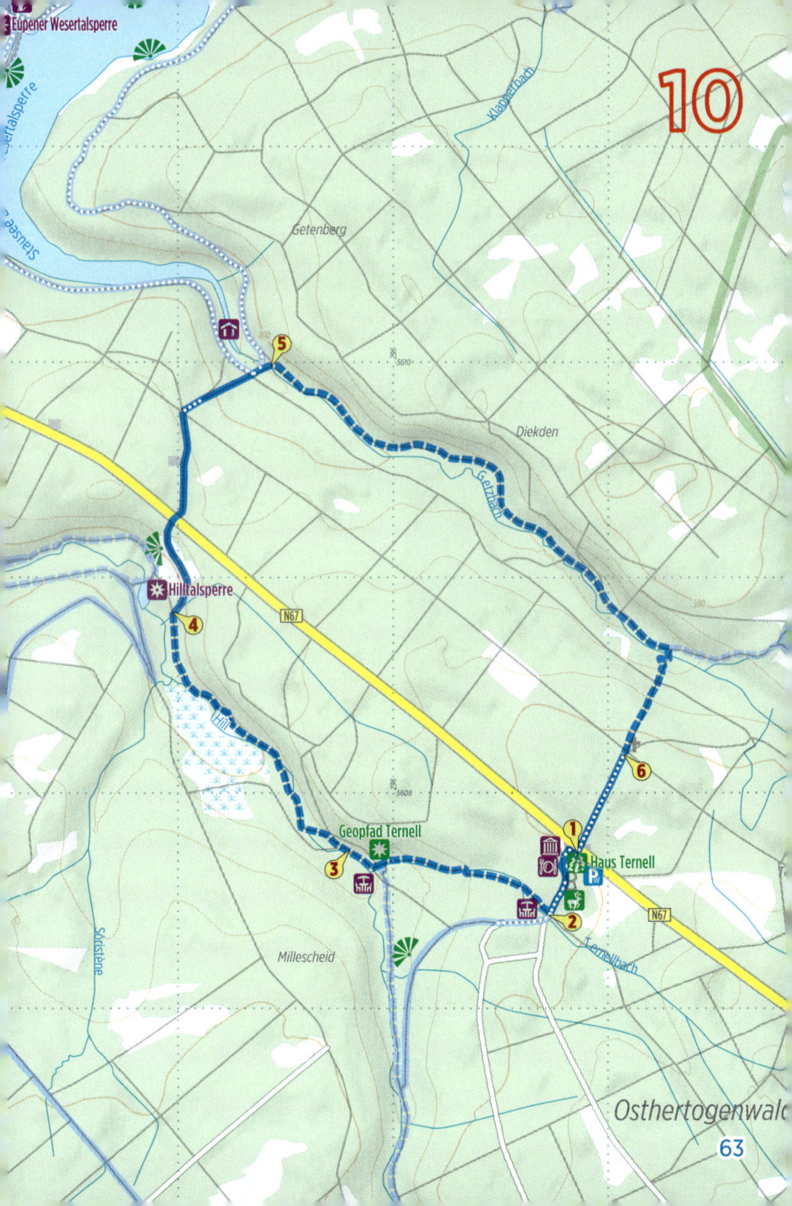
10
Eupener Wesertalsperre
Getenberg
Klapperbach
Diekden
Getzbach
Hilltalsperre
N67
Hill
Geopfad Ternell
Haus Ternell
Millescheid
Sôristène
Ternellbach
1
2
3
4
5
6

Getzbach

Der Getzbach ist ein kleiner Fluss, der in der Nähe der deutsch-belgischen Grenze im Brackvenn entspringt, zunächst nach Norden fließt und sich im Allgemeinen Venn nach Westen wendet. Kurz hinter der Schleuse mündet das Wasser der Hill in den Getzbach, welches unterirdisch durch den Tunnel de la Helle geleitet wurde. Wenig später mündet der Getzbach in den Eupener Stausee, der auch als Wesertalsperre bezeichnet wird.

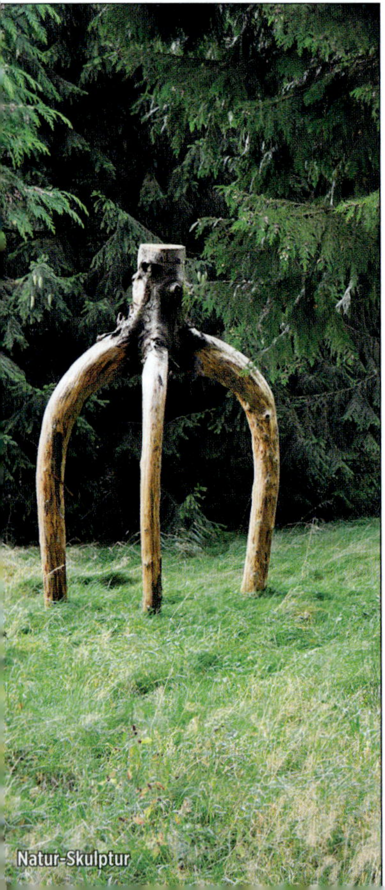

Natur-Skulptur

5 4,5 (384) Den breiten Getzbach überqueren und rechts halten ⤳ stets auf und ab in Sichtweite des Baches durch den sehr dichten Wald ⤳ auf dem Wurzelpfad oberhalb des Baches bleiben ⤳ an Schiefergestein vorbei ⤳ dem Rauschen des Getzbaches folgen ⤳ an einer breiten Holzbrücke weiter geradeaus, die Brücke nicht überqueren ⤳ auf dem nun breiteren Waldweg bis zu einer etwas größeren Lichtung ⤳ dort rechts halten und auf einer Brücke den Getzbach überqueren ⤳ hinter der Brücke rechts und dem steinigen Weg steil aufwärts folgen, Sie verlassen nun das Getzbachtal ⤳ an Sträuchern der Besenheide vorbei, diese blühen im August und September ⤳ stets bergauf bis zu einer Asphaltpiste ⤳ die schmale Straße überqueren und auf dem Wurzelpfad weiter hinauf ⤳ an Farnen und hohem Gras vorbei ⤳ auf einem Trampelpfad über Wurzeln und stellenweise kurze Abschnitte von Holzstegen bis zu einer Asphaltstraße.

6 7,5 (518) Beim Wegekreuz Saint Expedit geradeaus auf die Straße und dieser ein Stück durch den Nadelwald folgen.

1 8,0 (507) Kurz nach der Schranke endet die Wanderung am Parkplatz.

Forsthaus Ternell (Eupen)

Tour 11 19,8 km

Am Hillbach und Getzbach rund um das Brackvenn

Start/Ziel: Parkplatz Grenzweg (N67)

Aufstieg: 311 m *Hartbelag:* 4 %

Abstieg: 311 m *Wanderwege:* 40 %

Gehzeit: 5 - 6 Std. *Wanderpfade:* 56 %

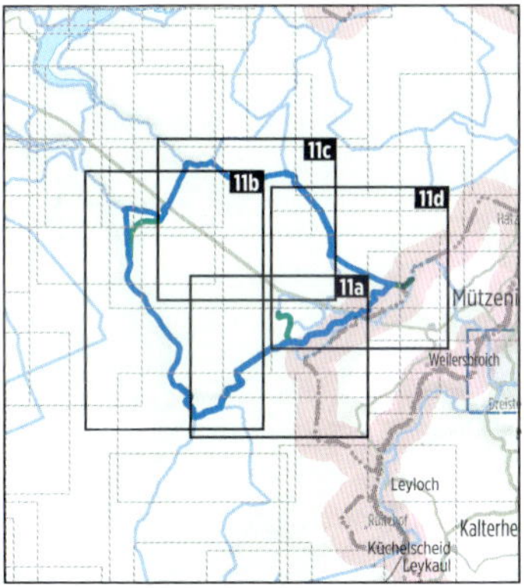

Charakteristik: Auf der langen Rundtour wechseln sich Wege durch die Vennlandschaft und Waldwege ab. Im ersten Abschnitt folgen Sie überwiegend dem Hillbach durch sein enges Tal. Nach einem kurzen Stopp am Haus Ternell geht es am Hohen Venn und am malerischen Getzbach entlang in entgegengesetzte Richtung zurück. Sowohl am Anfang als auch am Ende der Tour wird das Brackvenn gestreift bzw. auf Holzstegen durchquert.

Markierung: als Genusstour 23 mit Knotenpunkten

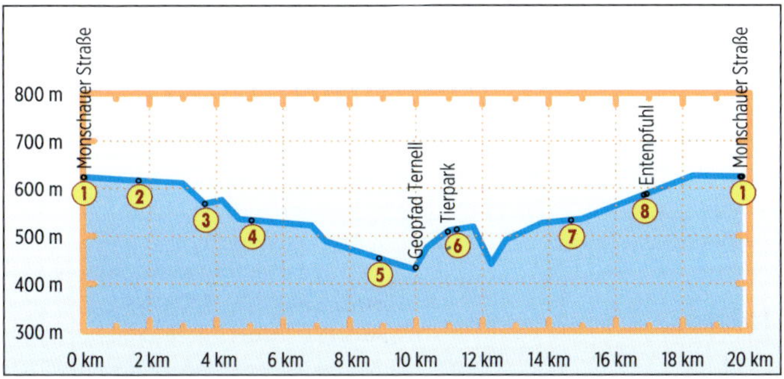

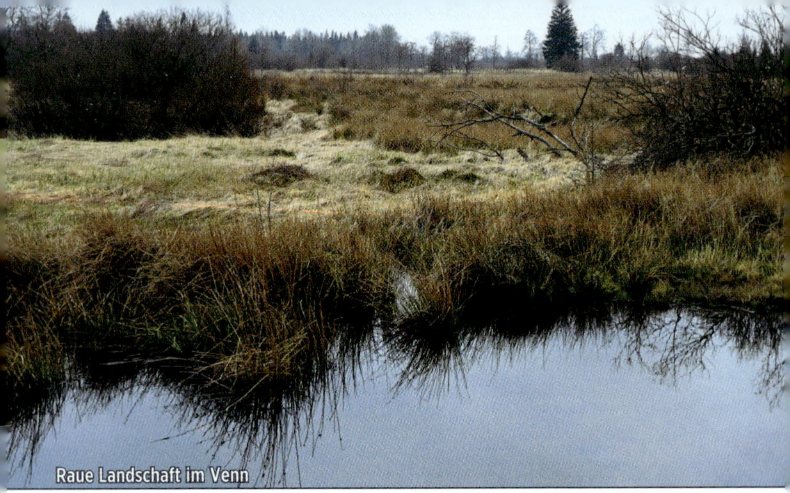

Raue Landschaft im Venn

Anfahrt: **Ab Eupen auf der N67 in Richtung Monschau bzw. Deutschland. Wenige Meter vor der Grenze rechts auf den Schotterparkplatz.**

Tipp: **Zum Redaktionsschluss im Frühjahr 2022 waren Wege im östlichen Bereich der Tour gesperrt. Erkundigen Sie sich vor der Tour im Wanderroutenplaner nach aktuellen Sperrungen, „Hochwasser im Juli 2021“ auf Seite 14).**

Parkplatz Grenzweg (N 67)

1 0,0 (623) Vom Schotterparkplatz an der Schranke vorbei auf den Forstweg in den Wald hinein ~ dem leicht kurvigen Forstweg folgen ~ nach knapp 800 m erreichen Sie das Brackvenn mit seiner Schutzzone B und laufen geradeaus auf dem breiten Weg zwischen Waldrand und Vennlandschaft.

Brackvenn

Das Naturschutzgebiet Brackvenn erstreckt sich südlich und nördlich der N 67, im Westen von Mützenich. Es schließt die Venngebiete Brackvenn, Puzen, Nahtsief, Plattes Venn und Königliches Torfmoor ein. Als Teil des Hohen Venns ist diese Hochmoorlandschaft streng geschützt.

2 1,7 (616) Am Holzsteg gehen Sie geradeaus vorbei.

AUSFLUG: Hier können Sie rechts einen Abstecher ins Platte Venn zu den Palsen Misten machen. In Tour 13 wird eine kleine Runde durch diese Vennlandschaft vorgestellt.

Palsen Misten s. S. 76

Auf dem weiteren Weg kommen Sie kurz danach wieder in den Wald hinein ~ an der ersten Kreuzung, beim Picknickplatz, links abbiegen ~ mit spürbarem Gefälle hinab in das kleine Tal des Spohrbachs.

3 3,6 (567) An der Gabelung links halten und den Bachlauf überqueren ~ wieder etwas bergauf durch den Wald ~ an der T-Kreuzung rechts abbiegen

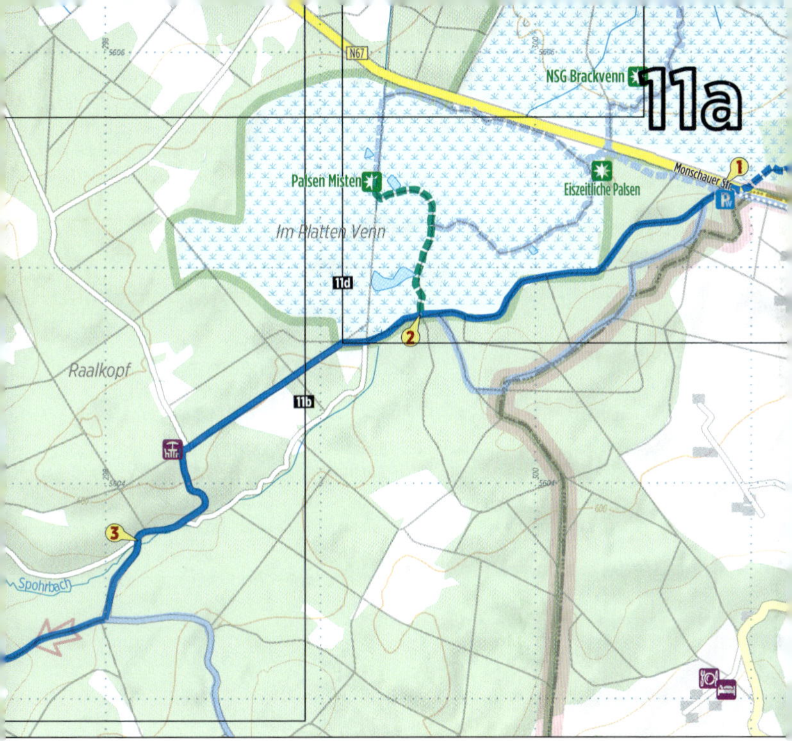

↝ wenig später erscheint auf der linken Seite der Miesbach, der in den Hillbach mündet ↝ hier durch eine Rechtskurve hindurch in das Hilltal und der Hill bzw. dem Hillbach folgen. **4** 5,0 (532) Am Rastplatz vorbei, nun nochmals kurz entlang des Spohrbachs, der links in die Hill mündet ↝ nach dem weiten Linksbogen gelangen Sie wieder nahe an die Hill und verlassen hier den breiten Weg nach links ↝ auf dem kurvigen Weg im Hilltal nun immer am Flussufer bleiben, alle Abzweigungen ignorieren.

Hill

Die rund 25 Kilometer lange Hill (La Helle) entspringt nahe der Botrange, dem höchsten Punkt Belgiens, und fließt auf der Hälfte ihrer Länge im Hohen Venn. Schon zu Zeiten der Römer war der Fluss auch ein Grenzverlauf. Das änderte sich auch später nicht, als sie im Mittelalter die beiden Herzogtümer Limburg und Luxemburg voneinander trennte und im 19. Jahrhundert die Grenze zu Preußen bildete. Ihr Lauf endet im südlichen Bereich der Stadt Eupen, wo sie in die Weser (Vesdre) mündet

5 8,9 (452) Nach knapp 3,5 km bei der Rastbank an der Gabelung links.

VARIANTE Wenn Sie an der Gabelung nach rechts abzweigen, gelangen Sie auf dem Geo-Pfad direkt zum Haus Ternell. Sie verpassen dann aber ein schönes Wegstück entlang des Ternellbachs.

Geopfad Ternell

Auf dem Geo-Pfad werden geologische Aufschlüsse aus der Zeit des Kambrium bis in das Devonzeitalter präsentiert und mittels umfangreicher Schautafeln erläutert. Dieser im Auftrag der Regierung der Deutschsprachigen Gemeinschaft erstellte Pfad führt grenzüberschreitend vom Tal der Hill bis zum Venn bei Mützenich.

Die Route verläuft noch 1 km weiter am Hillbach entlang bis zur Einmündung des Ternellbachs ⇝ den Ternellbach überqueren und gleich dahinter nach rechts wenden ⇝ direkt am Bachlauf nun deutlich bergauf und dem Pfad durch den Wald folgen ⇝ dabei zweimal den Bach auf Holzstegen überqueren ⇝ nach dem Holzhaus und dem Picknickplatz an der Kreuzung links auf den breiten Forstweg ⇝ ein kurzes Stück durch den Wald und dann rechts zum Haus Ternell, wo Sie eine Pause im Biergarten oder im Naturzentrum einlegen und das kleine Venn- und Waldmuseum besuchen können.

Forsthaus Ternell (Eupen)

Haus Ternell, Ternell 2-3, ✆ 087552313, Ⓒ Mo-Fr 10-12 Uhr und 13-17 Uhr, Sa, So/Fei 10-17 Uhr. Das Naturzentrum informiert als Venn- und Waldmuseum auf 100 m^2 Ausstellungsfläche. Im Außenbereich mit Kräutergarten und Abenteuerspielplatz. @ acp243

Restaurant Ternell´s, Ternell 2-3, ✆ 087341725, Ⓒ Mi-Fr 9-19 Uhr, Sa, So 9-20 Uhr, in der Sommersaison auch tägl. geöffnet. Mit großem Biergarten unter Kastanien.

Das Haus Ternell ist eine Bildungseinrichtung der Deutschsprachigen Gemeinschaft in Belgien und beschäftigt sich mit der naturbezogenen Öffentlichkeitsarbeit. Es werden zahlreiche Aus- und Fortbildungskurse, Veranstaltungen und Wanderungen bzw. Exkursionen angeboten, die sich mit naturkundlichen Themen befassen. Zum Haus Ternell gehört neben einem kleinen Venn- und Waldmuseum auch ein Labor, der Geopfad Ternell, ein Wildgehege und in der Winterzeit auch ein Langlaufzentrum. Im Museum zeigen verschiedene Dioramen die Flora und Fauna des Hohen Venns.

6 11,2 (513) Beim Haus Ternell die Straße am Zebrastreifen überqueren und auf der anderen Straßenseite wieder in den Wald hinein ⇝ nach 500 m am Wegekreuz Saint Expedit links halten, Sie verlassen hier den Hauptweg ⇝ weiter bergab laufen ⇝ bei der Lichtung geradeaus über den Forstweg und auf dem schmalen Pfad bis zum Getzbach ⇝ den Getzbach auf der Brücke überqueren und gleich dahinter nach rechts auf den schmalen Weg ⇝ deutlich ansteigend dem

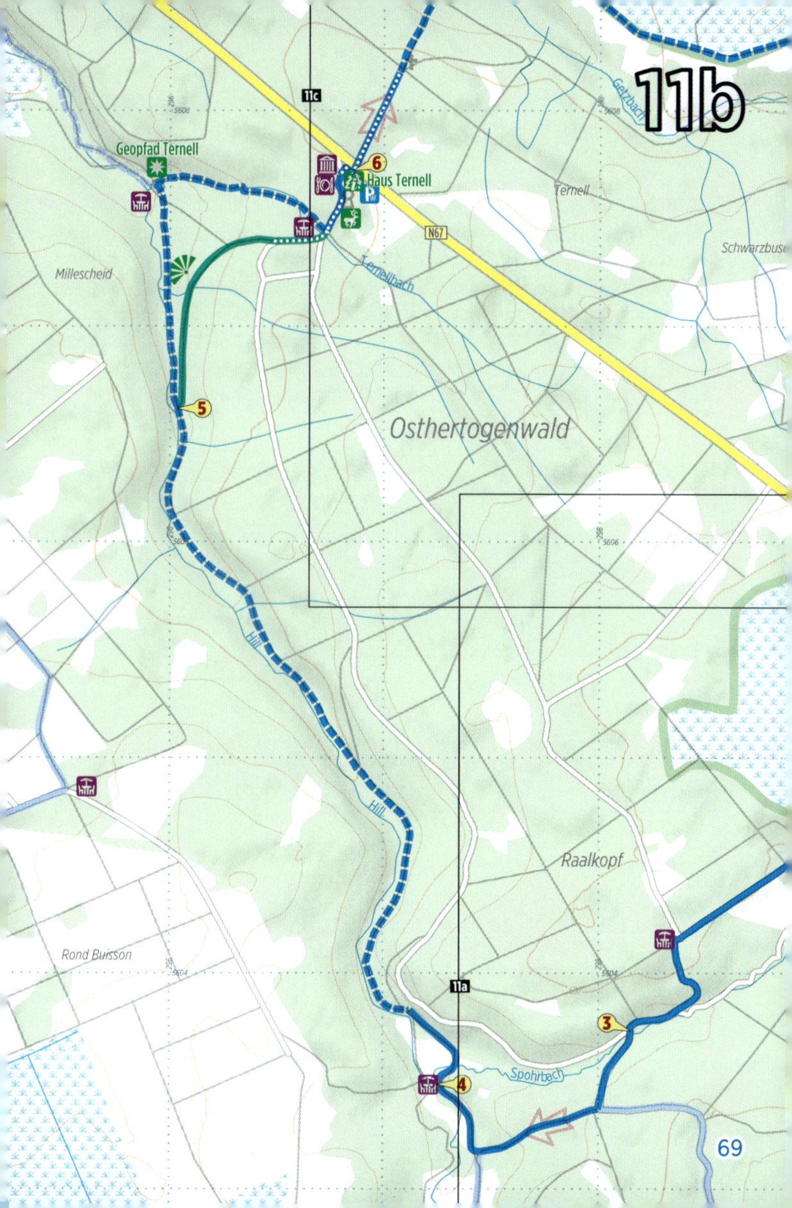
11b
Geopfad Ternell
Haus Ternell
Ternell
N67
Ternellbach
Getzbach
Schwarzbusc
Millescheid
Osthertogenwald
Hill
Raalkopf
Rond Buisson
Spohrbach
11c
11a
6
5
4
3

Pfad in Sichtweite zum Bach folgen ~ am Rand des Venns an der Gabelung nach rechts wenden ~ auf einem breiten Pfad wandern Sie nun zwischen Venn und Wald weiter.

7 14,7 (532) Nach rund 1,8 km biegen Sie vor dem kleinen Holzsteg rechts ab ~ Sie kommen wieder zum Getzbach, hier am Christian-Jansen-Wegekreuz vorbei und über die Holzbrücke.

Getzbach s. S. 64

Nach der Brücke geradeaus, dabei deutlich bergauf und zwischen Wald und Venn wandern ~ nach 1,3 km tauchen Sie wieder in den Wald ein ~ kurz danach erreichen Sie am Brackvenn eine Kreuzung, an der halblinks ein kleiner Teich namens Entenpfuhl zu sehen ist.

8 16,8 (585) Vor dem Entenpfuhl links abbiegen und gleich darauf halbrechts auf den breiten Pfad zwischen Wald und Venn ~ Sie laufen geradeaus am Waldrand entlang, weiter rechts verläuft ein Holzbohlenweg durch das Venn ~ rund 1,4 km im-

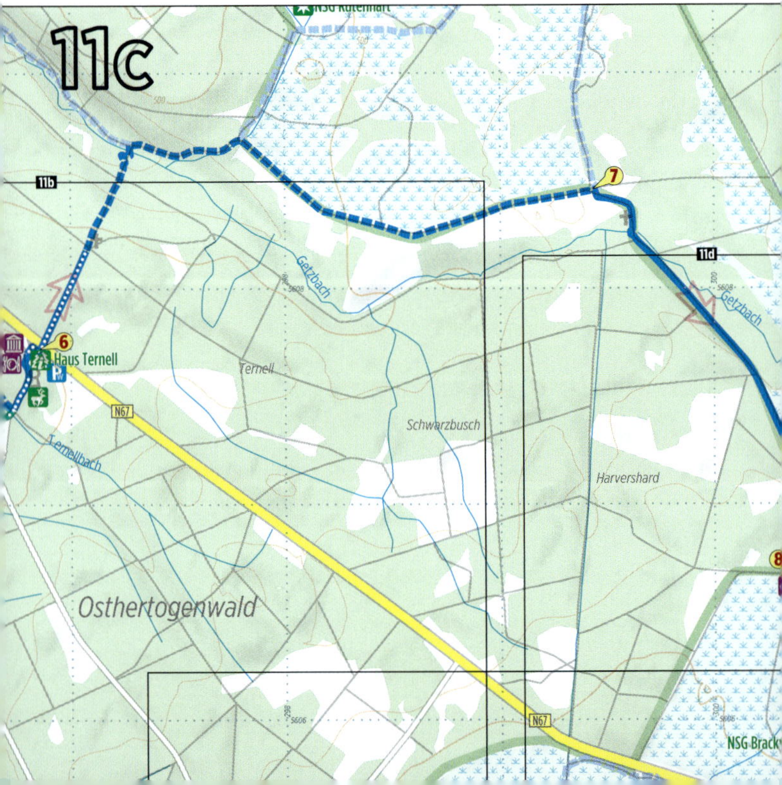

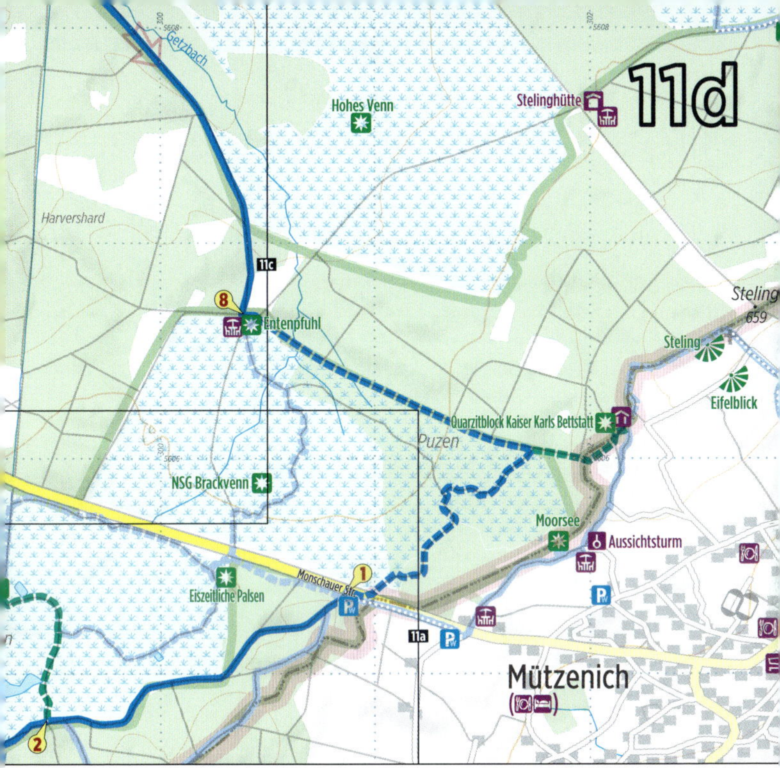

mer geradeaus, dabei wird im ersten Bereich kaum spürbar der deutlich kleiner gewordene Getzbach wieder einmal überquert ⁓ halbrechts sehen Sie bereits das Ende des Brackvenns und ebenfalls einen Wald ⁓ wenige Meter davor nach rechts auf den Holzbohlenweg abzweigen.

AUSFLUG Weiter geradeaus erreichen Sie in 500 m die beiden Felsen Kaiser Karls Bettstatt und einen Rastplatz. Für diesen Abstecher gehen Sie in den Wald hinein und halten sich vor dem Feld links.

Auf dem Weg durch das Brackvenn folgen Sie nun dem kurvigen Holzsteg ⁓ dabei wechselt der Untergrund immer wieder zwischen Holzbohlen und morastigem Boden ab, eine klassische Vennwanderung zum Abschluss dieser Runde ⁓ nach 1,3 km kurz parallel zur Straße **N 67**, dann die Straße überqueren.

1 19,8 (623) Am Parkplatz ist das Ende der Wanderung erreicht.

Parkplatz Grenzweg (N 67)

Tour 12 5,2 km

Durch das nördliche Brackvenn

Start/Ziel: Parkplatz an der Monschauer Straße

Aufstieg: 47 m *Hartbelag:* 1 %

Abstieg: 48 m *Wanderwege:* 0 %

Gehzeit: 1,5 Std. *Wanderpfade:* 99 %

Charakteristik: Das Brackvenn lockt in der Nähe der deutsch-belgischen Grenze zu einer idyllischen Tour. Auf Holzstegen wird die Moorlandschaft durchquert, dabei kommen Sie immer wieder an kleinen Tümpeln vorbei. Wenn Sie im August oder September unterwegs sind, können Sie sich an blühendem Heidekraut erfreuen. Vielleicht begegnen Ihnen auch zahlreiche brummende Libellen und flinke Eidechsen, die sich auf den Holzstegen sonnen.

Markierung: roter, aufrecht stehender Balken in einem weißen Quadrat

Anfahrt: Ab Eupen auf der N 67 in Richtung Monschau/Deutschland. Auf der rechten Seite erscheint das Haus Ternell und wenig später, kurz vor dem Grenzübergang, Parkplätze auf der rechten Seite.

Parkplatz an der Monschauer Straße

1 0,0 (622) Den kleinen Parkplatz verlassen und sofort die Landstraße überqueren ⤳ auf der anderen Straßenseite vor der Schranke nach rechts wenden ⤳ auf dem schmalen Trampelpfad neben der Straße entlang ⤳ das belgische Grenzschild passieren ⤳ dem gut erkennbaren Weg nach halb links in die Schutzzone B folgen ⤳ auf mehreren Holzstegen geradeaus in einen Wald hinein ⤳ auf dem kurvenreichen Holzsteg an Farnen und Moosen vorbei ⤳ die Ruhe und Einsamkeit genießen.

2 0,9 (624) An dem Abzweig nach rechts, weiter auf dem Holzsteg bleiben ⤳ auf dem kurvenreichen Weg durch das Brackvenn ⤳ bis zu einem Holzzaun und einem Tor.

3 1,5 (625) Die Schutzzone B verlassen und nach links wenden ⤳ auf einem breiten Wiesenweg durch die grün leuchtende Landschaft ⤳ stets zwischen Nadelwald und Brackvenn geradeaus ⤳ auf einem Holzsteg über den Getzbach hinweg und weiter bis zu einer Informationstafel.

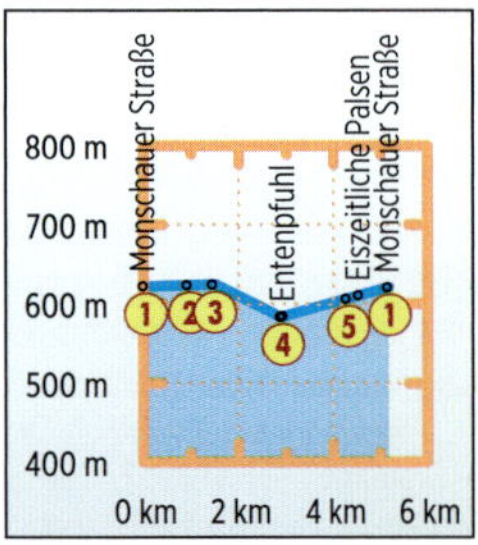

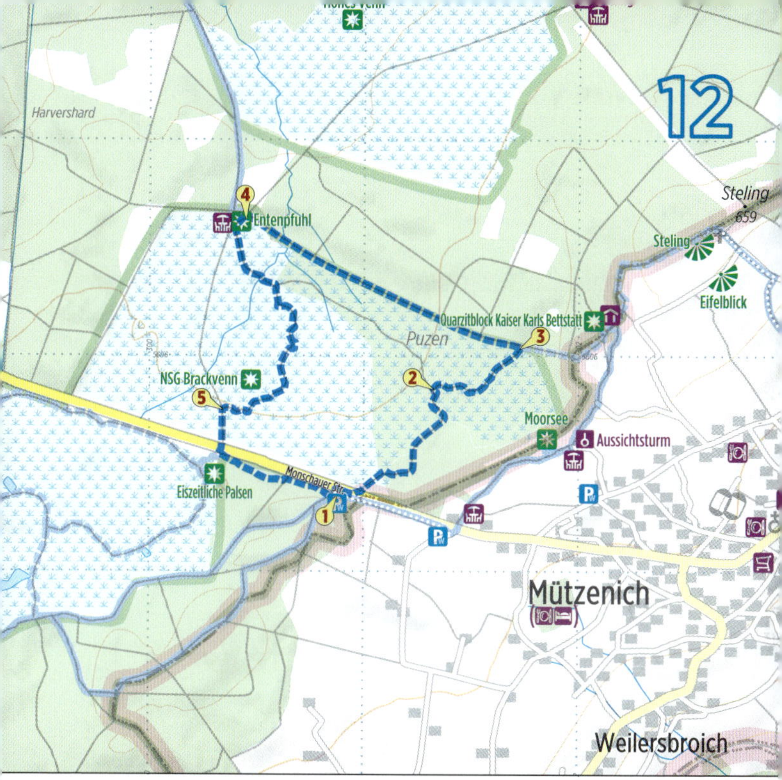
12
Harversshard
Steling
659
Steling
Eifelblick
4
Entenpfuhl
Quarzitblock Kaiser Karls Bettstatt
3
Puzen
2
NSG Brackvenn
5
Moorsee
Aussichtsturm
Eiszeitliche Palsen
Monschauer Str.
1
Mützenich
Weilersbroich

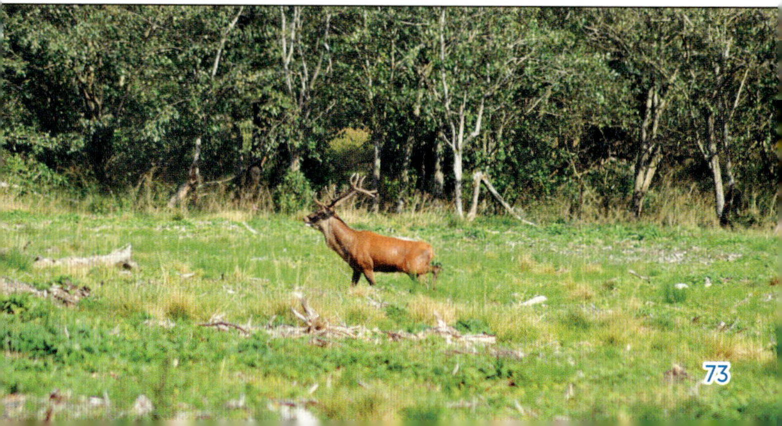

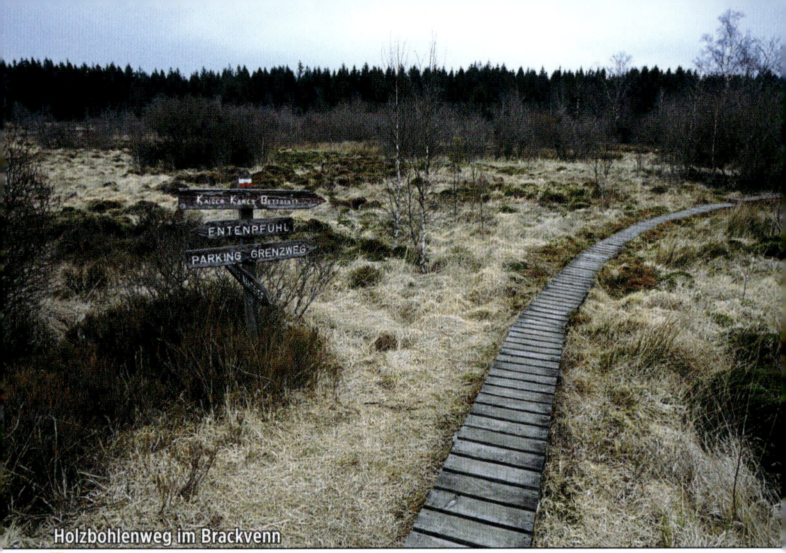

Holzbohlenweg im Brackvenn

4 2,9 (584) An dieser Tafel nicht auf den breiten Forstweg wechseln, sondern links den Holzsteg benutzen und am Entenpfuhl vorbei wieder in die Schutzzone B hinein ⤳ auf dem Holzsteg durch das Brackvenn, in den flachen Wasserflächen haben zahlreiche Libellen ihre Heimat ⤳ wieder einen kleinen Bachlauf überqueren, es ist erneut der Getzbach ⤳ an Heidekraut vorbei gelangen Sie zu einem Abzweig, hier rechts halten und auf dem Holzsteg weiter wandern ⤳ 350 m danach können Sie an einem Aussichtspunkt eine kleine Pause einlegen und Moorpflanzen wie Beinbrech, Fieberklee, Sonnentau und Wollgras betrachten ⤳ auf dem schmalen Steg weiter durch das Venn ⤳ am Ende des Stegs auf einem wurzeligen Pfad durch einen kleinen Wald und weiter bis zu einer Informationstafel.

5 4,3 (607) Dort an der kleinen Asphaltstraße nach links wenden und dem Sträßchen folgen ⤳ an der Schranke vorbei und über die Monschauer Straße hinweg ⤳ auf der anderen Straßenseite nach links schwenken und wieder im Wechsel auf einem Holzsteg und einem Wurzelpfad durch einen lichten Wald ⤳ an der Schranke halb links.

1 5,2 (622) Rechts am Parkplatz endet die Wanderung.

Parkplatz an der Monschauer Straße

Tour 13 — 4,6 km

An Palsen vorbei durch das Venn

Start/Ziel: Parkplatz an der N 67, beim Grenzübergang
Aufstieg: 24 m — *Hartbelag:* 0 %
Abstieg: 24 m — *Wanderwege:* 0 %
Gehzeit: 1,5 Std. — *Wanderpfade:* 100 %

Charakteristik: Das Platte Venn lädt mit seinen Holzstegen zu einer interessanten Wanderung ein. Am Hellenketel lernt man zunächst Wissenswertes über die Eigenschaften der Palsen kennen, bevor man im leichten Auf und Ab an zahlreichen Palsen und Gewässern vorbei bis zum Rand einer Schutzzone D wandert. Entlang ihrer Grenze tritt man dann langsam den Rückweg an und durchstreift ein weiteres Mal die Vennlandschaft.

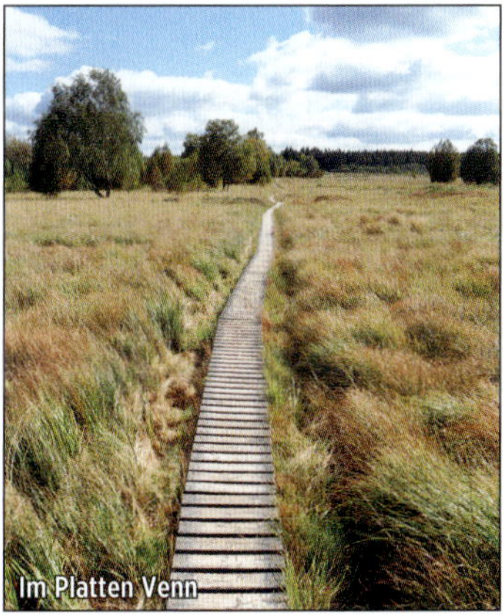

Im Platten Venn

Markierung: keine

Anfahrt: Von Eupen in Richtung Monschau auf der N 67 bis kurz vor dem Grenzübergang auf der rechten Seite. Von Monschau über Mützenich in Richtung Eupen.

Parkplatz an der N 67

1 0,0 (623) Den Parkplatz in Richtung Informationstafel verlassen ~ an der Zufahrt nach links wenden, jedoch nicht auf dem Forstweg bleiben, sondern vor der rot-weißen Schranke rechts auf den schmalen Schotterpfad ~ in geringer Entfernung parallel zur Straße wandern ~ ein kurzes Stück auf einem Holzsteg ~ wenig später auf dem wurzeligen Weg durch den Nadelwald ~ bis zu einer weiteren Informationstafel an einer Holzhütte.

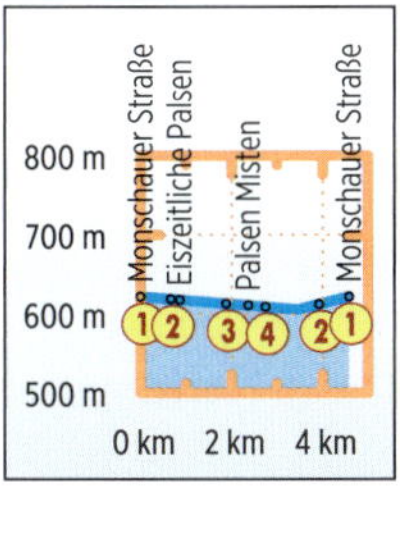

2 0,7 (619) Vor der Hütte nach links schwenken und auf dem breiten Holzsteg in das Brackvenn hinein ~ bis zum **Palsen Hellenketel**.

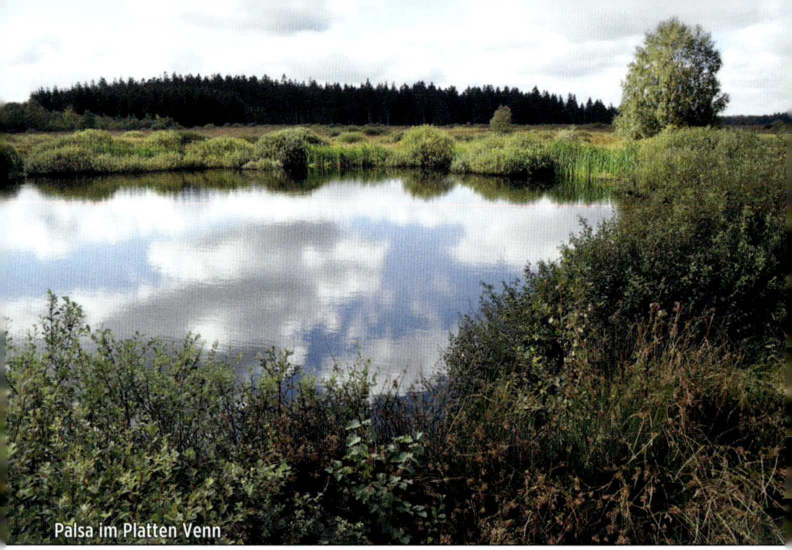

Palsa im Platten Venn

Palsen. Hellenketel ist einer der größeren und bekannteren Palsen im Hohen Venn, insbesondere im Brackvenn.

An der Informationstafel über Lithalsen vorbei weiter auf dem Holzsteg wandern ~ mit dem Anblick des farbenprächtigen Brackvenns durch das Moor ~ einen Abzweig auf der rechten Seite liegen lassen, auf diesem Holzsteg gelangen Sie auf dem Rückweg wieder an diese Stelle ~ den Holzsteg verlassen und an Heidekraut entlang ~ immer wieder im Wechsel auf Stegen oder auf einem ausgetretenen Pfad ~ mit Respekt vor den flinken Eidechsen in einem weiten Bogen an den Palsen vorbei.

3 1,9 (614) Am Ende an der T-Kreuzung nach rechts abbiegen und der Beschilderung nach Getz folgen ~ weiter auf dem Holzsteg und in einem weiten Bogen bis zum Punkt Misten.

Palsen Misten

Die Palsen (auch Lithalsen), in der Einzahl Palsa, entstanden in der Eiszeit, als hier noch Permafrostboden herrschte. Durch den Frost konnten sich Eislinsen bilden, die hügelförmig in die Höhe wuchsen. Nach Ende der Eiszeit schmolz das Eis, die Hügel senkten sich und hinterließen einen Ringwall, dessen Inneres sich meist mit Wasser füllte. Das Hohe Venn beherbergt eine Vielzahl solcher Palsen, die man sonst meistens nur noch in Grönland, in der Tundra und auf Island zu sehen bekommt.

Mit Blick auf Misten und das Königliche Torfmoor als Schutzzone D nach rechts schwenken ~ an vereinzelten Birken vorbei und stets geradeaus an der Grenze zwischen den Schutz-

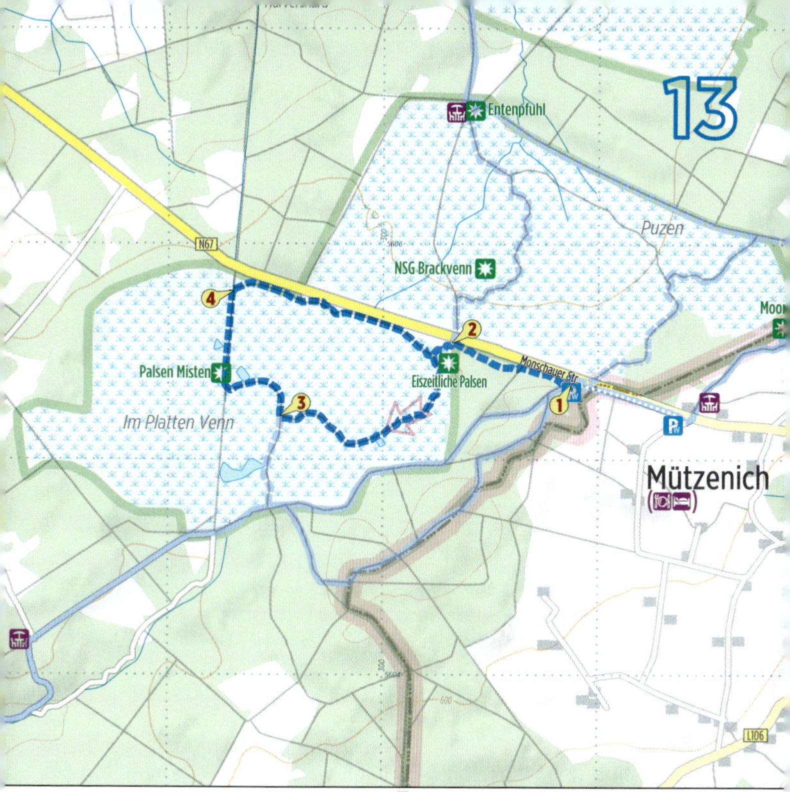

zonen D und B weiter.

4 2,8 (610) Am ersten Abzweig zur Rechten dem schmaleren Holzsteg nach rechts folgen ⁓ wieder im Wechsel zwischen Holzbohlenweg und Trampelpfad durch das Brackvenn ⁓ an einer Informationstafel und kleineren Stillgewässern vorbei ⁓ bis zur bereits bekannten T-Kreuzung, die aus Holzstegen geschaffen wurde ⁓ hier nach links wenden und auf dem bekannten Weg weiter.

2 3,9 (619) Vor der Schutzhütte und der Straße rechts ⁓ im Wechsel von schmalen Stegen und wurzeligen Pfaden durch den Wald parallel zur Straße ⁓ am Ende nach links.

1 4,6 (623) Sie erreichen wieder den Parkplatz.

Parkplatz an der N 67

LEICHT

Tour 14 — 7,7 km

Wo sich schon Kaiser schlafen legten

Start/Ziel: Mützenich, Parkplatz am Grenzübergang in der Eupener Straße

Aufstieg:	54 m	*Hartbelag:*	7 %
Abstieg:	54 m	*Wanderwege:*	66 %
Gehzeit:	2 - 2,5 Std.	*Wanderpfade:*	26 %

Charakteristik: Diese grenzüberschreitende Tour beginnt auf deutscher Seite, wo man zunächst das Mützenicher Venn kennenlernt und von einem hölzernen Turm die Aussicht genießen kann. An den beiden Felsen von Kaiser Karls Bettstatt geht es dann über die grüne Grenze nach Belgien, wo das Brackvenn mit seinen Holzstegen wartet. Nach der Durchquerung dieser Schutzzone B wandert man durch hohes Gras exakt auf der Grenze zwischen den beiden Ländern zurück zum Parkplatz.

Markierung: keine

Anfahrt: Von Eupen in Richtung Monschau auf der N 67 bis zum Grenzübergang. Von Monschau über Mützenich in Richtung Eupen.

Mützenich (Monschau) Ⓓ

Vorwahl: 02472

Dorfmuseum Uraalt Scholl, Ringstr. 4, ✆ 909913 In den beiden alten Schulhäusern hinter der heutigen Schule ist ein Heimatmuseum untergebracht, das mit landwirtschaftlichen Geräten, bäuerlichen Möbeln und ausgestopften Tieren einen Einblick ins dörfliche Leben vergangener Zeiten bietet.

Venngasthof Zur Buche, Im Brand 39, ✆ 1497, Di-Fr 16-22 Uhr, Sa, So ab 12 Uhr, Nov.-März nur Mi-So, @ unb145

Zum Stehling, Eupener Str. 64, ✆ 8025884, Do-Mo ab 15 Uhr, Sa, So bereits ab 12 Uhr, @ bfy628

Aufgrund der Trasse der einstigen Vennbahn ist Mützenich komplett von belgischem Staatsgebiet umschlossen. Die deutsche Exklave ist ein Stadtteil von Monschau und sollte nach belgischen Entwürfen nach Ende des Zweiten Weltkrieges an Belgien fallen, dieser Plan wurde jedoch 1949 aufgegeben.

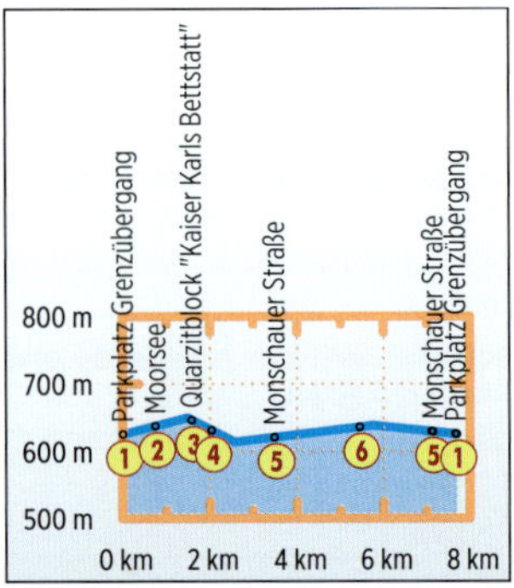

Parkplatz am Grenzübergang

1 0,0 (625) Nach dem Lesen der zahlrei-

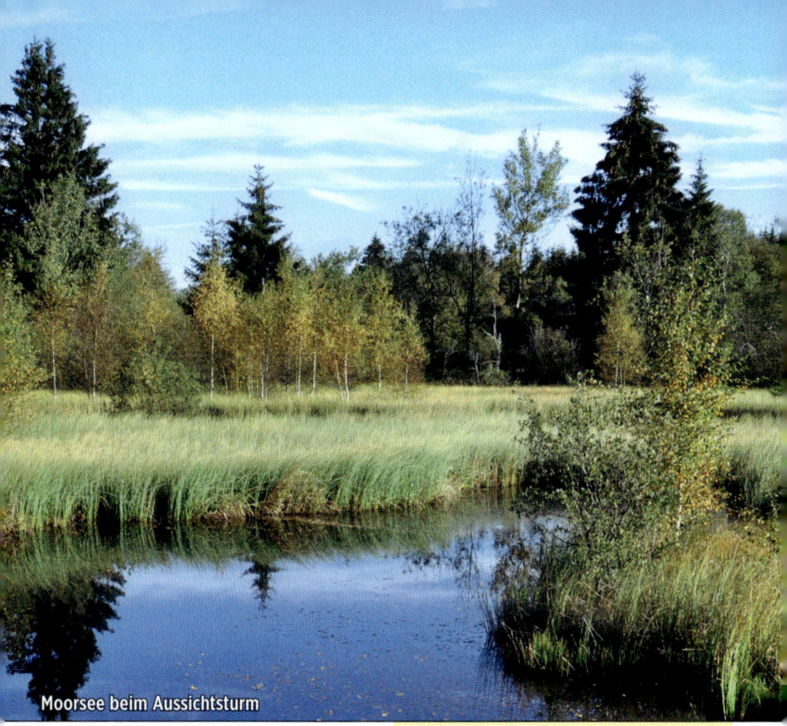

Moorsee beim Aussichtsturm

chen Informationen am Parkplatz und der Schutzhütte die Straße überqueren ⤳ der Beschilderung zum Mützenicher Venn folgen ⤳ auf dem schotterigen Weg an den Wohnhäusern vorbei ⤳ den Absperrpfosten passieren und an einem Picknickplatz vorbei ⤳ durch das Mützenicher Venn auf deutscher Seite weiter auf dem kurvigen Weg bis zu einem Holzsteg ⤳ hier nach links auf den Holzsteg und in einem kleinen Bogen durch das Moor bis zu einem Teich ⤳ dort können Sie die Ruhe genießen und die zahlreichen Libellen beobachten.

Libellen

Dort, wo Libellen durch die Lüfte schwirren, ist Wasser meist nicht weit, denn ihre Larven sind auf Wasser als Lebensraum dringend angewiesen. Von den über 5.600 Libellenarten, die es weltweit gibt, sind in Mitteleuropa lediglich 85 vorzufinden. Markant sind Libellen nicht nur durch ihren langen Hinterbau, sondern auch durch ihre beiden Flügelpaare, die sie unabhängig voneinander bewegen können. Dadurch können sie ruckartig die Richtung wechseln, in der Luft verharren und manche Libellenarten können sogar rückwärts fliegen. Zwar sind nicht alle Libellen vom Aussterben bedroht, da Laien jedoch kaum Möglichkeiten haben, die Arten voneinander zu unterscheiden, stehen alle Libellenarten pauschal unter Artenschutz.

Tour 14

2 0,7 (637) Auf dem Holzsteg wieder zurück und dann links weiter dem Wanderweg folgen ⇝ nach wenigen Metern gelangen Sie zu einem hölzernen Aussichtsturm, hier wird auf Hinweistafeln über das Palsenmoor informiert.

Aussichtsturm

Vor dem Turm nach links ⇝ an der T-Kreuzung links halten und auf dem Schotterweg weiter gehen ⇝ an einem Hochsitz vorbei und eine hölzerne Schutzhütte passieren ⇝ gleich hinter der Schutzhütte links der Beschilderung zu den Felsen „Kaiser Karls Bettstatt“ folgen.

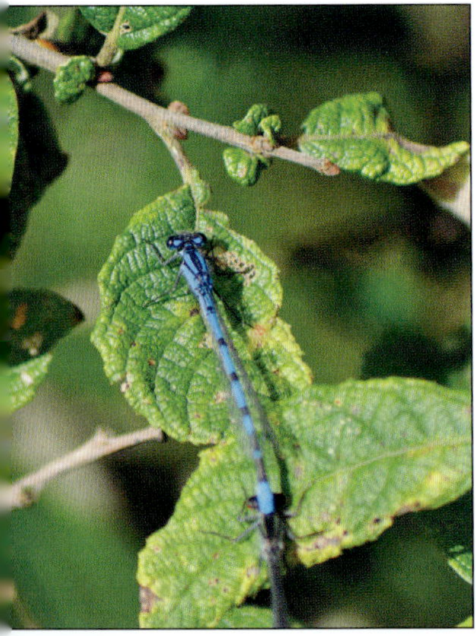

„Kaiser Karls Bettstatt“

Karl der Große soll sich der Sage nach bei einer Jagd verirrt haben und daher gezwungen gewesen sein, in der freien Natur zu nächtigen. Der Quarzitstein, der nun seinen Namen trägt, hat tatsächlich Einkerbungen, bei denen man mit viel Fantasie meinen könnte, sie stammen von einem liegenden Menschen, weshalb der größere der beiden Felsen als sein Nachtlager bezeichnet wird. Während Kaiser Karl auf diesem Stein gelegen haben soll, reichte ihm einer seiner Bediensteten eine Mütze zum Schutz vor der Kälte. Daraufhin soll der Kaiser gesagt haben: „Mütze nich‘“, weshalb die angrenzende Ortschaft ihren Namen erhielt.

3 1,6 (645) Nach einer weiteren kurzen Pause vor den Felsen nach links in den Wald hinein ⇝ direkt am Grenzzaun auf deutscher Seite entlang wandern ⇝ rechts halten und dem ausgetretenen Weg folgen ⇝ an einem Holztor vorbei ⇝ auf dem breiten Wiesenweg noch ein kurzes Stück weiter geradeaus, bis nach wenigen Metern auf der linken Seite der Zugang zum Brackvenn erscheint.

4 2,0 (630) Durch das Holztor auf den Holzsteg gehen ⇝ im Brackvenn die Ruhe genießen und weiter auf dem Steg wandern ⇝ dem kurvigen und im Zick-Zack verlaufenden Weg bis zu einer T-Kreuzung folgen ⇝ nach

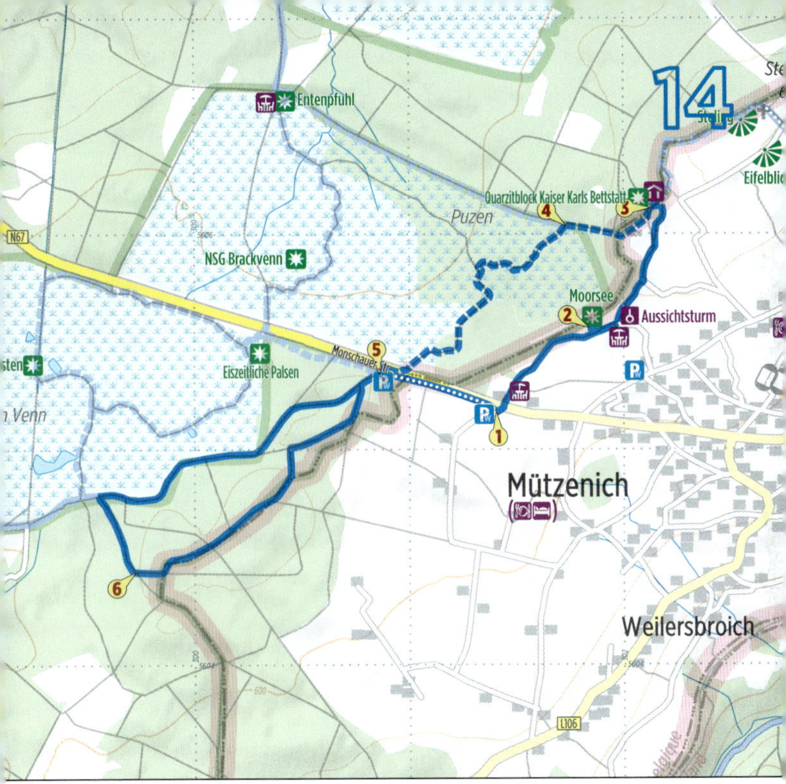

links wenden und auf dem Steg weiter durch das Brackvenn ⤳ am hohen Gras und an knorrigen Bäumen vorbei ⤳ am Ende des Holzstegs auf dem ausgetretenen Weg weiter ⤳ am belgischen Grenzschild vorbei bis zur Landstraße ⤳ zunächst neben der Landstraße, wenig später an der Zufahrt zum Parkplatz die Straße überqueren.

5 3,5 (624) Auf der anderen Straßenseite rechts an der Informationstafel vorbei und die rot-weiße Schranke passieren ⤳ auf dem breiten Forstweg in Richtung Herzogenhügel wandern ⤳ durch weite Kurven im Nadelwald zu einem weiteren Abschnitt des Brackvenns ⤳ am Südrand des Venns entlang und – im Sommer über das hohe Farngewächs hinweg – die prächtige Aussicht genießen ⤳ nach einem kurzen und leichten Gefälle am Beginn einer Asphaltstraße nach links in einen Abzweig schwenken ⤳ auf

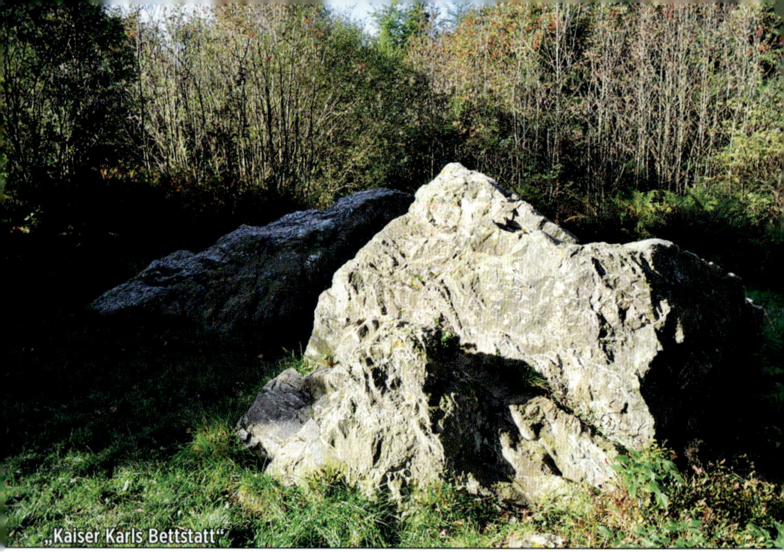

„Kaiser Karls Bettstatt"

dem Schotterweg in den Wald hinein ⁓ ein langes Stück mit einer leichten Steigung durch den kühlen Wald, bis rechts ein Zaun beginnt.

6 5,4 (635) Hier links abbiegen und durch das hohe Gras weiter wandern ⁓ bis zu einem kleinen Grenzstein an einer T-Kreuzung ⁓ nach links drehen und nun exakt auf der Grenze zwischen Belgien und Deutschland in der grünen Landschaft wandern ⁓ an mehreren Grenzsteinen vorbei und den dünnen Grenzzaun links liegen lassen ⁓ weiter durch das hohe Gras, in dem im Herbst ab und zu knallrote Fliegenpilze zu sehen sind ⁓ am Zaun in einem Linksbogen weiter bis zu einer weiteren T-Kreuzung ⁓ vor den hohen Nadelbäumen rechts abbiegen und auf der breiten Schneise durch den Wald ⁓ der Weg wird schmaler und es erscheint eine Holzschranke ⁓ an dieser vorbei und links auf dem morastigen Weg halten ⁓ bis zu einer Schotterstrecke wandern und auf dieser nach rechts abbiegen ⁓ nach kurzer Zeit erscheint der bekannte Parkplatz.

5 7,1 (624) Hinter dem Parkplatz auf die Straße und rechts abbiegen ⁓ neben der Straße weiter wandern ⁓ die Grenzschilder passieren und auf deutscher Seite rechts zur Schutzhütte.

1 7,7 (625) Am Parkplatz ist das Ende der Wanderung erreicht.

Parkplatz am Grenzübergang

Tour 15 — 16,9 km

Hinauf zum Pannensterzkopf

Start/Ziel: Wanderparkplatz Bosfagne bei Sourbrodt

Aufstieg: 257 m   *Hartbelag:* 12 %

Abstieg: 257 m   *Wanderwege:* 79 %

Gehzeit: 4 - 4,5 Std.   *Wanderpfade:* 9 %

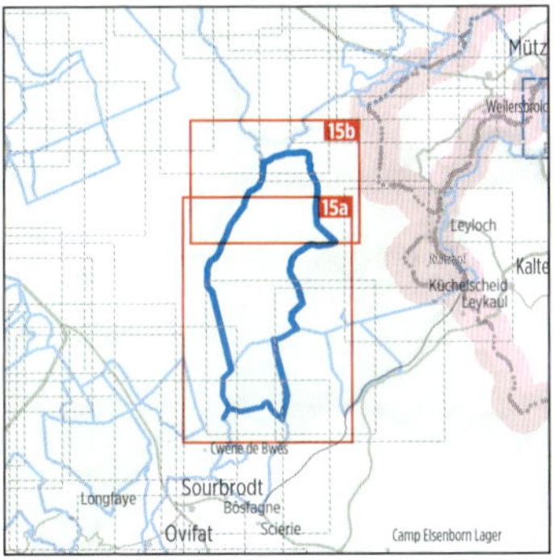

Charakteristik: Durch moderate Steigungen im herrlichen Fichtenwald und wegen der breiten Wege können Sie diese Tour gemütlich angehen. Mit der weiten Landschaft des Fagne Sourbrodt geht es vorbei an geschichtsträchtigen Orten wieder zurück zum Ausgangspunkt.

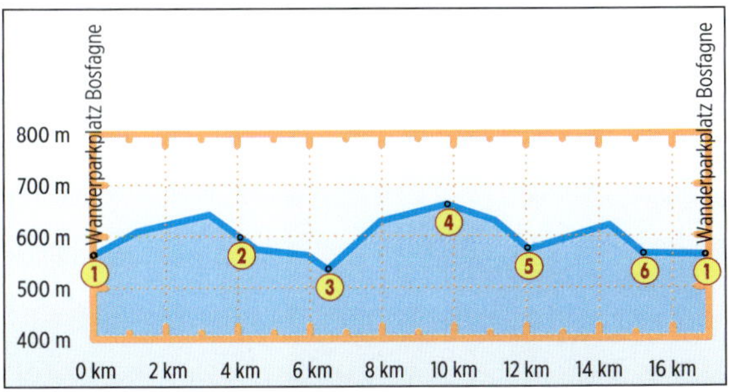

Markierung: keine

Anfahrt: Auf der N 676 ab Mont Rigi talabwärts Richtung Robertville. Bei Sourbrodt scharf links in die Rue Haute und an einer kleinen Kapelle rechts abbiegen. Geradeaus bis zum Parkplatz auf der rechten Seite.

Parkplatz Pont de Bosfagne

1 0,0 (563) Den Wanderparkplatz verlassen und nach rechts wandern ~ nach 150 m die Rur überqueren ~ gleich hinter der Rur an einer Gabelung links halten ~ am Waldrand geradeaus ~ im weiten Rechtsbogen durch den duftenden Fichtenwald ~ an der Gabelung links ~ ein gutes Stück geradeaus, dabei auf dem

Wanderweg GR 56 und GR 73 bleiben und an einem steinernen Kreuz mit der Abbildung eines Totenkopfs vorbei ⤳ dem gut erkennbaren Weg immer weiter durch den Fichtenwald folgen.

2 4,1 (597) Bei einem Rechts-Links-Schwenk lichtet sich der Wald und rechts ist das Venn von Cléfaye zu erkennen ⤳ Sie folgen immer dem Weg geradeaus ⤳ an der Gabelung links halten, links liegt das sanfte Tal der Hill.

3 6,5 (535) Nach etwa 1 km an der T-Kreuzung nach rechts abbiegen und dem Forstweg deutlich bergauf folgen ⤳ durch den dichten Wald immer geradeaus ⤳ an dem Linksabzweig halb rechts weiterwandern ⤳ um eine weite Kurve herum und zweimal Abzweige nach links ignorieren ⤳ dem leicht kurvigen Verlauf der zweispurigen Schotterpiste folgen ⤳ an mehreren Schneisen und Abzweigungen vorbei ⤳ durch eine Linkskurve bis zur Kreuzung Pannensterzkopf.

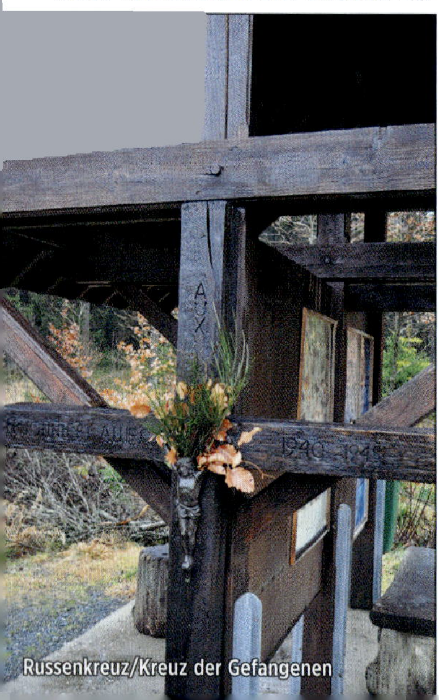

Russenkreuz/Kreuz der Gefangenen

Pannensterzkopf

Mit rund 660 Meter Höhe ist der Pannensterzkopf eine der größeren Erhebungen im Hohen Venn. Wie auch schon beim Signal de Botrange handelt es sich beim Pannensterzkopf um eine bewaldete Kuppe, sodass von einem Gipfel nicht die Rede sein kann.

4 9,8 (660) Nach rechts wenden und weiter durch den Wald wandern ⤳ über eine Kreuzung hinweg und durch einen weiten Linksbogen, teilweise mit Blick auf das Venn ⤳ die herrlichen Ausblicke genießen und im Wechsel an Mooren und Wäldern vorbei.

5 12,0 (575) Der Forstweg stößt auf eine T-Kreuzung, hier nach rechts schwenken ⤳ auf dem kurvigen Weg über den Schwarzbach und weiter bis zur nächsten T-Kreuzung ⤳ erneut nach rechts und die Waldluft atmen ⤳ im Fichtenwald an der ersten Möglichkeit links abbiegen und in südliche Richtung unter Laub- und Nadelbäumen hindurch ⤳ auf dem breiten Weg 1,8 km geradeaus.

6 15,2 (565) Im leichten Linksknick des Hauptweges und hinter dem Waldstück rechts abbiegen, achten Sie hier auf das Wandersymbol eines roten Querbalkens ⤳ bald direkt am Venn- und Waldrand weiter ⤳ im

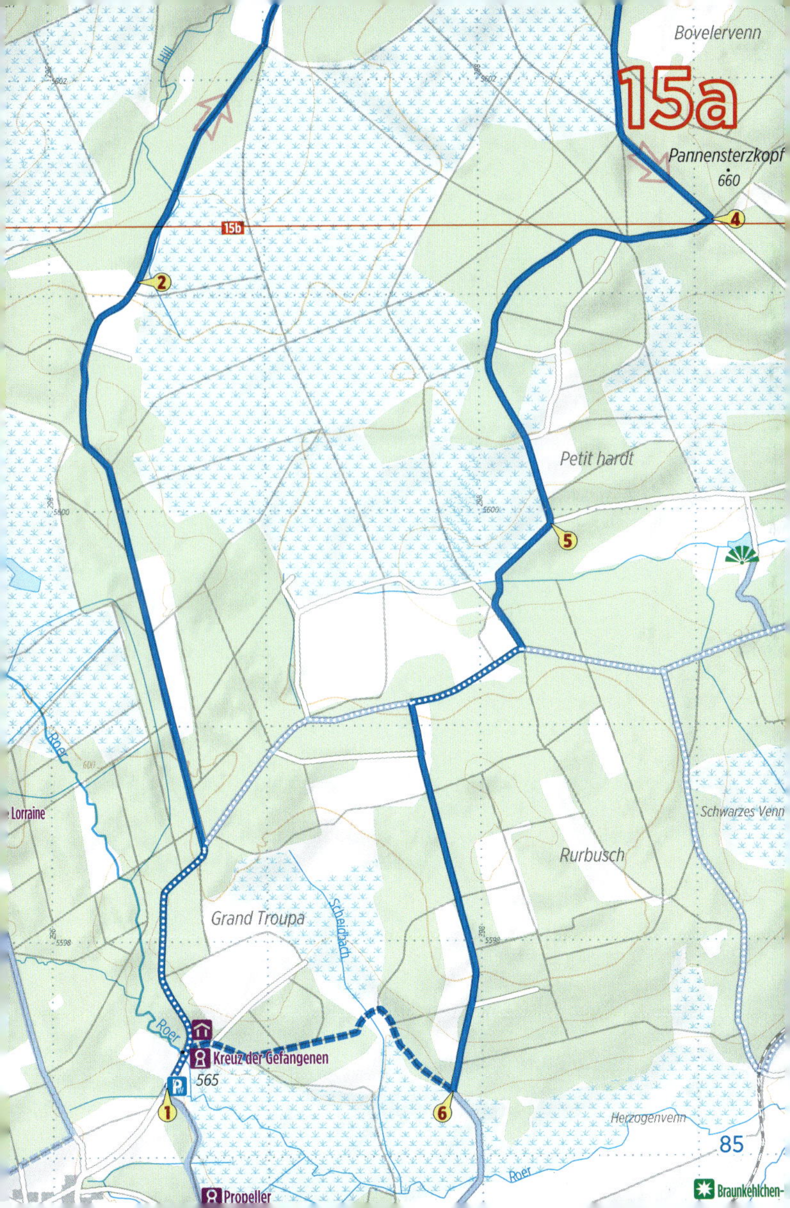

Bovelervenn
15a
Pannensterzkopf
660
15b
Hill
Petit hardt
Lorraine
Roer
Schwarzes Venn
Rurbusch
Grand Troupa
Scheidbach
Kreuz der Gefangenen
565
Herzogenvenn
Roer
Propeller
Braunkehlchen-
85

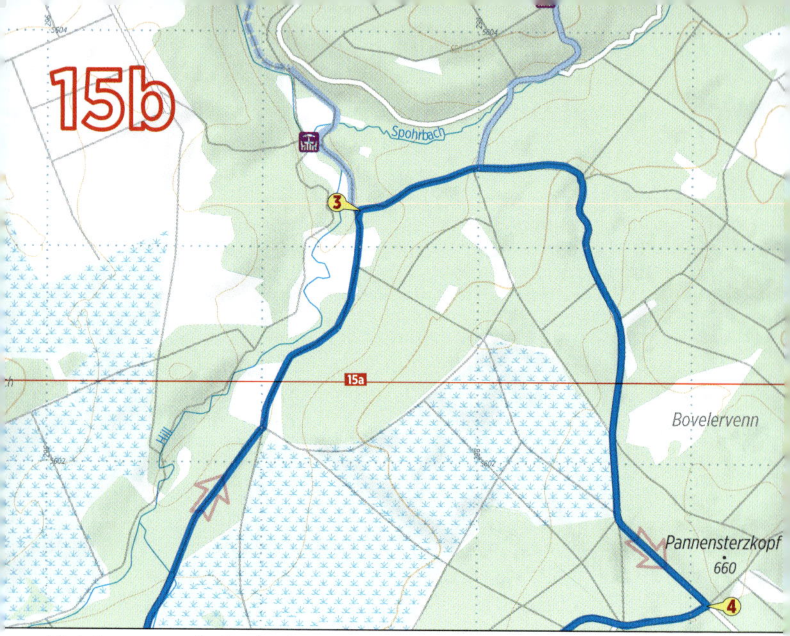

Linksbogen und durch das Naturschutzgebiet **Nesselo** ⤳ auf einem schmalen Pfad einen kleinen Bach überqueren ⤳ wenig später wieder in einen Wald hinein ⤳ durch den Wald, bis wieder das Venn beginnt ⤳ halb rechts halten und am Rande des Venns bis zum **Russenkreuz** bzw. **Kreuz der Gefangenen**.

Kreuz der Gefangenen

In den letzten beiden Jahres des Zweiten Weltkrieges befand sich in der unmittelbaren Umgebung des Kreuzes ein Lager, in dem sowjetische Kriegsgefangene interniert waren. Die Soldaten wurden überwiegend zu Holzfällarbeiten herangezogen. Beim Heranrücken der amerikanischen Armee im September 1944 kamen die Gefangen zunächst wieder in das nahe gelegene Camp Elsenborn, später dann weiter in das Landesinnere Deutschlands.

Am Russenkreuz vorbei ⤳ an der kurz darauf folgenden Forststraße links halten.

1 16,9 (563) Nach 200 m endet die Wanderung am Parkplatz.

Parkplatz Pont de Bosfagne

Tour 16 6,3 km

Rund um das Schwarze Venn

Start/Ziel: Parkstreifen an einer kleinen Brücke (Thomasbrücke) neben der N 669

Aufstieg:	71 m	*Hartbelag:*	100 %
Abstieg:	71 m	*Wanderwege:*	0 %
Gehzeit:	1,5 Std.	*Wanderpfade:*	0 %

Charakteristik: Die Tour beginnt genauso, wie sie auch enden wird – mit der Überquerung der noch jungen Rur, die hier plätschernd durch ein weites Tal fließt. Unterwegs wandert man genüsslich durch die Nadelwälder des Staatsforst Küchelscheid und umrundet dabei das kleine Schwarze Venn. Ein kurzer Lehrpfad informiert unterwegs über die Eigenschaften des Waldes, bevor man den Draisinenfahrern auf der alten Vennbahn winkt und über die Rur hinweg wieder zum Ausgangspunkt gelangt. Kleiner Wermutstropfen der Tour, Sie laufen durchgehend auf Hartbelag.

Markierung: grüne Raute im weißen Quadrat

Anfahrt: Ab Kalterherberg auf deutscher Seite auf der B 399 in Richtung Belgien/Elsenborn. Auf belgischer Seite der N 669 folgen und rechts parken.

Vom südlich gelegenen Weywertz in Belgien der Landstraße Richtung Kalterherberg folgen, über den Kreisverkehr geradeaus auf die N 669.

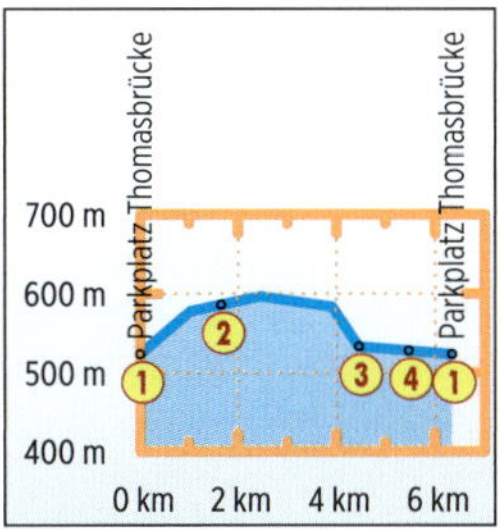

Parkplatz an der Thomasbrücke

1 0,0 (523) Den Parkstreifen verlassen und ein kurzes Stück an der Straße entlang laufen bis zur Thomasbrücke ⁓ rechts der Beschilderung zum Berger Venn folgen ⁓ auf der Brücke die Roer (Rur) überqueren.

Rur

Die Rur, die im allgemeinen Sprachgebrauch auch als „Rur ohne h“ bezeichnet wird, entspringt im Wallonischen Venn und verläuft mit einem weiten Südbogen nach Deutschland, wo sie auf die Ortschaft Kalterherberg trifft. Sie durchquert das malerische Monschau, füllt den zweitgrößten Stausee Deutschlands und verlässt Deutschland wieder, indem sie nördlich von Heinsberg niederländisches Staatsgebiet

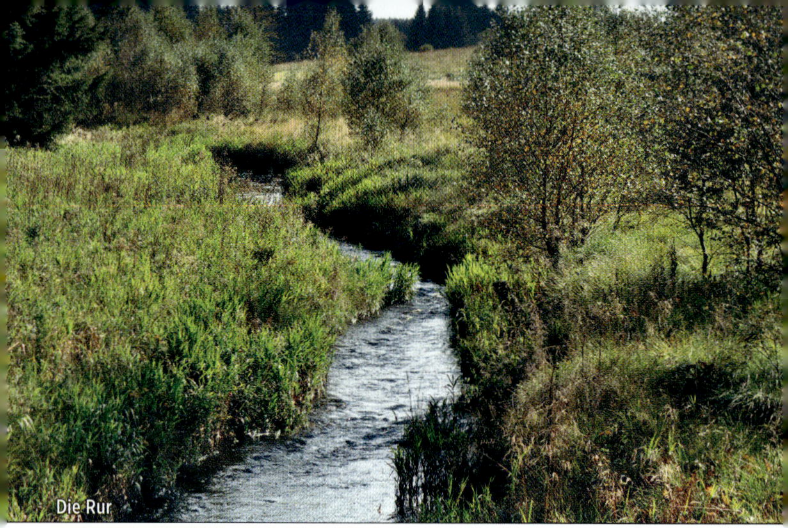

Die Rur

erreicht. Dort fließt sie gemächlich Richtung Roermond und entlässt ihr Wasser in die Maas.

An der Schranke vorbei und in den Staatsforst Küchelscheid hinein ⤳ nach der Rechtskurve die ehemalige Bahntrasse der Vennbahn überqueren ⤳ auf der Asphaltstrecke im weiten Bogen durch den Nadelwald ⤳ bei einem Abzweig nach halb rechts geradeaus bleiben ⤳ weiter durch den Wald und dabei etwas an Höhe gewinnen ⤳ an mehreren Waldschneisen vorbei bis zu einer T-Kreuzung mit einer Holzhütte.

2 1,7 (585) An der T-Kreuzung nach links wenden und weiter auf der schnurgeraden Strecke.

TIPP Der erste nach rechts abzweigende Weg bringt Sie zum 450 m entfernten Schwarzsee, wo sich eine Bank mit schöner Aussicht für eine Rast empfiehlt.

Nach dem Abzweig weiterhin geradeaus ⤳ an dem Schild über das hiesige Radwanderwegenetz beim **Knotenpunkt 86** links abzweigen ⤳ auf der Trasse bleiben und auf der linken Seite zwischen den Bäumen hindurch die Ausblicke auf das Schwarze Venn genießen ⤳ bei abzweigenden Wegen auf der asphaltierten Strecke bleiben ⤳ an Informationstafeln vorbei, hier erfahren Sie Wissenswertes über Hainsimsenbuchenwald und Fichten, zu Rurbusch und über den Lebensraum Wald generell ⤳ in einer weiten Linkskurve leicht bergab ⤳ Sie erreichen die ausgediente Vennbahn-Trasse, welche heute von Draisinen befahren wird.

Vennbahn **s. S. 207**

Railbike, Am Breitenbach, 4750 Leykaul/ Elsenborn, ✆ 080/685890. ÖZ: Juli, Aug. Mo-So, April-Juni und Sept., Okt. Sa/So,

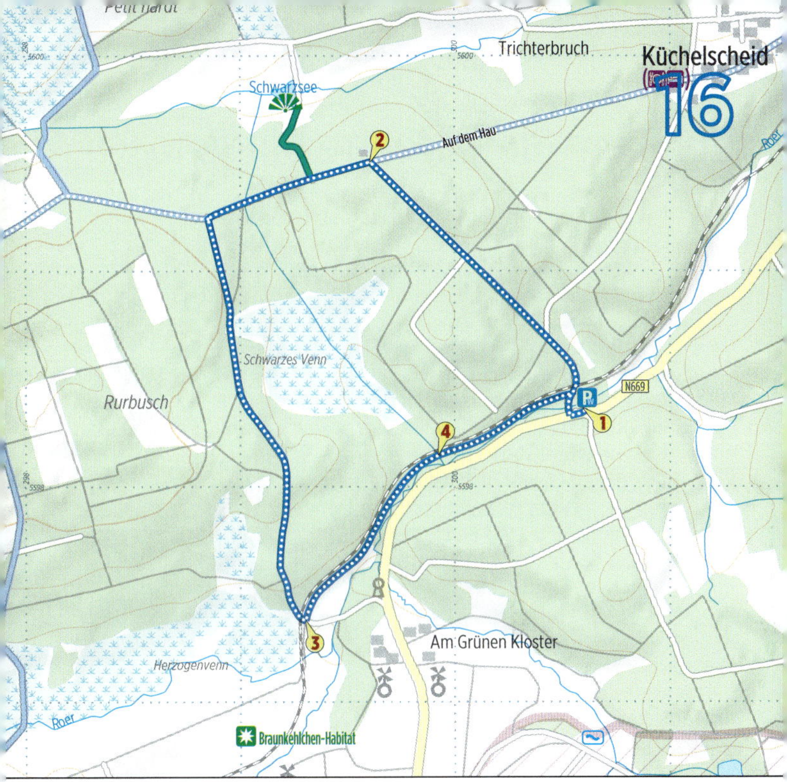

Abfahrtszeiten jeweils 11, 13.30 und 15.45 Uhr. Empfohlen wird die telefonische Reservierung. Für die rund sieben Kilometer lange Strecke auf der ehemaligen Vennbahntrasse zwischen den Bahnhöfen Kalterherberg und Sourbrodt sollten zwei Stunden eingeplant werden.

3 4,5 (532) Sofort hinter den Schienen links auf den asphaltierten Vennbahn-Radweg ⤳ neben den alten Gleisen der Vennbahntrasse in sanften Kurven durch das Tal, rechts schlängelt sich die Rur.

4 4,5 (527) Nach 1 km queren Sie einen Bach, der zwischen Rur und Schwarzem Venn verläuft ⤳ an der nächsten Straße rechts auf dem bekannten Weg über die Rur ⤳ an der Straße links.

1 6,3 (523) Kurz danach endet die Wanderung am Parkplatz.

Parkplatz an der Thomasbrücke

LEICHT

Tour 17 10,4 km

Rund um die Talsperre Bütgenbach

Start/Ziel: Bütgenbach, Sport- und Freizeitzentrum Worriken

Aufstieg: 98 m *Hartbelag:* 20 %

Abstieg: 98 m *Wanderwege:* 72 %

Gehzeit: 2,5 - 3 Std. *Wanderpfade:* 8 %

Charakteristik: Eine sehr einfache Wanderung für ausgeschlafene Langschläfer, da man sie auch noch am frühen Nachmittag beginnen kann. Ein Verirren ist fast nicht möglich, denn Sie bleiben überwiegend dem Weg am Seeufer treu und können somit die Talsperre Bütgenbach in ihrer vollen Größe genüsslich kennenlernen. Ganz besonders reizvoll ist der Abschnitt entlang der Holzwarche im östlichen Bereich des Sees. Hier laufen Sie – teilweise auf Holzstegen – durch ein Naturschutzgebiet, in dem im Frühling eine Vielzahl an Blumen wächst.

Nach der Tour finden Sie in Bütgenbach ausreichend Möglichkeiten für eine Einkehr.

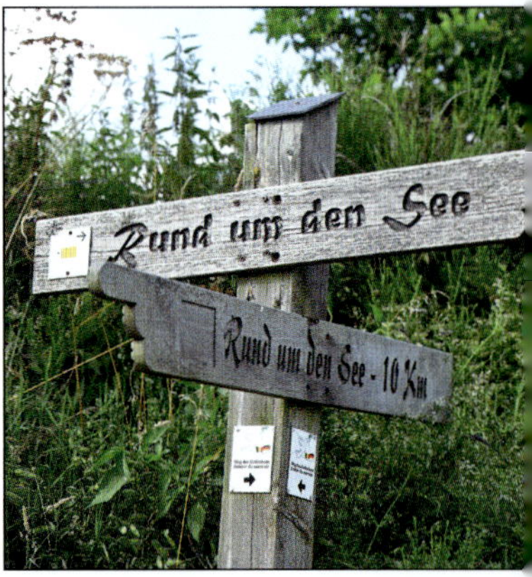

Markierung: gelbes Rechteck

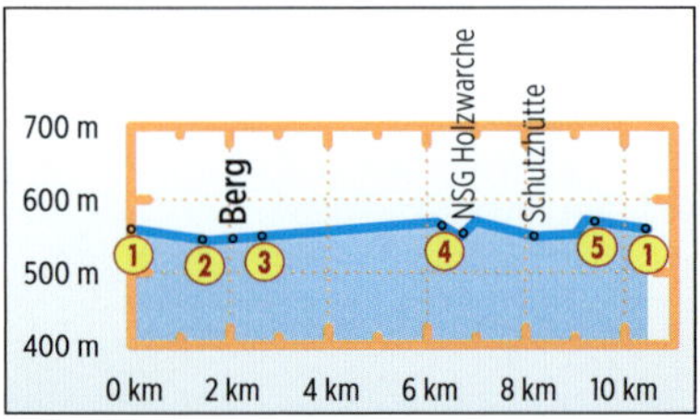

Anfahrt: Ab Malmedy über die N 62 bis Baugnez. Dort auf der N 632 durch Weismes bis Bütgenbach. Im Ort am Kreisverkehr geradeaus. Hinter dem Zebrastreifen links. Am nächsten Kreisverkehr in die erste Möglichkeit rechts und hinter dem Hotel Seehof durch die Unterführung, um nach rechts zum Schwimmbad zu gelangen. Sie nutzen den Parkplatz am Schwimmbad.

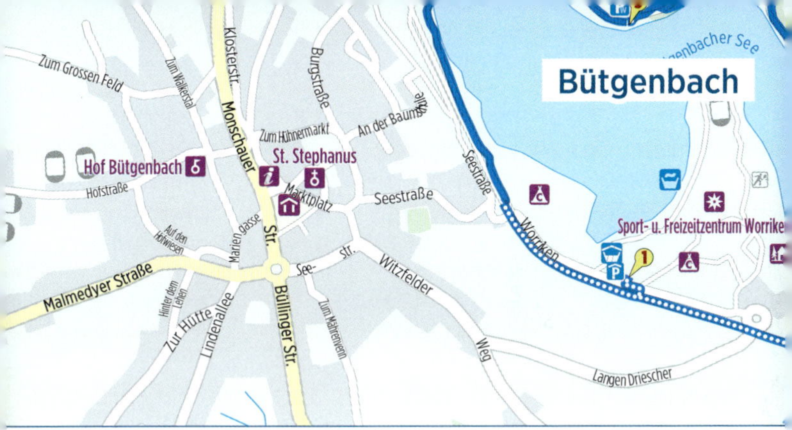

Bütgenbach

Tourist-Information, Marktpl. 13a, ✆ 080864723, @ rlg243

St. Stephanus. In der neoromanischen Kirche aus dem Jahr 1932 blieben mehrere wertvolle Stücke aus der Vorgängerkirche erhalten.

Hof Bütgenbach, Zum Walkerstal 15. Der ehem. Schlosshof aus dem 15. Jh. wird heute als Seniorenheim und Galerie genutzt.

Sport- und Freizeitzentrum Worriken, Worriken 9, am südlichen Ufer des Stausees, ✆ 080446961. Mit Campingplatz, Bootsverleih, Restaurants und See-Freibad. @ eqe315

Talsperre Bütgenbach. Der Stausee wurde 1932 vordringlich zur Regulierung der Warche errichtet. Die Sperrmauer ist 23 m hoch und 140 m lang.

Alpakahof, Hofstr. 54, ✆ 0478/298450, ✆ 0473/122134. Auf der Farm "East Belgium Alpacas" lernen Sie die sozialen und sensiblen Tiere hautnah kennen. @ gei466

Bereits unter den Karolingern im 9. Jahrhundert wurde Bütgenbach erwähnt, als Außenposten des Büllinger Hofes. Urkundliche Benennungen gab es dann 1130 in einem Verzeichnis der Abtei Malmedy. Zwischenzeitlich gehörte das Gebiet den Grafen von Luxemburg und erst später durch Heirat zum Herzogtum Limburg. Dessen Herren veranlassten 1237 den Bau der gleichnamigen Burg auf einem Felsvorsprung über der Warche. Zum sogenannten Hof Bütgenbach gehörten schon damals die Ortschaften Berg, Elsenborn, Faymonville, Nidrum, Sourbrodt und Weywertz. Bütgenbach ist eine der neun deutschsprachigen Gemeinden Belgiens.

Parkplatz am Schwimmbad Worriken

1 0,0 (558) Vom Parkplatz am Schwimmbad zunächst zur Straße und links halten ⤳ nach 40 m die Straße überqueren und durch den schmalen Durchgang zum Radweg RAVeL L45a gehen, dort rechts.

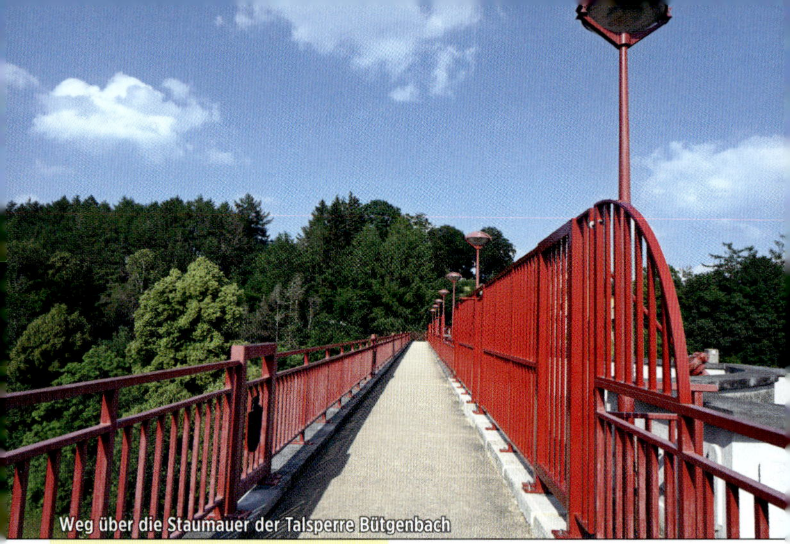
Weg über die Staumauer der Talsperre Bütgenbach

Vennquerbahn

Die Bahnstrecke zwischen der Trasse der Vennbahn südlich von Weywertz bis nach Jünkerath wurde als Nebenbahn im Jahr 1912 eröffnet. Heute ist diese 36 Kilometer lange Strecke zum Radweg RAVeL L45a ausgebaut. Im östlich gelegenen deutschen Abschnitt gehört die Route zum Kyll-Radweg.

Auf dem asphaltierten Radweg parallel zur Straße durch eine weite Rechtskurve wandern ⤳ der Radweg überspannt als Brücke eine kleine Asphaltstraße, gut zu erkennen an dem Hotel Seehof auf der linken Seite ⤳ 30 m hinter der Brücke den Radweg nach rechts verlassen ⤳ vor den Parzellen eines Campingplatzes links auf den schmalen Pfad ⤳ dem Pfad zwischen Campingparzellen und Vennquerbahn folgen ⤳ am Ende des Campingplatzes in ein kleines Wäldchen hinein, mit dem man zugleich das Ufer der Talsperre Bütgenbach erreicht ⤳ gemütlich auf dem schmalen Schotterweg und unter dichten Baumkronen am Ufer entlang.

2 1,5 (544) An der Burgstraße rechts und an den rot-weißen Pfosten vorbei über einen schmalen Ablauf des Sees bis zur **Staumauer der Talsperre Bütgenbach** ⤳ über die Staumauer hinweg wandern, nach rechts haben Sie einen freien Blick über den See ⤳ am Ende der Staumauer bis zur Straße und die drei Stufen zum Zebrastreifen hinauf, dort rechts.

Burgterrassen, An der Lei 1, ✆ 080446342 (7d)

Auf der Straße leicht bergauf, dann rechts auf den geschotterten Pfad

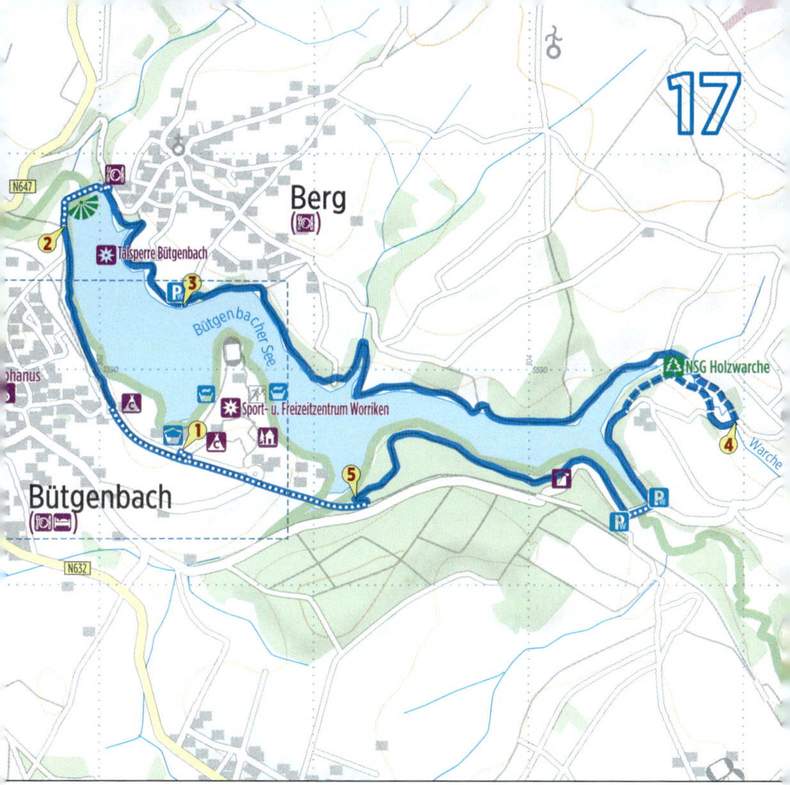

abzweigen ~ oberhalb des Stausees nun stets dem schmalen Weg am Seeufer entlang folgen ~ dabei in Kurven an Wohnhäusern vorbei.

3 2,3 (549) Am **Parkplatz Berger Seeufer** am Ufer entlang weiter ~ dem Weg immer geradeaus folgen, gelegentlich überqueren Sie kleine Zuläufe in den See ~ auf dem schönen Uferweg können Sie immer wieder innehalten und am Wasser pausieren ~ im östlichen Bereich des Sees gelangt man in ein Naturreservat, das durch einen weiteren Zufluss gebildet wird.

Holzwarche. Auf der hügeligen Berg-Mähwiese wachsen Alpenpflanzen wie die Schwarze Flockenblume, die Berg-Platterbse und der Bärwurz.

Das zum Teil morastige Gelände wird auf einem rund 50 m langen Holzbohlenweg überquert.

4 6,3 (563) Nach dem Waldstück an der T-Kreuzung rechts und den Zufluss **Holzwarche** überqueren ~ nun in

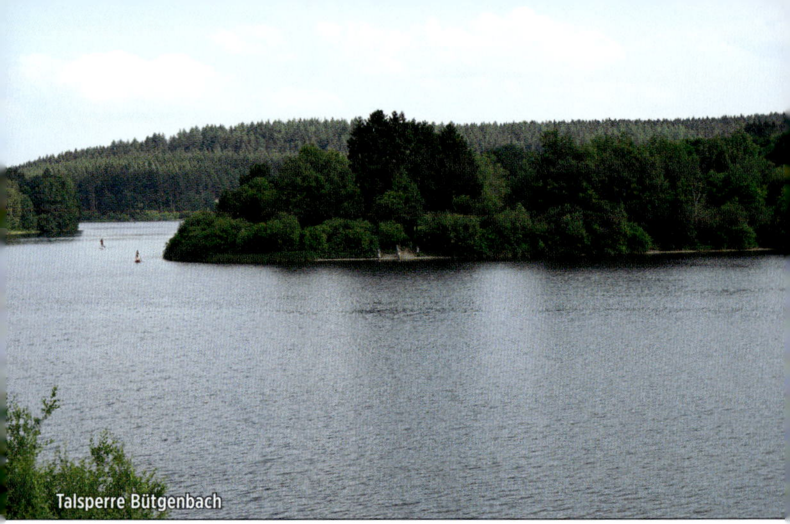

Talsperre Bütgenbach

entgegengesetzter Richtung durch das Naturreservat dem Lauf der Holzwarche folgen ⤳ für rund 200 m erneut auf einem Holzbohlenweg ⤳ in einem großen Linksbogen geht es durch einen Wald und wieder am Seeufer entlang bis zu einem Holzportal ⤳ am kleinen Parkplatz rechts auf den Asphaltweg und auf der Brücke über die Warche, die den Hauptzufluss der Talsperre bildet ⤳ hinter der Brücke folgt ein weiterer Parkplatz auf der linken Seite und die Straße bildet eine Rechtskurve, hier noch vor der Kurve auf den geschotterten Waldweg abbiegen ⤳ stets auf dem Uferweg bleiben und diesem in zum Teil engen Kurven folgen, im ersten Abschnitt an einer Schutzhütte vorbei.

5 9,4 (669) Nach insgesamt 1,7 km an der Gabelung links hinauf zum Radweg der Vennquerbahn ⤳ oben rechts abbiegen und dem asphaltierten RAVeL-Weg folgen ⤳ unter einer Unterführung hindurch bis zum bereits bekannten Abzweig, dort rechts zur Straße und diese queren.

1 10,4 (558) Nach wenigen Metern erreichen Sie links den Parkplatz und das Ende der Tour.

Parkplatz am Schwimmbad Worriken

Tour 18 — 8 km

Durch das Venn bei Sourbrodt

Start/Ziel: Parkplatz am Schwarzen Wasser (Parking de l'Eau noire)

Aufstieg: 44 m — *Hartbelag:* 32 %

Abstieg: 44 m — *Wanderwege:* 39 %

Gehzeit: 2 - 2,5 Std. — *Wanderpfade:* 29 %

Charakteristik: Einfache Wanderung, die wechselweise durch das Venn und auf befestigten Wegen rund um das Venn verläuft, dabei zum Teil auch Wohngebiete streift.
Markierung: grünes Rechteck
Anfahrt: Auf der N 68 bis zum Mont Rigi fahren, dort auf die N 676 wechseln und am Signal de Botrange vorbei bis Sourbrodt. Weiter unten im Ort links auf die N 647 bis zur Kirche. Vor der Kirche abermals nach links in die Rue de Bosfagne und der Straße bis zum Parkplatz auf der rechten Seite folgen.

Parkplatz (Parking de l'Eau noire)

1 0,0 (563) Den Parkplatz verlassen und nach links wenden ~ gleich darauf links auf dem schmalen Weg die Zufahrt zum Parkplatz verlassen ~ nur ein kurzes Stück an den Bäumen vorbei und schon breitet sich auf beiden Seiten die Vennlandschaft aus ~ dem schmalen Wanderweg mit leichten Kurven durch das Venn folgen ~ nach rund 600 m erreichen Sie das Denkmal für die abgestürzten Flieger.

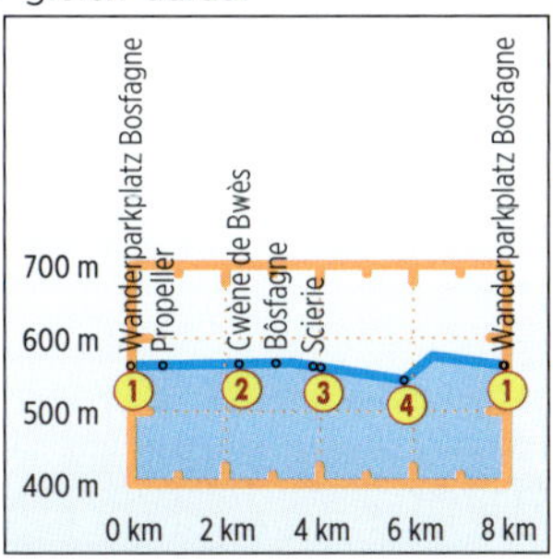

Denkmal Propeller

Das Denkmal besteht aus einem Propeller des Flugzeugs, das im Zweiten Weltkrieg über dem Hohen Venn abgeschossen wurde und abgestürzt ist. Die gesamte Besatzung kam dabei ums Leben.

Hinter dem Denkmal noch ein kurzes Stück weiter bis zu dem breiten Weg ~ an dieser Kreuzung scharf nach links abbiegen und auf dem schmalen und zum Teil stark bewachsenen Weg wieder in das Venn hinein ~ der Weg ist so eng, dass man nur hintereinander wandern kann ~ an einem Abzweig rechts halten und zwischen Venn und Weidezaun weiter ~ geradeaus dem befestigten Weg in Sichtweite von Wohnhäusern folgen

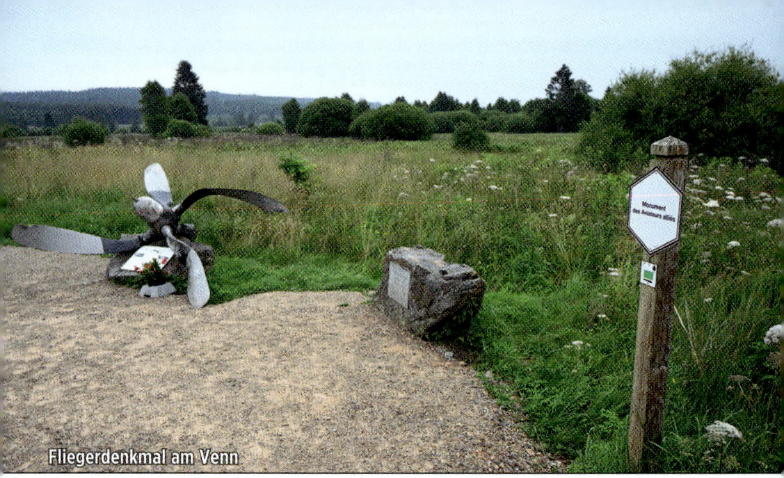

Fliegerdenkmal am Venn

⤳ auf der **Rue du coin du bois** an den Wohnhäusern vorbei.

2 2,3 (565) An der Hauptstraße **Rue de Bosfagne** links abbiegen ⤳ nach gut 200 m am nächsten Abzweig nach links in die **Rue du Pré Louis** und durch das Wohnviertel an den Einfamilienhäusern vorbei ⤳ der Straße geradeaus folgen ⤳ gegenüber einer Schule links und entlang der N 647 (**Rue de la Station**).

Café Ulenspiegel, Rue de la Station 46, ✆ 080447811

Nach 200 m an der Vennbahntrasse, gleich hinter einem Parkplatz, nach links.

Alter Bahnhof Sourbrodt

Noch bis zum Jahr 2004 war der Bahnhof in Betrieb und wurde überwiegend vom Militär für das nahegelegene Camp Elsenborn genutzt. Anschließend erfolgte die Umgestaltung der Vennbahntrasse zum heutigen Radweg und die Restaurierung des Bahnhofgebäudes.

Vennbahn s. S. 207

3 4,0 (560) Am ehemaligen Vennbahn-Bahnhof vorbei ⤳ auf der Vennbahntrasse ein kurzes Stück weiter geradeaus, bis eine schmale Straße gekreuzt wird ⤳ hier die Trasse verlassen und links versetzt auf der **Rue des Tourbières** links der Schienen weiter ⤳ bald zwischen Feldern hindurch ⤳ wieder ein Stück Vennlandschaft durchqueren und dabei die **Kleine Rur** passieren ⤳ weiter zwischen Feldern entlang.

4 5,8 (543) Auf der Brücke über die Rur.

Rur

Die hier noch sehr junge Rur bildet das Zentrum der hiesigen Vennlandschaft und entspringt weiter westlich. Kurz vor Abschluss der Tour wird sie noch einmal überquert, wo sie noch ein klein wenig jünger ist.

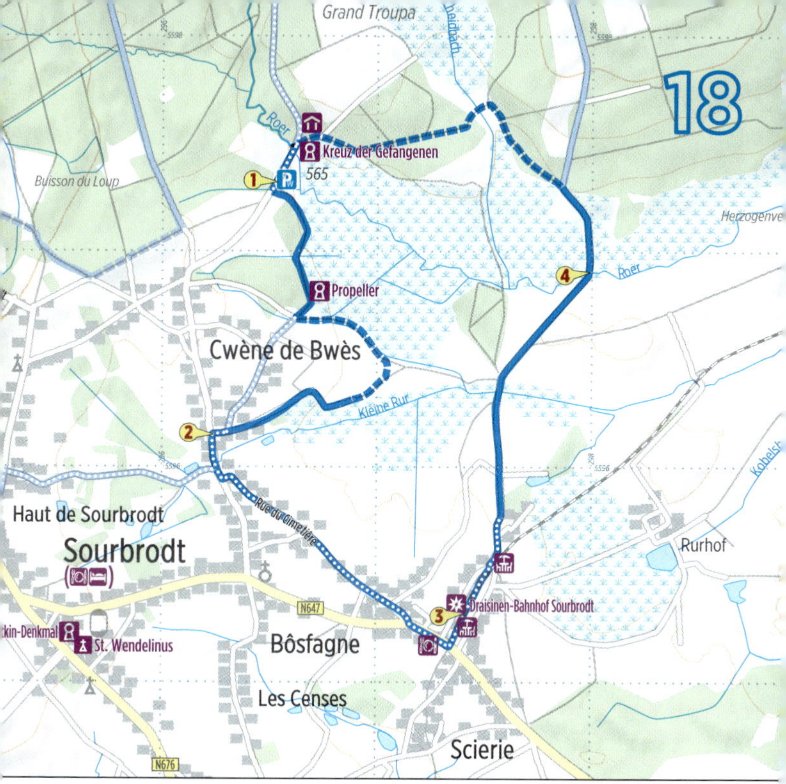

Auf dem breiten Weg durch das Venn ~ am Waldrand an der Gabelung den breiteren Weg links verlassen und auf dem Pfad in den Wald hinein ~ durch den Wald und an einem Abzweig vorbei ~ an der nächsten Gabelung links halten und im Venn einen kleinen Bach überqueren ~ erneut durch einen Wald, dabei stets geradeaus bleiben ~ Sie erreichen wieder das Venn und folgen dem Weg bis zu einem überdachten Picknickplatz beim Kreuz der Gefangenen, auch Russendenkmal genannt.

Kreuz der Gefangenen **s. S. 86**

70 m nach dem Picknickplatz links auf den breiteren Weg und wie angekündigt erneut die Rur überqueren.

1 8,0 (563) Wenig später wird links der Parkplatz und das Ende der Tour erreicht.

Parkplatz (Parking de l'Eau noire)

Tour 19 8,4 km

Um die Talsperre Robertville

Start/Ziel: Parkplatz an der Pont de Haelen

Aufstieg:	111 m	*Hartbelag:*	33 %
Abstieg:	111 m	*Wanderwege:*	18 %
Gehzeit:	2 - 2,5 Std.	*Wanderpfade:*	49 %

Charakteristik: Eine sehr leichte Wanderung auf überwiegend gut begehbaren Wegen. Die Talsperre wird weitläufig umrundet, dabei gelangen Sie durch den gleichnamigen Ort Robertville, lernen einen Teil der Vennbahntrasse kennen und genießen eine schöne Aussicht auf das Tal der Warche. Zum Abschluss wandert man am südlichen Seeufer entlang.

Markierung: blaues Rechteck

Anfahrt: Von Mont Rigi auf der N 676 hinab nach Sourbrodt, durch den Ort bis Robertville. An der Kirche vorbei bis zum Parkplatz auf der linken Seite vor dem See.

Talsperre Robertville

Der Stausee entstand in den 1920er Jahren. Gestaut wird hier der rund 41 Kilometer lange Fluss Warche, welcher in der Nähe zur deutschen Grenze entspringt. Die Staumauer von Robertville bringt es auf eine Höhe von fast 55 Metern und eine Breite von über 180 Metern. Dabei ist sie Teil der Nationalstraße 681 zwischen Robertville und Malmedy, der Stadt, die durch den Stausee mit Trinkwasser versorgt wird.

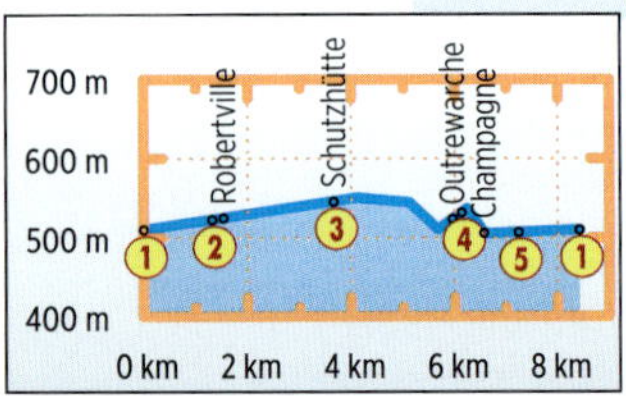

Parkplatz an der Pont de Haelen

1 0,0 (511) Vom Parkplatz an der **Pont de Haelen** auf die andere Straßenseite ⇝ dann rechts entlang der Straße zum nächsten Parkplatz, dort den kleinen Weg hinab in Richtung See gehen ⇝ am Seeufer rechts und am nördlichen Teil des Sees entlang ⇝ am Ende links über die Brücke wandern ⇝ zwischen den Hecken geradeaus, nach dem Haus dann links am Campingplatz entlang ⇝ nach dem Rechtsbogen an der Straße rechts, nun der **Route des Bains** folgen ⇝ durch das Wohnviertel an den Einfamilienhäusern vorbei ⇝ Sie gelangen ins Zentrum von Robertville.

Robertville (Waimes)

Tourismusbüro/Office du Tourisme de Robertville, Rue Centrale 53, ✆ 080446475, @ dvi374

Chez Phil, Rue Centrale 32, ✆ 080550023,

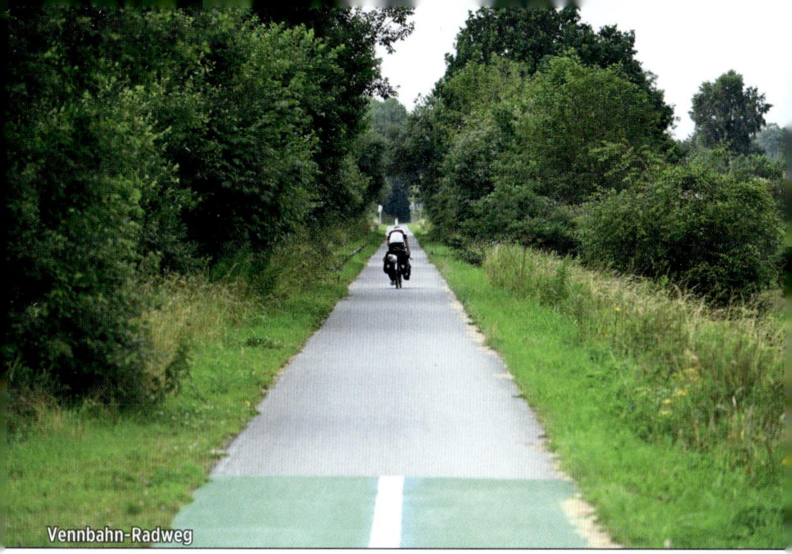

Vennbahn-Radweg

@ bhp227

Auberge du Lac, Rue du Lac 24, 080444159, Do 12-21 Uhr, Fr-So 12-14.30 Uhr und 18-21 Uhr, @ jsp411

Das beschauliche Robertville gehört zu Waimes und wurde im ausgehenden 12. Jahrhundert zum ersten Mal als Ribievile namentlich erwähnt. Markant ist die im Jahr 1839 fertig gestellte St. Josephkirche, deren Portal direkt an die Hauptdurchgangsstraße grenzt. Etwas unterhalb der Ortschaft befindet sich die gleichnamige Talsperre, die ein beliebtes Ausflugsziel ist. Robertville und die Nachbargemeinde Bütgenbach sind entlang der Warche durch den herrlichen Warche-Wanderweg miteinander verbunden.

2 1,3 (523) Am Hotel im Zentrum rechts abbiegen ⤳ an der nächsten Kreuzung nach rechts.

TIPP

Wenn Sie sich hier nach links wenden, erreichen Sie nach nur 30 m links der Straße die Bäckerei Gerlach. Hier können Sie sich mit einem Imbiss und vor allem mit dem für die Region typischen Reiskuchen eindecken. Eine vorherige telefonische Reservierung wird empfohlen.

Boulangerie Gerlache, Rue Centrale 51, 080448731)

Auf dem weiteren Weg an der Kirche vorbei ⤳ Sie laufen entlang der **Rue du Lac** ⤳ rund 200 m hinter der Kirche halblinks am Hotel vorbei und an einer Grünanlage entlang auf dem schmalen Spazierweg bis zur **Rue du Thier** ⤳ an der Straße nach links wenden ⤳ in der Rechtskurve der Straße geradeaus auf den Feldweg ⤳ an der T-Kreuzung links und gleich darauf an der ersten Möglichkeit nach rechts ⤳ Sie wandern an einem Bach

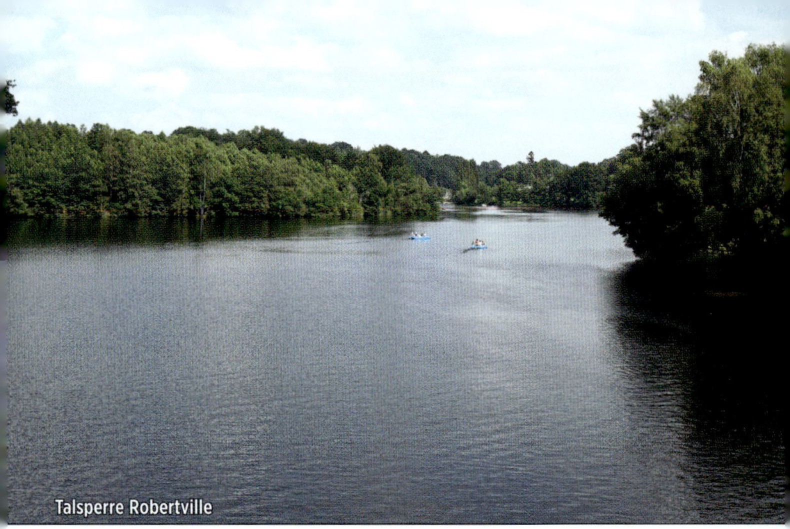
Talsperre Robertville

entlang ⤳ an der Brücke vorbei vorerst noch weiter dem Bachlauf folgen ⤳ dann in einem weiten Bogen an Bäumen und Feldern entlang, dabei stets auf dem Hauptweg bleiben, bis dieser auf die **Vennbahntrasse** trifft

3 3,7 (546) Der Wanderweg verläuft noch vor der Vennbahntrasse nach rechts.

Vennbahn s. S. 207

TIPP Oben am Radweg befinden sich Infotafeln und ein überdachter Rastplatz, das ist ein guter Platz für eine Pause. Sie können von dort auch dem asphaltierten Radweg nach rechts parallel zum Wanderweg folgen.

Auf dem Weg am Waldrand entlang ⤳ nach 160 m gelangen Sie auf eine Straße, hier links abbiegen und die Vennbahntrasse überqueren ⤳ gleich hinter dem Feld an der ersten Möglichkeit rechts abbiegen und parallel zur Vennbahntrasse weiter ⤳ nach knapp 700 m nach rechts unter der Brücke hindurch ⤳ hinter der Unterquerung der Vennbahn an der ersten Möglichkeit rechts auf den Feldweg abzweigen ⤳ Sie wandern am Waldrand entlang, am Waldeck im Linksbogen ⤳ im Wald folgen Sie dem Rechtsbogen des Weges ⤳ eine kleine Brücke überqueren und am Ufer der Warche entlang.

Warche s. S. 103

Nach einer Linkskurve trennt sich der Weg vom Ufer und führt bergauf weiter bis zu einer Straße ⤳ die Straße nach links überqueren.

4 6,1 (432) Direkt hinter einem Weidezaun auf der rechten Seite rechts abbiegen ⤳ weiter auf dem Pfad durch ein kleines Wäldchen bis zur Straße, hier rechts und auf der Brücke über die Warche ⤳ gleich hinter der

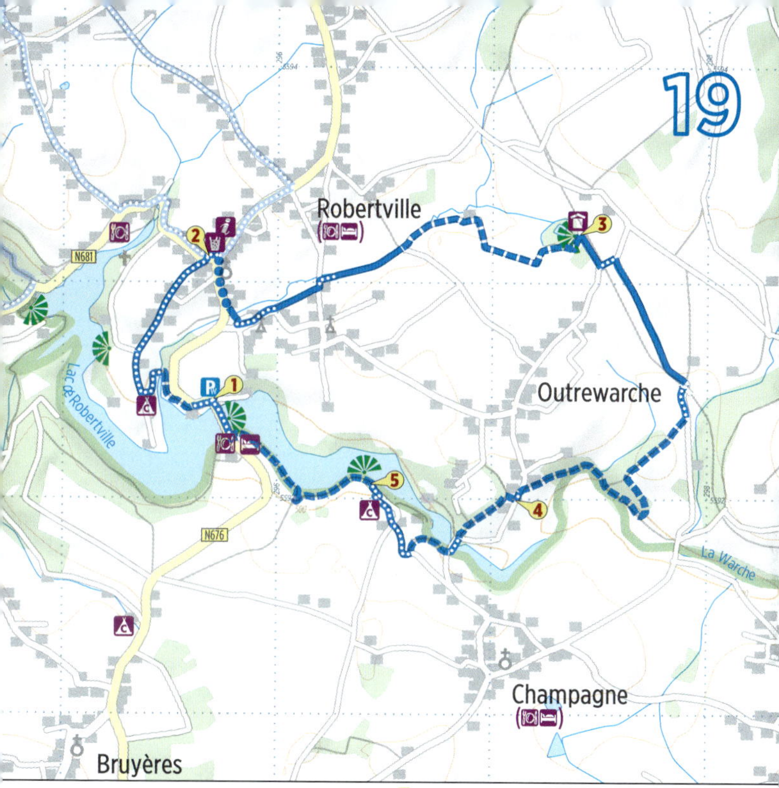

Brücke rechts auf den schmalen Pfad, aber nicht zum Ufer hinabsteigen (Verbot) ⤳ oberhalb am Feldrand bleiben und mit einem weiten Linksbogen bis zu einer schmalen Straße, dort rechts ⤳ auf der Straße durch eine Rechtskurve und zum Campingplatz.

Campingplatz Belle Vue

Geradeaus über die Straße und auf dem Campingplatz zum Pool ⤳ rechts am Pool vorbei bis zum Seeufer.

5 7,2 (507) Vor dem Ufer nach links wenden und stets am Wasser weiter gehen ⤳ eine kleine Brücke überqueren und weiter am Stausee entlang zur Brücke Pont de Haelen ⤳ mit einem Linksbogen hinauf auf die Brücke und an der Straße nach rechts ⤳ auf der Brücke über den Stausee und gleich dahinter rechts.

1 8,4 (511) Auf dem Parkplatz ist das Ende der Rundtour erreicht.

Parkplatz an der Pont de Haelen

Tour 20 5,6 km

Waldwanderung zum Schloss Reinhardstein

Start/Ziel: Parkplatz Barrage de Reinhardstein

Aufstieg: 188 m *Hartbelag:* 10 %

Abstieg: 188 m *Wanderwege:* 71 %

Gehzeit: 1,5 Std. *Wanderpfade:* 19 %

Charakteristik: Eine zwar sehr kurze, aber sehr schöne Wanderung, die fast durchgehend im Wald verläuft und wunderschöne Ausblicke ermöglicht. Zunächst wandern Sie an der Südseite des Warchetals. Im weiteren Verlauf folgt ein Abstieg zum Fluss, und später erreichen Sie am Nordufer das auf einer Höhe oberhalb der Warche gelegene Schloss Reinhardstein.

Tipp: Das Schloss mit der Sammlung von Rüstungen, liturgischen Gewändern und Wandteppichen ist sehenswert, zu den Öffnungszeiten am Wochenende allerdings auch meist sehr gut besucht. Wer Ruhe und Abgeschiedenheit sucht, wählt am besten einen Wochentag für diese Tour.

Markierung: keine

Anfahrt: Ab Malmedy über die N 681 bis Robertville. Vor der Talsperre links auf den Parkplatz.

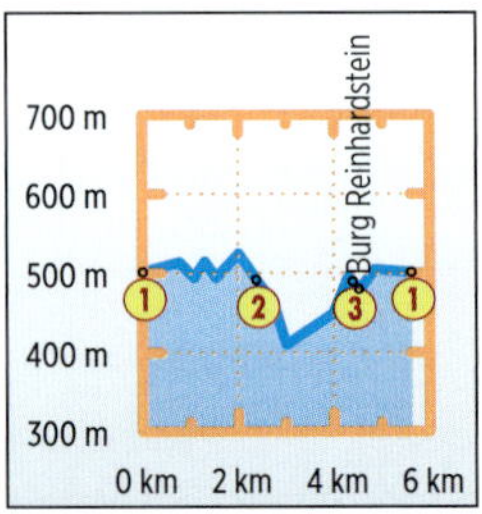

Parkplatz Barrage de Robertville

1 0,0 (502) Vom Parkplatz gehen Sie zum Holzaun und entfernen sich somit von der Staumauer, über die der Rückweg verläuft ⇝ durch den Durchgang im Zaun auf den Wanderweg ⇝ gleich darauf im Wald oberhalb des Tals wandern ⇝ schon nach kurzer Zeit können Sie die erste schöne Aussicht auf das Schloss Reinhardstein auf der gegenüberliegenden Talseite genießen ⇝ hinter dem Aussichtspunkt immer weiter geradeaus und am Waldrand bleiben ⇝ in einem engen Bogen zwischen Feld und Wald wandern ⇝ einen schmalen Bachlauf überqueren und durch eine weite Linkskurve wandern ⇝ an dem Abzweig rechts, nicht aus dem Wald hinaus wandern ⇝ der Beschilderung Nez Napoléon folgen ⇝ an der Gesteinsformation **Nez Napoléon** bietet sich eine gute Gelegen-

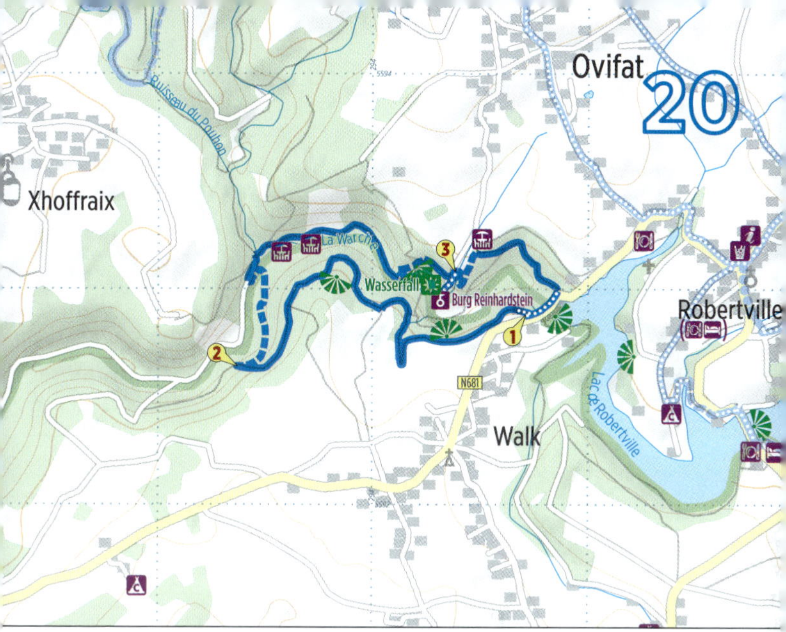

heit zum Innehalten, um den Ausblick auf das Tal zu genießen ⤳ im leichten Auf und Ab weiter.

2 2,4 (492) An der T-Kreuzung scharf rechts abbiegen und nun mit einem deutlichen Gefälle hinab in das Tal der Warche ⤳ nach dem Linksbogen auf der Holzbrücke die Warche überqueren.

Warche

Die Warche entspringt auf einer Höhe von 640 Metern westlich vom Ort Losheimergraben. Sie hat eine Länge von 40,5 Metern und fließt durch den Bütgenbacher Stausee und die Talsperre Robertville, bevor Sie bei Malmedy in die Amel mündet.

Hinter der Brücke rechts und parallel zur Warche flussaufwärts wandern ⤳ einen kleinen Zulauf mittels Holzsteg überqueren und weiter geradeaus ⤳ an mehreren Picknickplätzen vorbei und mit sanfter Steigung am Nordufer des Flusses bleiben ⤳ nach einiger Zeit an dem Abzweig halblinks halten und das Tal bergauf verlassen.

AUSFLUG Für einen Abstecher zum Wasserfall unterhalb der Burg halten Sie sich rechts und folgen dem später etwas anspruchsvollen Weg links der Warche.

Wasserfall. Besonders nach Regenwetter beeindruckt dieser 60 m hohe Wasserfall. Vom Flussbett ist jedoch nur ein Teil davon zu sehen.

Auf der weiteren Route gelangen Sie mit zwei Serpentinenkurven auf

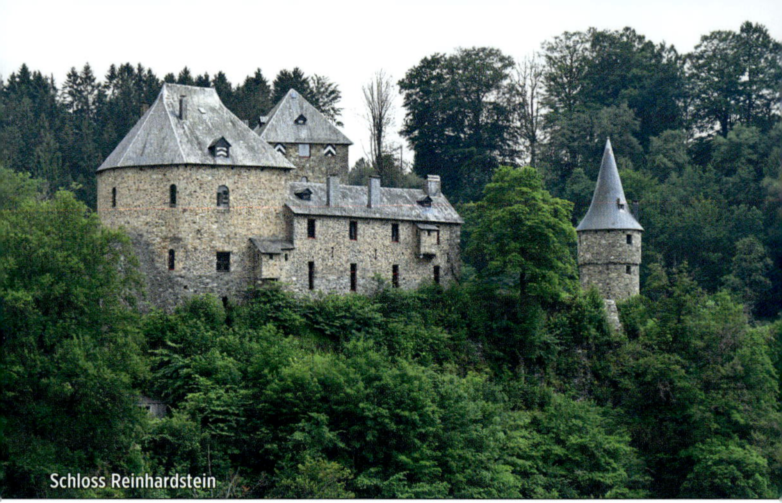

Schloss Reinhardstein

einem schmalen Pfad hinauf, dabei lässt sich die Aussicht auf Schloss Reinhardstein genießen ⇝ auf dem schmalen Pfad weiter geradeaus, später weiter auf dem etwas breiteren Weg ⇝ etwas über Stock und Stein bis zur Zufahrt zum Schloss, das Sie rechts erreichen.

Schloss Reinhardstein

♁ **Schloss Reinhardstein**, auch Burg Reinhardstein oder Schloss Metternich genannt, ✆ 080446868, ⏲ Sa, So/Fei und während der belgischen und niederländischen Schulferien 11-16 Uhr, Mi 14.30 Uhr, Besichtigung nur im Rahmen von Führungen (französisch oder niederländisch) möglich. Die im 14. Jh. errichtete Burg war bis Anfang des 19. Jhs. von verschiedenen Eigentümern bewohnt, u. a. von den Grafen von Nassau und der Familie von Metternich. Die Anlage stand dann etwa 150 Jahre leer und verfiel. Ab 1969 wurde die Ruine nach mittelalterlichen Dokumenten wieder aufgebaut und mit Rittersaal, Wächtersaal und Kapelle neu eingerichtet. Mit Gastronomie, @ fce653

3 4,4 (490) Die weitere Wanderung verläuft über die Zufahrtsstraße geradeaus über eine kleine Holzbrücke hinweg wieder in einen dichten Wald hinein ⇝ gleich an der ersten Möglichkeit links halten und leicht bergauf ⇝ an dem Forstweg rechts abbiegen und dem breiten Weg in einem leicht kurvigen Verlauf folgen ⇝ am Ende des Forstwegs geradeaus auf die Straße ⇝ rechts abbiegen, nun können Sie von der Staumauer den Blick einerseits über den See und andererseits in das Tal genießen ⇝ über die Mauer hinweg bis zum Ausgangspunkt zurück.

1 5,6 (502) Am Parkplatz haben Sie das Ende der Tour erreicht.

Parkplatz Barrage de Robertville

Tour 21 7,8 km

Von Signal de Botrange nach Sourbrodt und zurück

Start/Ziel: Parkplatz am Signal de Botrange
Aufstieg: 105 m *Hartbelag:* 0 %
Abstieg: 105 m *Wanderwege:* 65 %
Gehzeit: 2 - 2,5 Std. *Wanderpfade:* 35 %

Charakteristik: Vom Signal de Botrange, dem höchsten Punkt Belgiens, wandert man zunächst zu einem beliebten Aussichtspunkt. Von hier aus können Sie einen wunderbaren Blick auf das Naturreservat genießen. Anschließend geht es lange Zeit direkt an der Grenze des Reservates entlang. Empfehlenswert ist hierbei festes Schuhwerk. Mit einer gemütlichen Waldwanderung wird diese Runde abgeschlossen.
Markierung: gelbes Kreuz im weißen Quadrat
Anfahrt: Ab Eupen über die N 68/E 421 Richtung Malmedy. Am Abzweig hinter Baraque Michel links auf die N 676 Richtung Robertville. Kurz darauf am Kreisverkehr rechts auf den Schotterparkplatz.

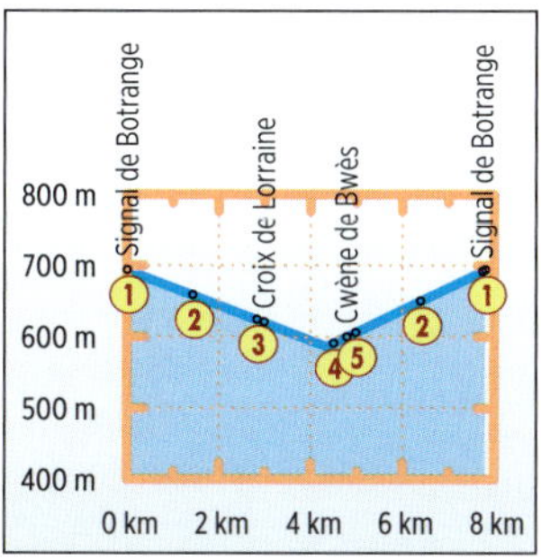

Signal de Botrange (Waimes)

Signal de Botrange, Route de Botrange 133, 080447843, Fr-Di 11-20 Uhr

Der Turm und die kleine Wirtschaft wurden 1933/34 errichtet. Der Aussichtsturm überragt mit seinen 25 Metern den Waldbestand und ist schon von weitem sichtbar. Heute beherbergt er eine Wetterstation, ein Informationsbüro und ein Restaurant. Die Botrange ist 694 Meter hoch und die höchste Erhebung Belgiens. Zwischen dem Restaurant und dem Wald liegt der künstlich aufgeschüttete Baltia-Hügel. Er wurde 1923 durch den Generalleutnant Baron Baltia errichtet, um die Erhebung auf über 700 Meter zu bringen.

1 0,0 (693) Auf dem Parkplatz Richtung Turm gehen ~ am Restaurant vorbei und am Fußgängerübergang die Landstraße überqueren

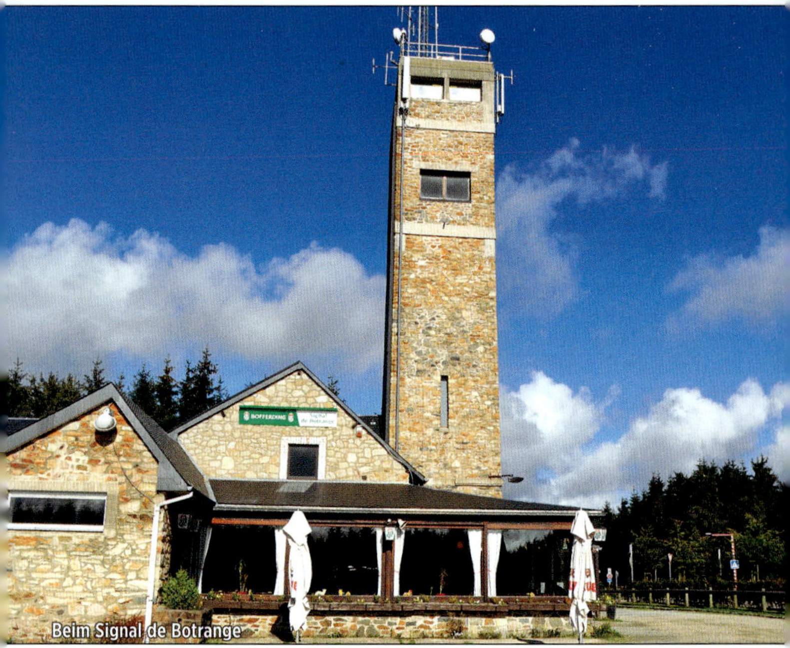

Beim Signal de Botrange

⇝ geradeaus auf den breiten, schotterigen Landwirtschaftsweg ⇝ unter dem Metallschild mit dem Hinweis auf die Langlaufloipe hindurch ⇝ an der hölzernen Aussichtsplattform können Sie einen herrlichen Ausblick auf die großflächige Schutzzone C genießen ⇝ für die Fortsetzung der Tour wenden Sie sich nach rechts ⇝ auf dem Schotterweg mit leichtem Gefälle geradeaus ⇝ an einem Zugang zur Schutzzone vorbei ⇝ am Waldrand entlang mit weiten Ausblicken weiter.
2 1,4 (655) An dem Holzschild und einem hölzernen Schilderbaum links der Beschilderung nach Eupen folgen ⇝ auf dem breiten Wiesenweg mit leichtem Gefälle zwischen Venn und Wald entlang ⇝ im Schatten der Bäume an so mancher morastiger Stelle vorbei ⇝ am Rand der Schutzzone C weiter bis zu einem Abzweig beim Croix de Lorraine (Lothringer Kreuz).

Croix de Lorraine

Das Lothringer Kreuz ist ein bekanntes, aus zwei Querbalken bestehendes Kreuz. Es galt während der Besatzung durch Nazi-Deutschland in Frankreich als Symbol der Vichy-Regierung und damit auch als Sym-

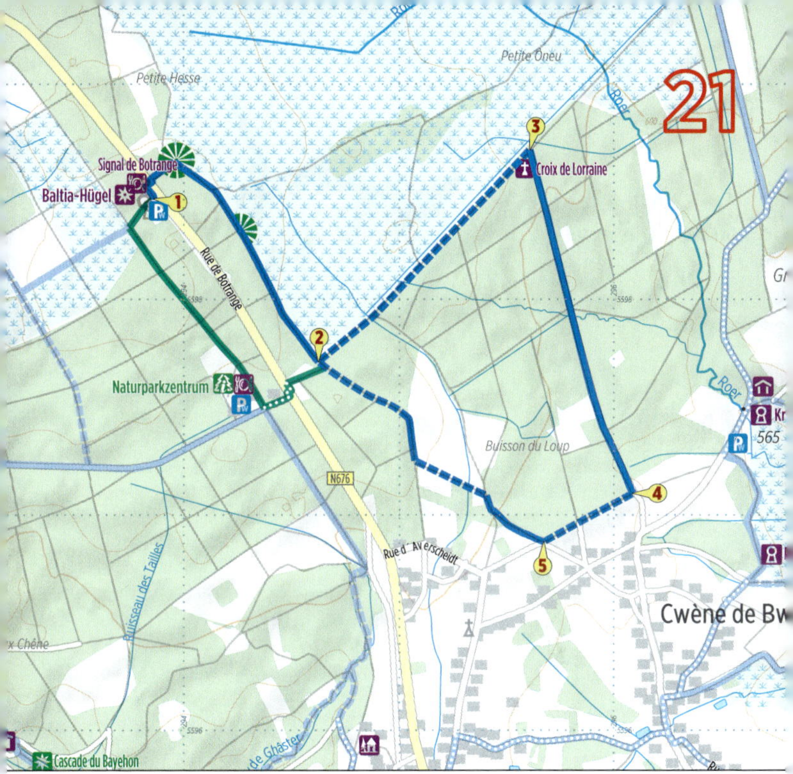

bol gegen den Nationalsozialismus. Bekannte Lothringer Kreuze stehen auf dem Friedhof im französischen Colombey-les-Deux-Églises, auf dem der ehemalige Staatspräsident Charles de Gaulle begraben liegt und an den Stränden der Normandie, an denen die Alliierten während des D-Days anlandeten. Das hiesige Kreuz wurde 1974 von Léon Gehlen in Gedenken an seinen Bruder errichtet. Im Mauerwerk des Kreuzes befindet sich eine versiegelte Flasche, die die Geschichte des nahe gelegenen Dorfes Sourbrodt beinhaltet.

3 2,8 (624) Am Kreuz scharf rechts abbiegen und der Schutzzone den Rücken zudrehen ⤳ auf dem breiten Forstweg leicht bergauf ⤳ an zwei Hochsitzen vorbei ⤳ zwischen den hohen Fichten lange geradeaus und stets sanft an Höhe gewinnen ⤳ bis zu einem Parkplatz für Forstfahrzeuge an einer asphaltierten Zufahrtsstraße.

4 4,5 (591) Ein kurzes Stück über den Asphalt, aber schon nach 20 m rechts

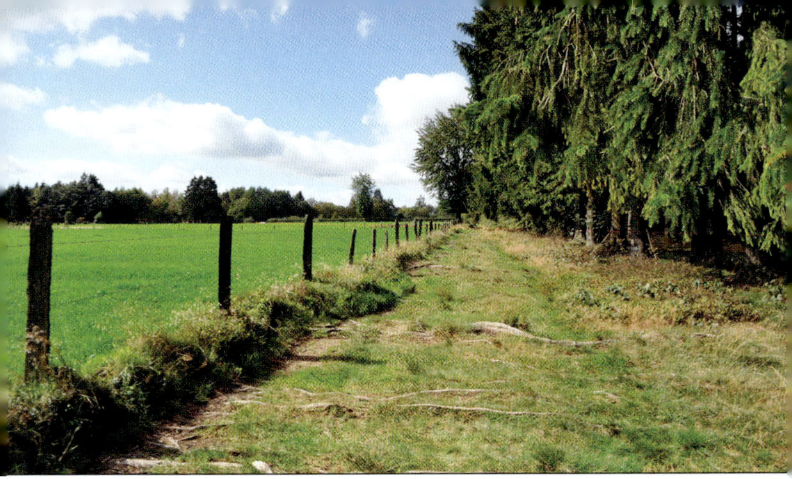

auf den breiten Schotterweg ⤳ leicht aufwärts und mit Blick auf die Koppeln am Waldrand entlang ⤳ über Wurzeln auf dem grasigen Weg und an Farnen vorbei ⤳ eine rot-weiße Schranke rechts liegen lassen ⤳ bis unmittelbar vor ein asphaltiertes, wenig befahrene Sträßchen, Sie sind hier am Rand von Sourbrodt.

Sourbrodt (Waimes) s. S. 232

5 5,0 (606) Vor der Rue du Bouvier rechts in den schmalen Wiesenweg hinein ⤳ zwischen den Sträuchern auf dem teils morastigen Weg bis zu einer Schotterpiste, hier rechts abbiegen ⤳ nach rund 80 m, vor einer rot-weißen Schranke, nach links schwenken ⤳ auf einem Trampelpfad am Waldrand und an Feldern vorbei ⤳ am Ende des schmalen Wegs an der T-Kreuzung rechts auf einen Forstweg abbiegen ⤳ mit einer Linkskurve durch den Nadelwald ⤳ an der Station eines Lehrpfades geradeaus weiter.

VARIANTE Nur 500 m von der Route entfernt befindet sich das Naturparkzentrum Botrange mit einer faszinierenden Ausstellung zur Hochmoorlandschaft, einem Restaurant und einem naturnahen Spielplatz. Für diesen empfehlenswerten Abstecher halten Sie sich kurz vor dem Waldrand links. Sie können nach einem Besuch des Naturparkzentrums westlich der Straße N 676 zurück zum Ausgangspunkt laufen.

Naturparkzentrum Botrange s. S. 111

2 6,4 (655) Am bereits bekannten Abzweig geradeaus und entlang der Schutzzone C und dem Waldrand leicht bergauf ⤳ an der Aussichtsplattform links zur Straße und auf dem bekannten Weg zum Ausgangspunkt zurück.

1 7,8 (693) Ende der Wanderung am Parkplatz.

Signal de Botrange (Waimes)

Tour 22 5,3 km

Über eine Treppe zum höchsten Punkt Belgiens

Start/Ziel: Parkplatz am Signal de Botrange

Aufstieg: 52 m *Hartbelag:* 0 %

Abstieg: 52 m *Wanderwege:* 68 %

Gehzeit: 1 Std. *Wanderpfade:* 32 %

Charakteristik: Mit wenigen Stufen können Sie auf dem Baltia-Hügel zunächst den höchsten Punkt des Landes erklimmen, bevor Sie auf dieser kurzen Runde in eine Moorlandschaft eintauchen. Hier wandern Sie auf den für das Venn typischen Holzstegen. Auf einem breiten Forstweg gelangen Sie dann zum Naturparkzentrum Botrange, in dem sich Kinder auf dem Spielplatz austoben dürfen und die zahlreiche Informationen über das Hohe Venn bereithält. In einem kleinen Laden können Sie regionale Produkte erwerben und die Caféteria lädt zur Stärkung ein.

Markierung: ab dem Neûr Lowé ein senkrechter, blauer Balken im weißen Quadrat, ab dem Naturparkzentrum ein grünes Kreuz

Anfahrt: Ab Eupen über die N 68/E 421 Richtung Malmedy. Am Abzweig hinter Baraque Michel links auf die N 676 Richtung Robertville. Kurz darauf am Kreisverkehr rechts auf den Schotterparkplatz.

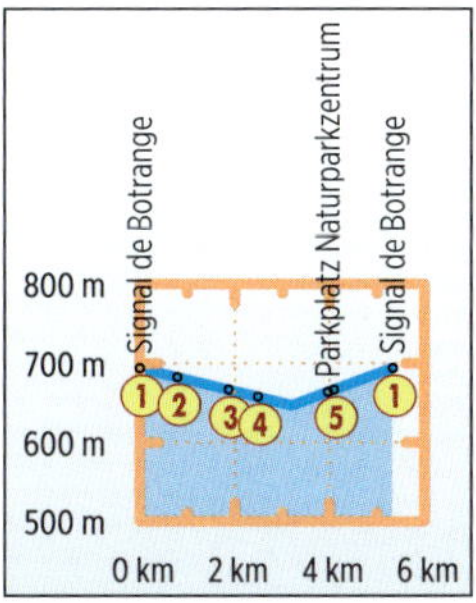

Signal de Botrange

Signal de Botrange, Route de Botrange 133, ✆ 080447843, Fr-Di 11-20 Uhr

Auf dieser bewaldeten Kuppe liegt ein großer Parkplatz. An seinem nordwestlichen Punkt befindet sich, leicht versteckt zwischen dem Zugang zum Wald und dem Kücheneingang des Restaurants, der Baltia-Hügel. Benannt wurde er nach dem belgischen Baron und Generalgouverneur Hermann Baltia. Der Hügel ist jedoch künstlichen Ursprungs und diente einzig und alleine dazu, den höchsten Punkt Belgiens auf über 700 Meter zu bringen. Um ihn zu erklimmen, muss man lediglich die wenigen Treppenstufen nach oben steigen. Seit der Errichtung des angrenzen-

den Turmes in den frühen 1930er Jahren gilt jedoch dieser als der höchste Punkt des Landes – immerhin schafft er es auf 718 Meter Höhe.

1 0,0 (693) Vom Parkplatz auf laufen Sie in Richtung Turm ⤳ vor dem Restaurant nach links und an der Treppe zum höchsten Punkt vorbei ⤳ unter dem Metallschild für die Langlaufloipe hindurch ⤳ den Markierungsstein passieren ⤳ an der rot-weißen Schranke vorbei in den Wald hinein ⤳ dem Schotterweg folgen und eine Kreuzung überqueren ⤳ geradeaus weiter, bald auf einem Holzsteg durch die Vennlandschaft ⤳ geradeaus über den Querweg und weiter auf dem breiten Holzsteg.

2 0,8 (682) Am Ende des Stegs an der Wegkreuzung rechts auf den Schotterweg ⤳ das Naturschutzgebiet **Neûr Lowé** auf der linken Seite genießen und am Waldrand entlang gehen ⤳ wo rechts ein breiter Weg abzweigt, biegen Sie links ab und folgen dem sehr schmalen Trampelpfad durch das hohe Gras ⤳ an einer Hinweistafel zum Thema Torf vorbei und im Wechsel auf dem wurzeligen Pfad oder auf kleineren Abschnitten mit einem Holzsteg weiter ⤳ auf dem ausgetretenen Pfad bis zu einem Holzsteg, der links um eine Kurve herum führt ⤳ dieser Linkskurve folgen ⤳ stets geradeaus in Richtung Waldrand gehen ⤳ auf dem breiten Wiesenweg bis zu einem Querweg aus Schotter.

3 1,9 (666) An diesem Querweg am Waldeck rechts abbiegen und an weiteren Hinweistafeln vorbei ⤳ am Ende des schotterigen Abschnitts nach links schwenken und auf einem breiten Wiesenweg weiter wandern

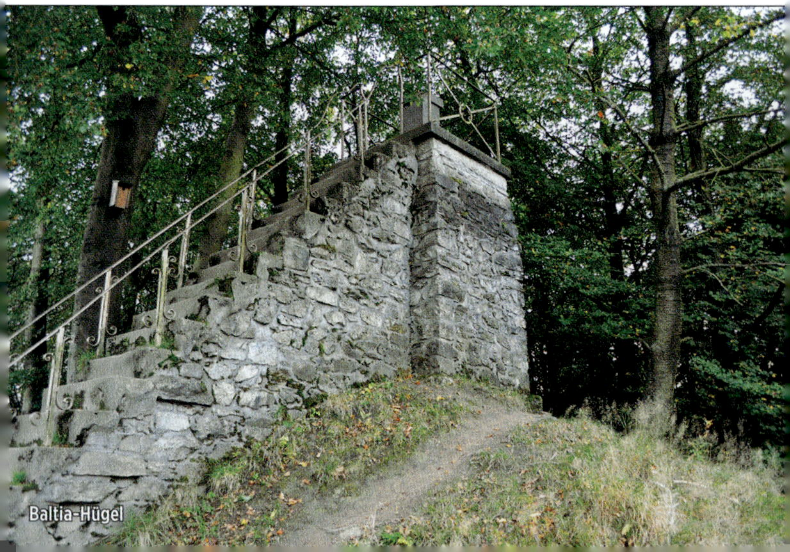
Baltia-Hügel

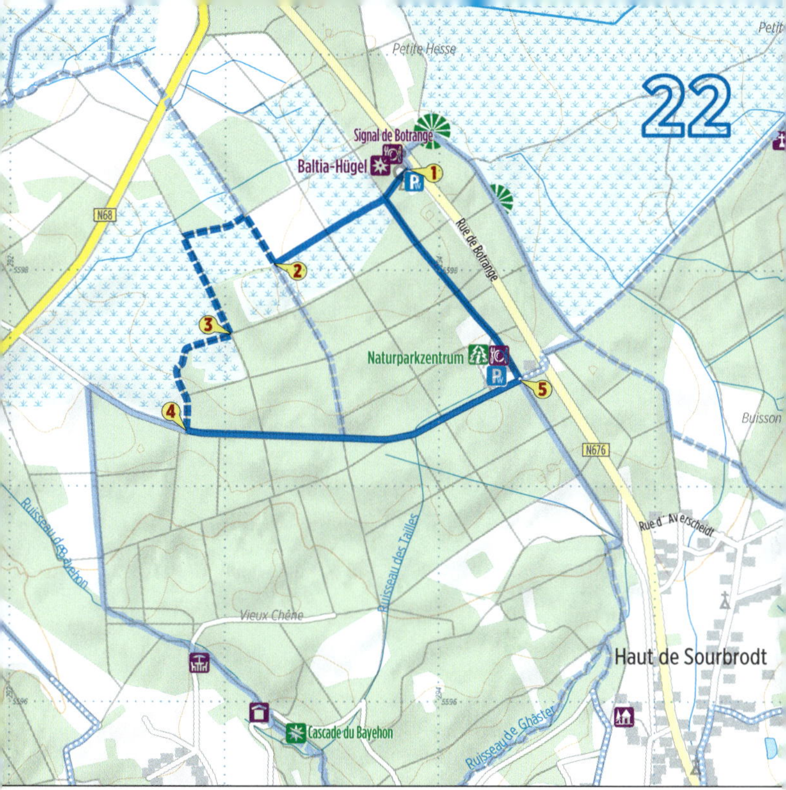

↝ mit weiten Ausblicken über das Naturschutzgebiet an markanten Felsen vorbei und über den steinigen Weg ↝ leicht bergab bis zu einem breiten Forstweg.

4 2,5 (657) Auf den Forstweg nach links und nun der blauen Wegmarkierung folgen ↝ stets geradeaus durch den Fichtenwald in östliche Richtung ↝ durch eine weite Linkskurve an mehreren Schneisen, die in den Wald hinein führen, vorbei ↝ am Ende des Forstweges an einer rot-weißen Schranke vorbei, die den Einstieg zu einer Loipe markiert ↝ über den kleinen Parkplatz zum Eingang des Naturparkzentrums Botrange.

Naturparkzentrum Botrange

Naturparkzentrum Botrange, Route de Botrange 131, Sourbrodt (Waimes), ✆ 080440300 Das Angebot reicht von einer umfangreichen Dauerausstellung mit dem Titel „FANIA“ mit Multimedia-Raum und Sinnestunnel über geführte Wande-

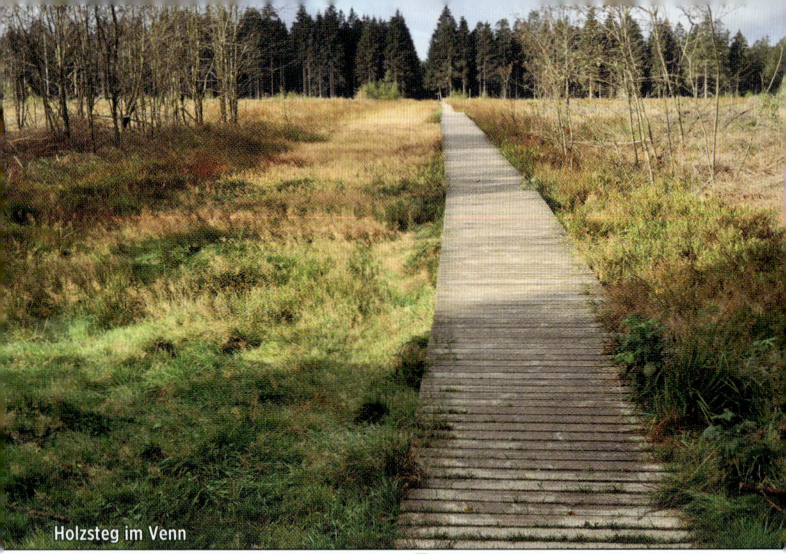

Holzsteg im Venn

rungen bis hin zu mehrsprachigen Informationsbroschüren. Mit Caféteria, ✆ 080445359. @ wfw833

Mitten im Hohen Venn befindet sich das Naturparkzentrum Botrange. Es setzt sich für den Erhalt und die Förderung der Landschaft ein und engagiert sich für den sanften Tourismus. Gleichzeitig bietet es aber auch zahlreiche Aktivitäten an und informiert sowohl über Flora und Fauna als auch über die Gewässer im Hohen Venn. Zahlreiche Veranstaltungen wie der Tag des Baumes, das Pilzfest oder auch ein Naturparkfest unterstreichen die Bemühungen des Zentrums, dem Besucher die Natur näher zu bringen. Darüber hinaus ist das Naturparkzentrum auch Ansprechpartner für geführte Wanderungen oder eine Fahrt durch das Venn mit einem Planwagen.

5 4,1 (666) Am Naturparkzentrum vorbei und den angrenzenden Spielplatz mit seinen kunstvollen Spielgeräten passieren ⁓ dahinter links einbiegen ⁓ abermals an einer rot-weißen Schranke vorbei ⁓ mit einer leichten Steigung an Feldern vorbei, Sie folgen dem Weg immer geradeaus ⁓ nach 1 km am ersten Abzweig auf der rechten Seite nach rechts wenden und auf dem Schotterweg bis zur nächsten, bereits bekannten Absperrschranke ⁓ daran vorbei zum Restaurant auf dem Botrange.

1 5,3 (693) Ende der Wanderung am Parkplatz.

Signal de Botrange (Waimes)

LEICHT

Tour 23 8,4 km

Wilde Ströme und ein idyllischer Wasserfall

Start/Ziel: Parkplatz am Naturparkzentrum Botrange
Aufstieg: 160 m *Hartbelag:* 0 %
Abstieg: 160 m *Wanderwege:* 73 %
Gehzeit: 2 - 2,5 Std. *Wanderpfade:* 27 %

Charakteristik: Kaskaden sind im wasserreichen Venn eher selten. Diese hier ist zudem sehenswert und vom Naturparkzentrum aus gut und gemütlich auf breiten Wegen zu erreichen. Picknickhütten am Ufer des Flusses runden die Wanderung ab und laden zu entspannenden Pausen ein.

Markierung: entlang der Wildbäche blaues Rechteck im weißen Quadrat

Anfahrt: Ab Eupen über die N 68/E 421 Richtung Malmedy. Am Abzweig hinter Baraque Michel links auf die N 676 Richtung Robertville. Am Kreisverkehr am Signal de Botrange vorbei und in die nächste Einfahrt nach rechts.

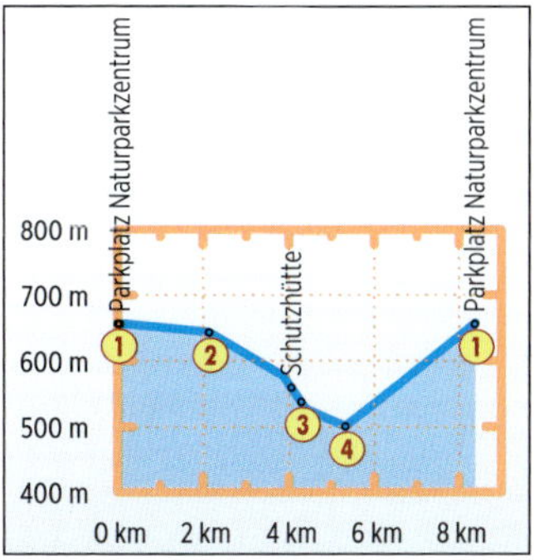

Naturparkzentrum Botrange
s. S. 111

1 0,0 (656) Nach einem Rundgang durch das Naturparkzentrum startet die Tour am Parkplatz ⁓ an der Langlaufloipe rechts vorbei und auf dem breiten Forstweg in den Wald hinein ⁓ an mehreren Schneisen und kleineren Forstwegen vorbei und den leicht abwärts führenden Weg nicht verlassen ⁓ nach der weiten Rechtskurve lichtet sich der Wald auf der rechten Seite, nun an den weiten Flächen des Naturreservats **Neûr Lowé** entlang.

2 2,1 (643) Am Waldeck links abbiegen und das Reservat verlassen ⁓ zunächst am Waldrand entlang, stets geradeaus und dabei mit einem sanften Gefälle wandern ⁓ auf der rechten Seite erscheint der kleine Bach **Bayehon** ⁓ an seinem Lauf nach links wenden und dem schmalen Pfad neben dem Bach folgen ⁓ durch

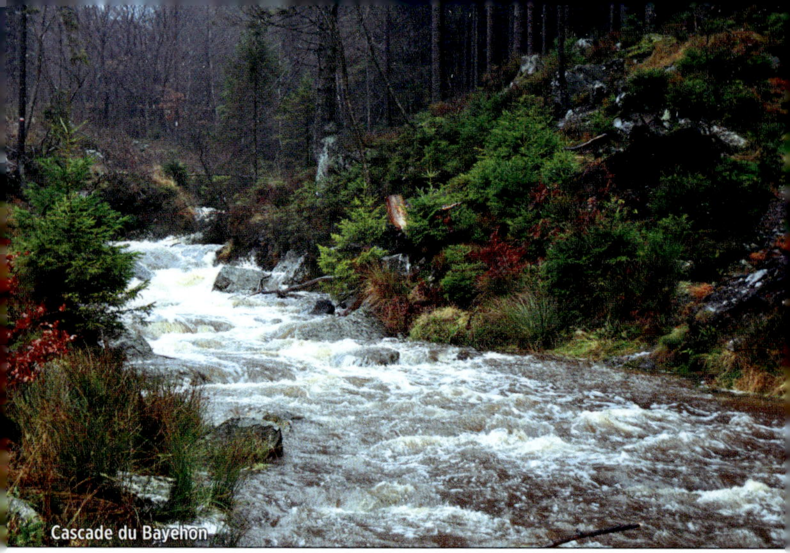

das kleine Waldstück an markanten Bäumen vorbei ⇝ eine Forststraße überqueren und weiter geradeaus dem sanften Plätschern des idyllischen Bachs folgen ⇝ an weiteren sehenswerten Baumriesen vorbei ⇝ an dem Sträßchen kurz rechts, dann gleich wieder links abzweigen und weiter bis zu dem kleinen Wasserfall namens Cascade du Bayehon.

Bayehon

Der Bach entspringt in der Nähe des Signal de Botrange und mündet später zwischen Xhoffraix und Robertville in die Warche. Er ist bekannt für seine zahlreichen kleinen Wasserfälle. Die Cascade du Bayehon hingegen ist einer der größten Wasserfälle des Landes.

3 4,3 (538) Am Wasserfall geradeaus vorbei und auf dem schmalen Pfad abwärts wandern ⇝ nach der kleinen Brücke auf dem breiteren Weg weiter, kurz danach wechseln Sie ans andere Ufer ⇝ Sie können immer wieder den Anblick des kleinen, plätschernden Wildbachs genießen, der sich zwischen den Felsen glucksend seinen Weg bahnt ⇝ weiter hinab bis zur Mündung des ebenso idyllischen Bachs Ghaster.

Ghaster

Die Ghaster ist lediglich ein kleiner Bach, der schon bald nach seiner Quelle in der Nähe des Naturparkzentrums in den Bayehon mündet.

4 5,3 (500) An der Mündung nach links schwenken und nun dem Ghasterbach folgen ⇝ auf dem wurzeligen Pfad durch das schmale Tal, dabei dem aufrecht stehenden Balkensymbol folgen ⇝ im Wald können Sie dem

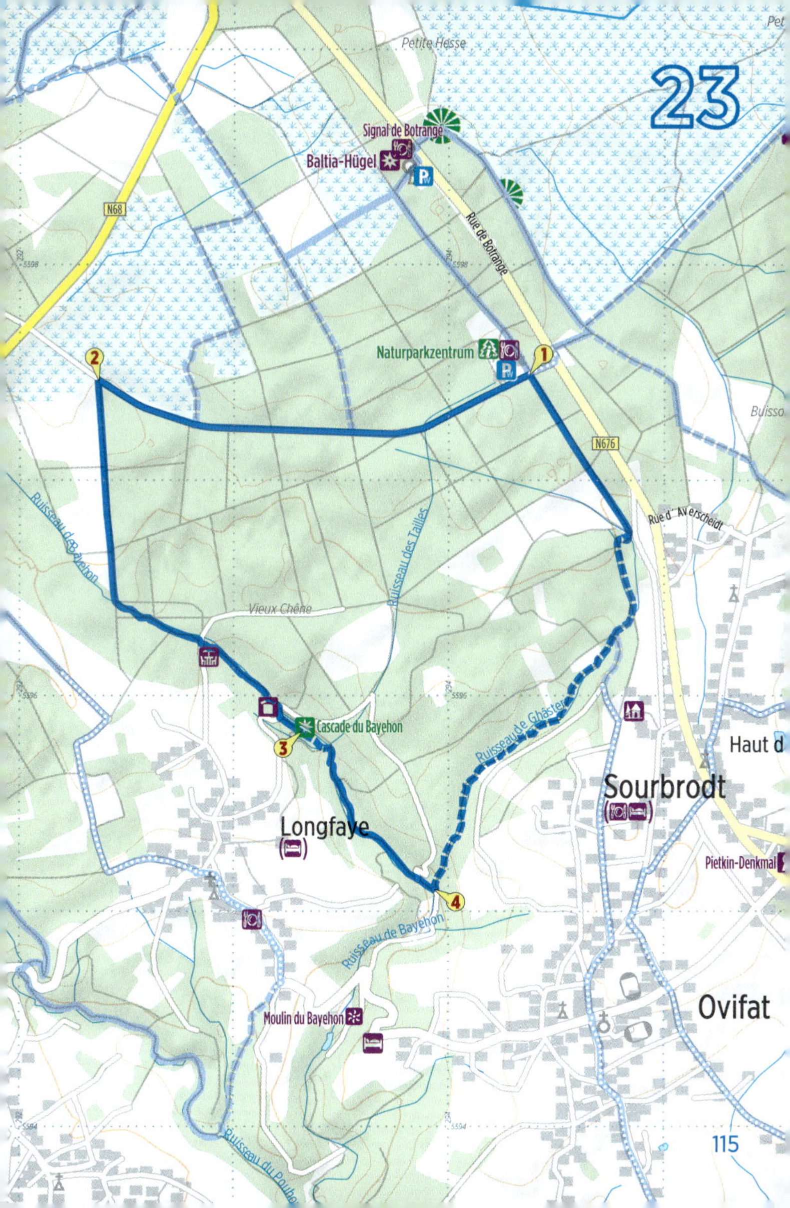
23
Petite Hesse
Signal de Botrange
Baltia-Hügel
N68
Rue de Botrange
Naturparkzentrum
1
2
N676
Rue d' Averscheidt
Ruisseau de Bayehon
Ruisseau des Tailles
Vieux Chêne
Cascade du Bayehon
3
Ruisseau de Ghâster
Sourbrodt
Haut d
Longfaye
Pietkin-Denkmal
4
Ruisseau de Bayehon
Moulin du Bayehon
Ovifat
Ruisseau du Pouhon
Buisso
Pet

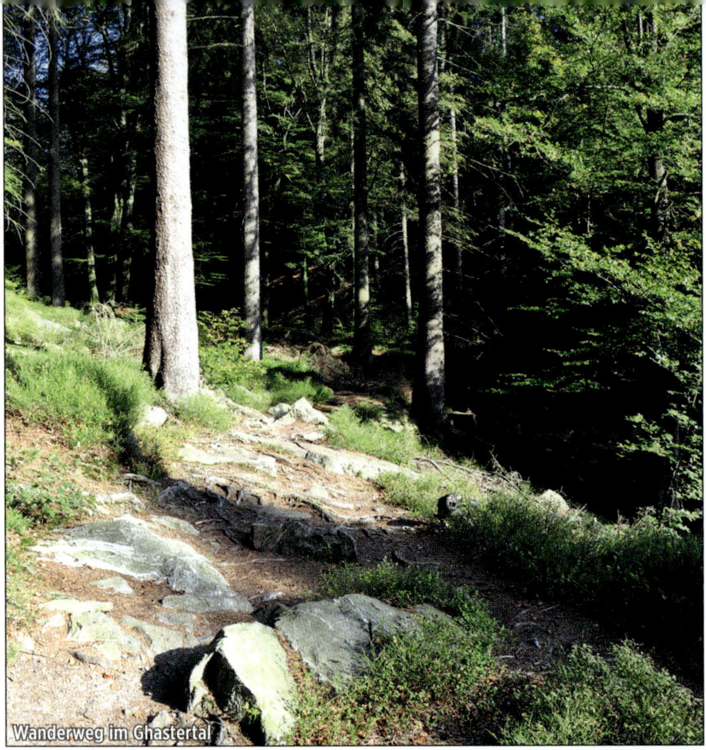
Wanderweg im Ghastertal

Plätschern des Ghaster lauschen, Sie queren immer wieder auf kleinen Holzbrücken das Bächlein ⤳ stets bergauf zu einem quer verlaufenden Forstweg, diesen überqueren und wieder in den Wald hinein ⤳ weiter mit leichter Steigung wandern ⤳ durch eine weite Linkskurve, dann ein deutliches Stück geradeaus ⤳ dem abknickenden Weg folgen ⤳ an dem Forstweg dann rechts und gleich wieder links abzweigen.

TIPP Achten Sie auf die Beschilderung mit dem senkrecht stehenden Balken, gleichzeitig ist dies auch der Grande Randonné 56B.

Auf dem Forstweg nun stets geradeaus und sanft bergauf ⤳ an der Kreuzung am Naturparkzentrum nach links wenden und am Kinderspielplatz vorbei.

1 8,4 (656) Am Parkplatz endet die Wanderung.

Naturparkzentrum Botrange

Tour 24 9,7 km

Zwischen den Feldern und Wäldern von Longfaye

Start/Ziel: Parkstreifen an der N 68 zwischen Mont Rigi und Mont

Aufstieg: 177 m *Hartbelag:* 26 %

Abstieg: 177 m *Wanderwege:* 50 %

Gehzeit: 2,5 - 3 Std. *Wanderpfade:* 24 %

Charakteristik: Venn, Wald und Felder wechseln sich auf dieser kurzen Tour in regelmäßigen Abständen ab und lassen auf der Wanderung keine Langeweile aufkommen. Im südlichen Abschnitt laufen Sie auf Wanderpfaden entlang. Mit wenigen Steigungen ist die Tour für Einsteiger ein geeigneter Schritt, um die Vennlandschaft westlich von Longfaye kennenzulernen.

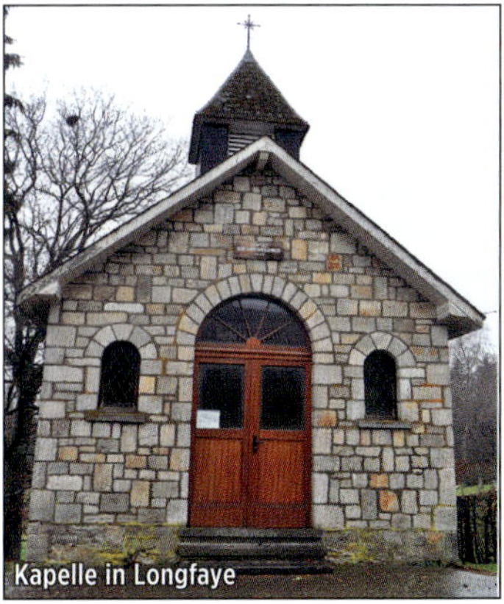
Kapelle in Longfaye

Markierung: meist keine

Anfahrt: Auf der N 68 zwischen Malmedy und der Baraque Michel in einer weiten Kurve zum schotterigen Seitenstreifen.

Parkplatz an der N 68

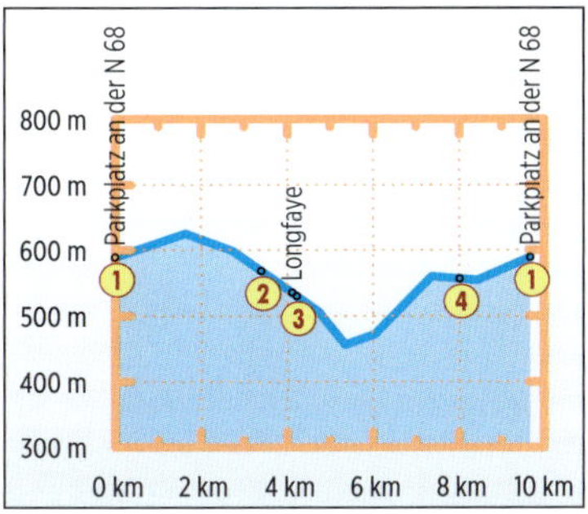

1 0,0 (588) Von der kleinen Parkfläche auf der Westseite der Straße auf die andere Straßenseite und wenige Meter nach rechts abwärts gehen ⁓ in den Abzweig nach links, an der rot-weißen Schranke vorbei ⁓ auf dem Schotterweg immer geradeaus ⁓ an der T-Kreuzung nach rechts wenden ⁓ an der nächsten Kreuzung links ⁓ an mehreren

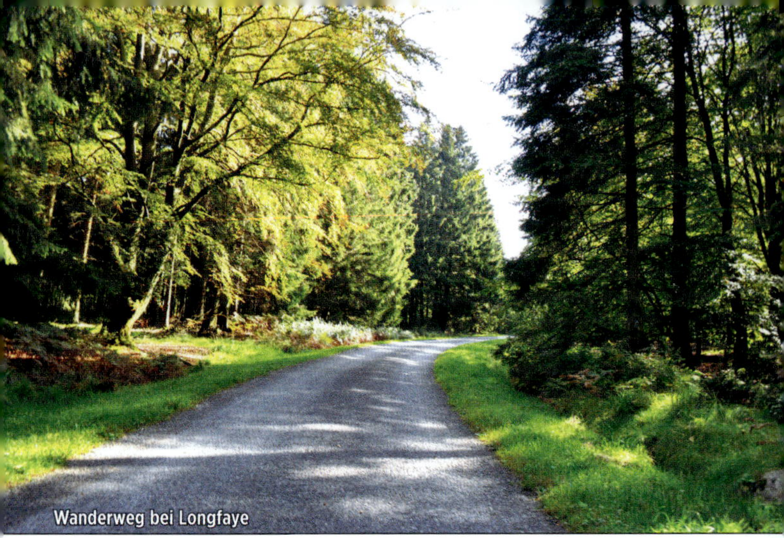

Wanderweg bei Longfaye

Schneisen und kleineren Forstwegen vorbei und dem Wegverlauf durch eine weite Rechtskurve folgen ⤳ nach etwa 1 km in der Rechtskurve an einer Rastbank vorbei ⤳ kurz nach der Linkskurve wieder in den Wald hinein und bis zum Ende des Wegs.

2 3,4 (568) An der T-Kreuzung nach links wenden und weiter bis zu den ersten Wohnhäusern des Weilers **Longfaye** ⤳ am Ende der Straße an der Kreuzung halb links in Richtung Robertville und dabei bergab wandern ⤳ an einem Brunnen zur Linken vorbei.

Longfaye (Malmedy)

Longfaye ist eine kleine Pfarrei, die zu Malmedy gehört und über die weiter südwestlich gelegene Serpentinenstraße mit der Stadt verbunden ist.

Rechts um die Kurve herum ⤳ direkt dahinter an einem schönen Wegkreuz, welches von einer Hecke überthront wird, vorbei ⤳ gleich dahinter können Sie einen Blick in die kleine Kapelle werfen ⤳ weiter auf der **Route du Bayehon** hinab.

3 4,2 (530) Am **B&B Le Farfadet** vorbei und weiter der ruhigen Straße folgen ⤳ in der Linkskurve halb rechts auf den **Chemin des Noûlis** schwenken ⤳ gleich wieder rechts in einen Wald hinein ⤳ von rechts erscheint der plätschernde **Rau de Ronnai**, an diesem zunächst entlang ⤳ an dem Abzweig rechts halten und nun dem kleinen **Rau du Pouhon** folgen ⤳ auf dem leicht aufwärts führenden Weg durch den Wald und bis zu einer kleinen Landstraße ⤳ die Straße überqueren und kurz rechts, orientieren Sie sich auf dem weiteren Weg an der Beschilderung mit einem grünen Kreuz ⤳ von der Straße nach

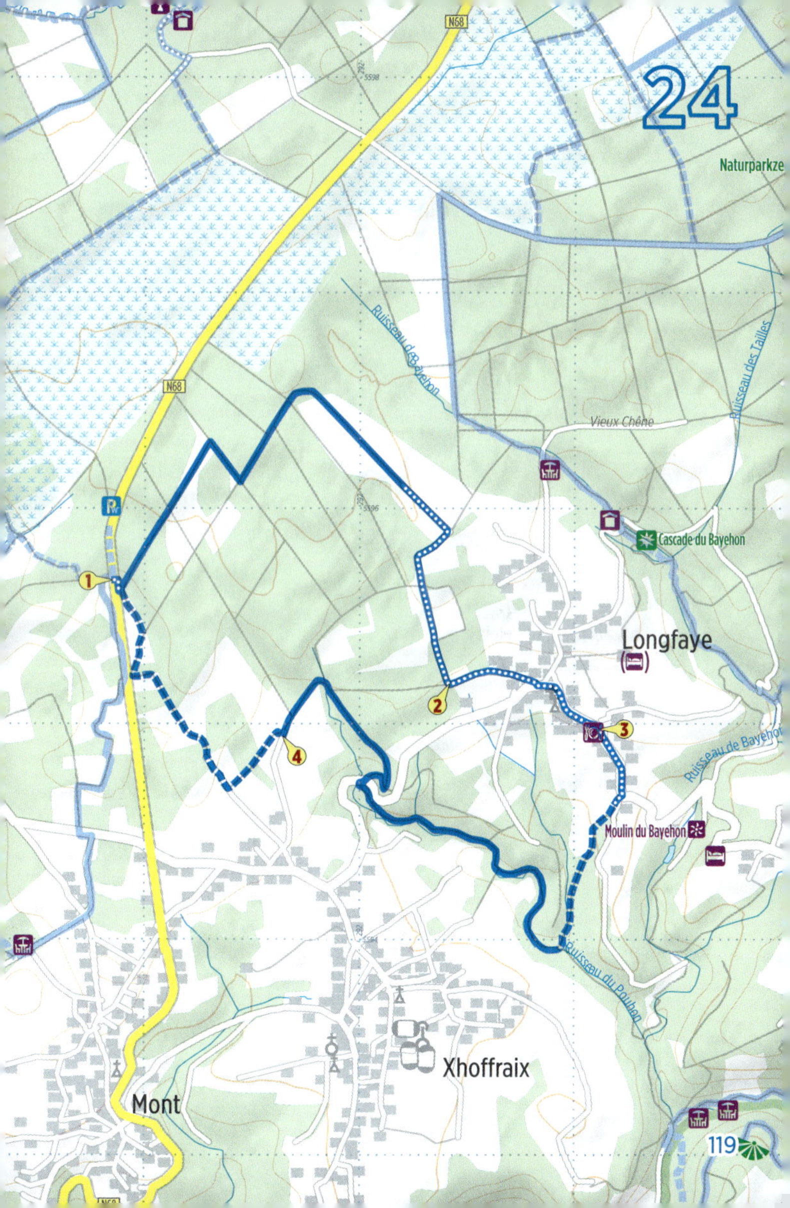

24
Naturparkze
N68
Ruisseau de Bayehon
Ruisseau des Tailles
Vieux Chêne
Cascade du Bayehon
Longfaye
1
2
3
4
Ruisseau de Bayehon
Moulin du Bayehon
Ruisseau du Pouhon
Xhoffraix
Mont

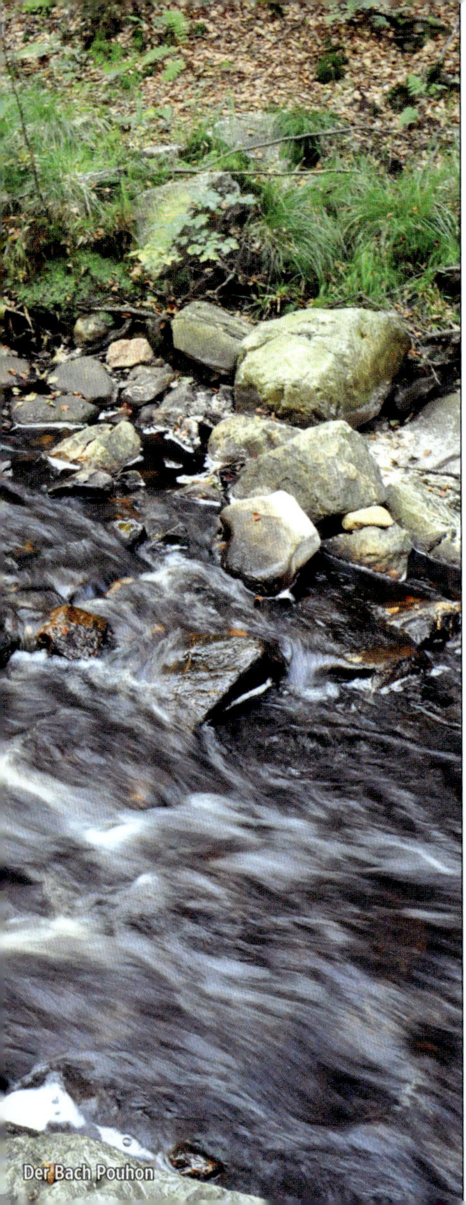
Der Bach Pouhon

links weg und leicht bergauf ⤳ nach dem Rechtsbogen auf den breiteren Weg links ⤳ durch eine weite Linkskurve und weiter durch den Wald ⤳ den breiten Forstweg auch in einer weiteren Kurve nicht verlassen.

4 8,0 (556) 100 m hinter dem breiten Forstweg, der im rechten Winkel nach rechts abzweigt, rechts auf einen deutlich kleineren Trampelpfad wechseln ⤳ diesem Pfad im Linksbogen folgen und an einem Graben entlang ⤳ durch ein Wäldchen, dann geradeaus bis zu einer T-Kreuzung ⤳ dort rechts abbiegen und mit sanften Kurven wieder in einen Wald hinein ⤳ auf dem schmalen Pfad an einem kleinen Hochmoor entlang ⤳ dem gut erkennbaren, grasigen Weg bis zur Landstraße folgen ⤳ an einer rot-weißen Schranke vorbei und vor der Straße rechts auf einen schmalen Pfad abbiegen ⤳ zwischen jungen Fichten dem Weg folgen und nach mehreren Kurven bis zu einem Waldweg ⤳ nach links abbiegen und bis zur Straße ⤳ neben der Straße nach rechts wenden.

1 9,7 (588) Am Parkstreifen ist das Ende der Wanderung erreicht.

Parkplatz an der N 68

Tour 25 15,1 km

Durch die Vennlandschaft Les Chôdirers

Start/Ziel: Parkstreifen an der N 68

Aufstieg: 242 m *Hartbelag:* 6 %

Abstieg: 242 m *Wanderwege:* 46 %

Gehzeit: 4 - 4,5 Std. *Wanderpfade:* 48 %

Charakteristik: Auf dieser schönen Wandertour wechseln sich Wald und Venn regelmäßig ab. Im leichten Auf und Ab geht es über den Waldboden oder Sie wandern auf Holzbohlenwegen durch die raue Vennlandschaft. Das Hohe Venn präsentiert sich mit seinen vielen Facetten: weite Moorflächen, historische Kreuze, romantische Bachläufe und die so typischen Holzstege. Gegen Ende der Tour laufen Sie für einen kurzen Abschnitt am rauschenden Bach Tros Mârets entlang und gelangen dann auf Wegen zwischen Feldern, Wiesen und Wäldern zurück zum Ausgangspunkt.

Markierung: grünes Rechteck

Anfahrt: Ab Malmedy auf die N 68 in Richtung Mont Rigi. Hinter der Ortschaft Mont bergauf, bis die langgestreckte Straße eine Rechtskurve beschreibt. Auf der linken Seite befindet sich ein schmaler Streifen, der zum Parken genutzt werden kann.

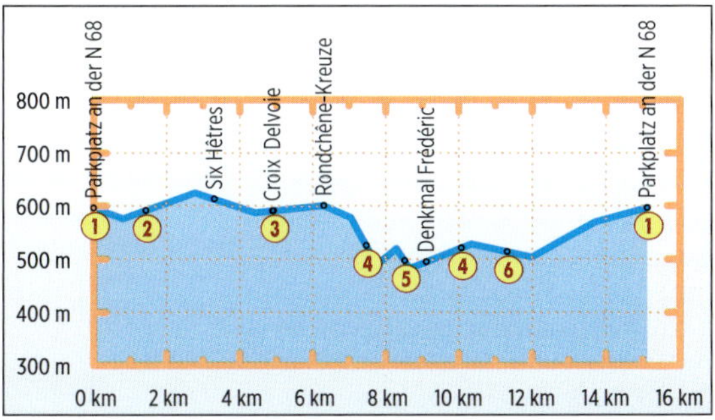

Parkplatz an der N 68

1 0,0 (596) Vom Parkplatz laufen Sie entlang der Straße ein kurzes Stück in Richtung Süden ⤳ nach rund 250 m rechts in den Fahrweg abzweigen und der Straße den Rücken kehren ⤳ in den Wald hinein und auf dem breiten Weg zunächst geradeaus ⤳ nach 160 m rechts auf den schmalen Pfad ⤳ mit leichtem Gefälle auf dem

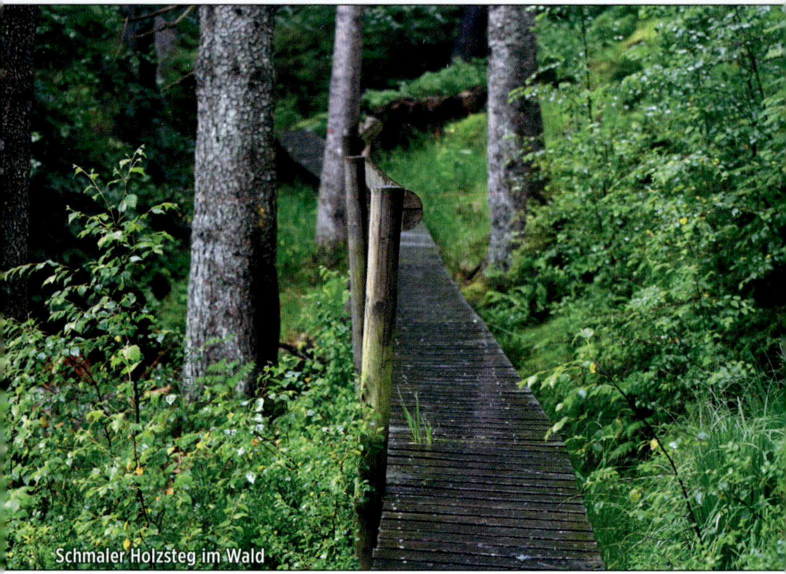

Schmaler Holzsteg im Wald

Waldboden dem Pfad folgen ⇝ über eine kleine Brücke, dann geradeaus auf dem Holzbohlenweg durch die Vennlandschaft ⇝ dabei können Sie den Blick auf die umliegende raue Natur genießen ⇝ gegen Ende des Holzwegs eine enge Linkskurve durchschreiten.

2 1,4 (592) Nun am Waldrand entlang ⇝ linker Hand das Venn und rechter Hand der Wald, so wandern Sie 650 m weiter ⇝ dann nach dem Rechtsbogen dem breiten Weg durch den Wald folgen ⇝ geradeaus über eine Kreuzung ⇝ an der nächsten Kreuzung nach rechts wenden und nach gut 250 m den ersten Abzweig nach links nehmen ⇝ an der sehenswerten und malerischen Baumgruppe Les Six Hêtres („Die Sechs Buchen“) können Sie eine kleine Verschnaufpause einlegen.

Sechs Buchen

Einer Legende nach wurden diese alten Buchen von Hirten gepflanzt, damit sie unter dem Blätterdach ihr Nickerchen machen konnten, während die Herde grast. Mittlerweile sind die Bäume als Naturdenkmal geschützt. Mit einem Alter von über 250 Jahren zählen sie zu den ältesten Buchen in Belgien.

Bald nach den knorrigen Bäumen am Querweg nach links ⇝ immer auf dem gut erkennbaren Hauptweg bleiben und die Abzweigungen ignorieren ⇝ nach 1,3 km dem Linksbogen folgen.

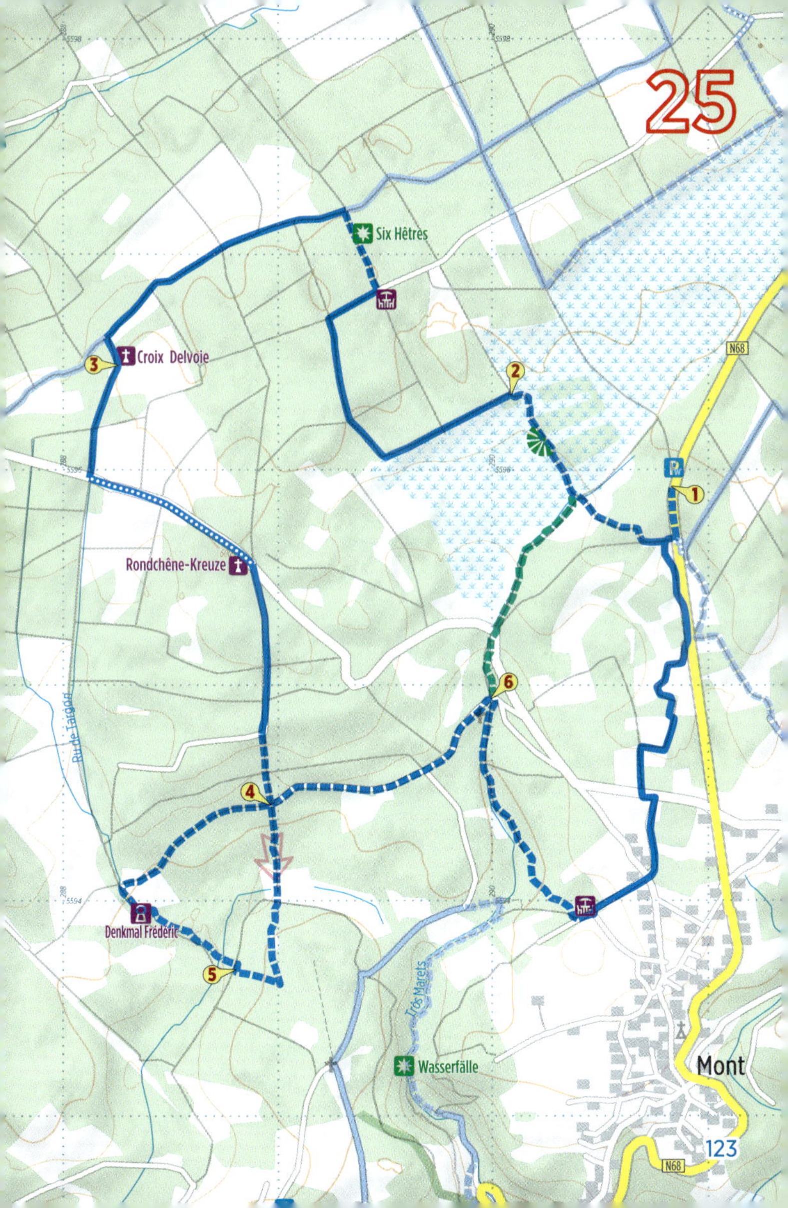
25
Six Hêtres
Croix Delvoie
Rondchêne-Kreuze
Denkmal Frédéric
Wasserfälle
Mont
N68
Ru de Targon
Trôs Marets
1
2
3
4
5
6

Kreuz Delvoie

Das Kreuz wurde von der Gesellschaft der Venn-Freunde zu Ehren ihres verstorbenen Mitglieds René Delvoie aufgestellt. Delvoie galt als erfahrener Vennwanderer.

3 4,9 (591) An dem Wegekreuz **Croix Delvoie** vorbei und weiter bis zur Straße ⤳ an der Straße **Route de l'Ancienne Douane** links abbiegen und ihr rund 850 m folgen.

Rondchêne-Kreuze

Der Name der Kreuze ist vermutlich von einer stämmigen Eiche (frz. chêne) abgeleitet, die die Kreuzung einst markierte.

An dem kleinen **Rondchêne-Kreuz** auf der rechten Seite die Straße halbrechts verlassen ⤳ auf dem Waldweg wieder in den Wald hinein ⤳ nun auf dem Hauptweg stets geradeaus bleiben.

4 7,5 (523) Nach gut 1 km an der relativ großen Kreuzung weiter geradeaus, diese Kreuzung wird später erneut passiert ⤳ Sie kommen wieder in die Vennlandschaft, nach kurzer Zeit auf einem Holzbohlenweg weiter ⤳ am Ende des Holzstegs in den Wald hinein und immer noch geradeaus ⤳ am ersten Abzweig, nach ca. 350 m, rechts abbiegen.

5 9,0 (501) Am Venn kurz nach rechts, dann links auf den nächsten Holzbohlenweg abbiegen ⤳ am Ende des Holzstegs weiter geradeaus durch den Wald und dabei mehrfach einen kleinen Wasserlauf überqueren ⤳ an einem kleinen Denkmal, dem Monument Frédéricq, können Sie kurz innehalten.

Monument Frédéricq

Benannt ist die Eiche nach dem Lütticher Professor Léon Frédéricq, der sich als Venn-Experte einen Namen machte. Léon Fredericq lebte von 1851 bis 1935 und war nicht nur Mediziner, sondern auch Gründer der botanischen Forschungen im Hohen Venn, weshalb ihm zu Ehren eine bronzene Platte aufgestellt wurde.

Kurz hinter der Eiche an der Picknickhütte rechts abbiegen und auf dem breiten Weg weiter.

4 10,6 (423) Wenig später die bereits bekannte Kreuzung abermals überqueren ⤳ weiter geradeaus, bis die Straße in Hör- und Sichtweite ist.

6 11,3 (514) Nun einen Bach überqueren und direkt hinter der Brücke rechts abbiegen.

TIPP Wenn Sie hier links abzweigen und immer am Bach Tros Mârets entlang in nördliche Richtung laufen, dann können Sie die Route etwas abkürzen und kommen zur Brücke, die Sie vom Hinweg kennen. Dort halten Sie sich rechts und sind nach 550 m an der Straße und weiteren 250 m am Wanderparkplatz.

Der beschilderte Wanderweg verläuft südlich am **Schmitz-Kreuz** vorbei und führt entspannt am Bach **Tros Mârets** entlang ⤳ nach 700 m an der Gabelung links ⤳ immer geradeaus und nach weiteren 500 m an der T-Kreuzung links auf den breiten Forstweg ⤳ diesen kurz danach in der Rechtskurve halblinks wieder

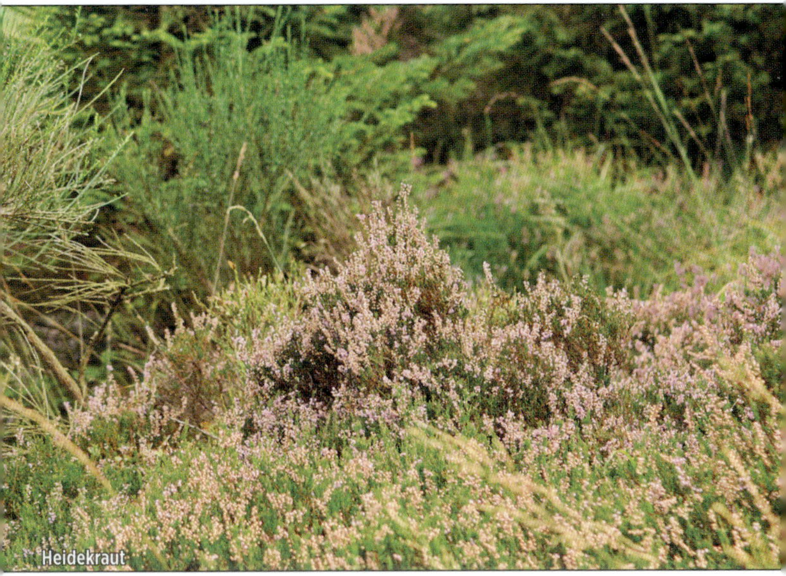

Heidekraut

verlassen und zu einigen Wohnhäusern hin ⁓ die schmale Asphaltstraße überqueren und geradeaus der Beschilderung Richtung Sportgeschäft folgen ⁓ entlang der Straße weiter bis zur T-Kreuzung ⁓ an der breiteren Straße **Route de l'Ancienne Douane** links abbiegen und gleich an der ersten Möglichkeit wiederum nach rechts ⁓ hinter einem Feld vor dem Waldeck nach rechts wenden und am Waldrand links ⁓ mit einem kurvigen Verlauf auf einem Pfad mehr oder weniger parallel zur N 68, die wieder in Sicht- und Hörweite zur Rechten liegt ⁓ Sie laufen bis zu dem breiten Forstweg, den Sie bereits zu Beginn der Wanderung kennengelernt haben ⁓ hier nach rechts abbiegen und dann links entlang der Straße auf dem bekannten Weg bis zum Parkstreifen zurück.

1 15,1 (596) Am Wanderparkplatz neben der Straße endet die Tour.

Parkplatz an der N 68

Tour 26 — 5,6 km

In den Canyon Trôs Marets

Start/Ziel: Parkplatz am Bikepark nördlich von Malmedy
Aufstieg: 168 m — *Hartbelag:* 18 %
Abstieg: 168 m — *Wanderwege:* 47 %
Gehzeit: 1,5 Std. — *Wanderpfade:* 35 %

Charakteristik: Eine kurze, sehr schöne Wanderung, die nicht unterschätzt werden darf. Gutes Schuhwerk ist auf dem schmalen Pfad im Canyon notwendig. Sie laufen teilweise auf felsigem, unebenen Grund, es gibt auch seilgesicherte Abschnitte. Der Gebirgsbach hat sich hier ein enges Tal in das Gestein gegraben. Im zweiten Teil der Wanderung folgen Sie einem breiten Forstweg über die Höhen, gegen Ende auch mit freier Sicht.

Markierung: blaues Rechteck

Anfahrt: Malmedy nordwärts auf der N 68 in Richtung Mont verlassen. Kurz hinter dem Campingplatz Beverce links in die Route de la Frm Libert einbiegen (nur für Pkw bis 3,5 t, 11 % Steigung). An der Kapelle vorbei in den Wald hinein und bis zum Hotel. Hinter dem Hotel weiter bis zum Parkplatz am Bikepark.

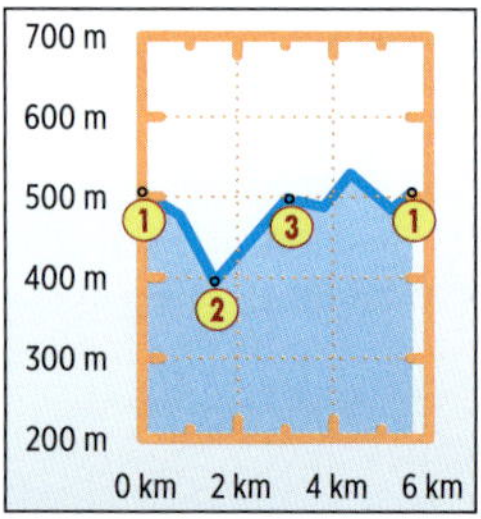

Ferme Libert

Im Winter ist die nördlich von Malmédy auf einer Höhe von 400 bis 500 Metern liegende Ferme Libert ein beliebtes Skigebiet. Im Sommer dagegen zieht der Bikepark an den Wochenenden viele Mountainbiker an. Hier in dem größten Bikepark der Benelux-Staaten wurden schon mehrfach belgische Meisterschaften ausgetragen.

Parkplatz am Bikepark

1 0,0 (504) Vom Parkplatz gehen Sie zur Straße und laufen nach links am Bikepark vorbei ⇝ auf der leicht abschüssigen Straße weiter.

Le Marie Catherine – Ferme Libert, Rte de la Frm Libert 33, ✆ 080785169, Mi-Sa 12-14 Uhr und 19-20.30 Uhr, So 12-14 Uhr. Das beliebte Restaurant bietet eine hervorragende Küche, am Wochenende ist eine Reservierung zu empfehlen.

Zwischen Restaurant und Hotel zweigen links zwei kleine Wege von der Straße ab, Sie nehmen den zweiten Weg; auf dem ersten, asphaltierten Weg gelangen Sie auf dem Rückweg wieder hierher ⇝ dem Forstweg im leichten Auf

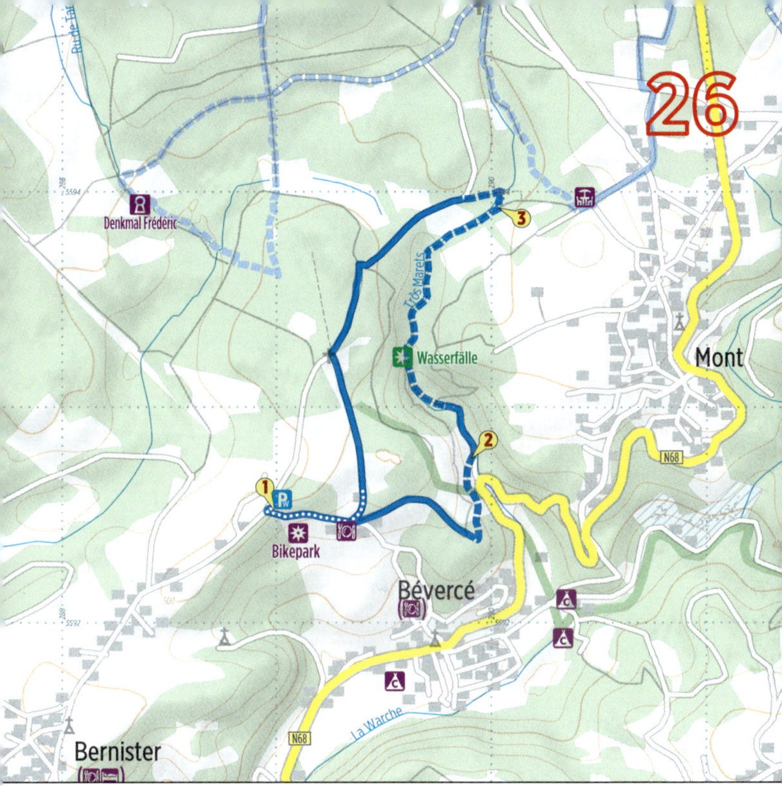

und Ab durch eine weite Rechtskurve folgen.

2 1,5 (394) Nach 600 m an der T-Kreuzung links abbiegen ~ auf dem deutlich abwärts führenden Weg oberhalb der hörbaren Straße in ein Tal hinab wandern ~ bald über Stock und Stein einem schmalen Bachlauf folgen und diesen über eine kleine Holzbrücke überqueren ~ entlang des Bachs gelangen Sie dann zu den Wasserfällen.

Wasserfälle Les Trôs Marets. Gigantische Wasserfälle darf man hier nicht erwarten. Vielmehr handelt es sich um einen stufenförmigen Verlauf des Bachs, der aber nicht minder schön ist und zu einer kleinen Ruhepause einlädt.

Gemütlich durch das enge Tal, das auch gerne als Canyon bezeichnet wird ~ dabei auf der rechten Seite des Bachs bleiben und leicht ansteigend wandern.

3 3,1 (496) An der Stelle, wo sich der Wanderweg vom Wasser entfernen

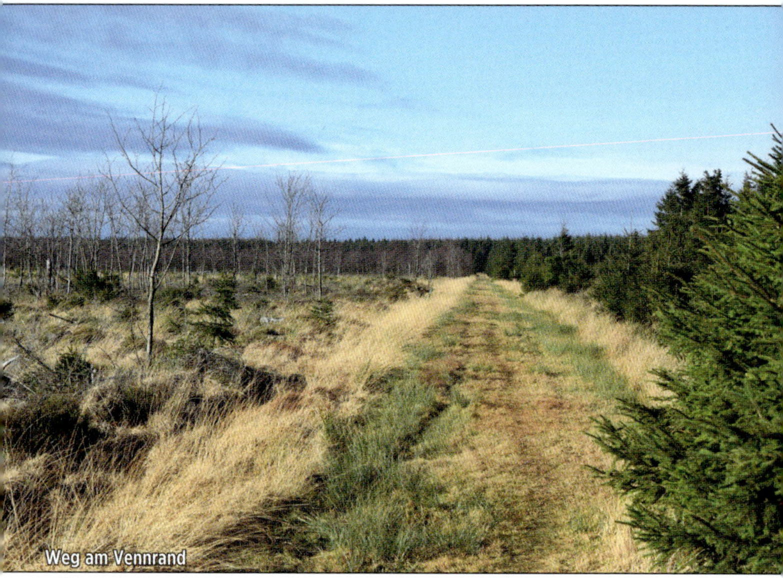
Weg am Vennrand

will, erscheint ein Abzweig nach links, diesem folgen Sie.

ANSCHLUSS Für den Anschluss an Tour 25 und für einen weiteren Abschnitt entlang des Bach Tros Mârets folgen Sie dem Weg weg vom Wasser. Im nördlichen Bereich wenden Sie sich nach der Brücke und vor dem Venn nach links.

Kurz danach den Bach überqueren ⁓ gleich hinter der schmalen Brücke nach links dem Pfad wenige Meter bergauf folgen ⁓ an der Einmündung in den breiteren Forstweg halblinks bzw. geradeaus weiter ⁓ auf dem breiten, geschotterten Weg über die Höhen ⁓ an der T-Kreuzung nach rechts und unmittelbar darauf wiederum nach links gehen ⁓ nach gut 400 m an der Kreuzung links abbiegen ⁓ am Wegekreuz vorbei, das Kreuz erinnert an den einstigen Grenzverlauf zwischen Deutschland und Belgien ⁓ stets am Waldrand entlang ⁓ der Forstweg geht in einen Asphaltweg über ⁓ weiter geradeaus bis zum bereits bekannten Abzweig schräg gegenüber vom Hotel, hier rechts zum Parkplatz.

1 5,6 (504) Hinter dem Bikepark endet die Tour am Parkplatz.

Parkplatz am Bikepark

Tour 27 13 km

Von Hockai zum Polleurbach und zurück

Start/Ziel: Hockai, Parkplatz gegenüber der Kirche
Aufstieg: 148 m *Hartbelag:* 13 %
Abstieg: 148 m *Wanderwege:* 83 %
Gehzeit: 3 - 3,5 Std. *Wanderpfade:* 4 %

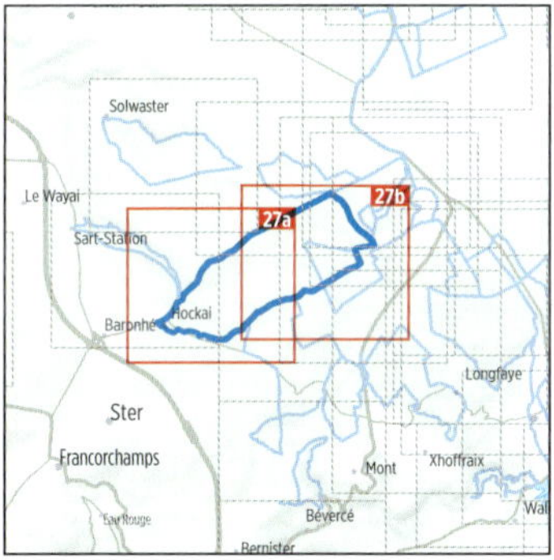

Charakteristik: Zunächst zwischen grünen Feldern und Pferdekoppeln hindurch, wandert man später weite Strecken durch den schattigen Wald und erreicht die schmalen Pfade am Ufer des kleinen Polleurbachs, welche festes und wasserdichtes Schuhwerk voraussetzen.

Markierung: keine

Anfahrt: Ab Eupen auf der N 68/E 421 Richtung Malmedy. Erst nach Durchquerung des Venns rechts auf eine kleine Landstraße bis Hockai oder die Autobahn 27 zwischen Malmedy und Verviers an der Ausfahrt 10 verlassen und der Beschilderung Richtung Hockai folgen.

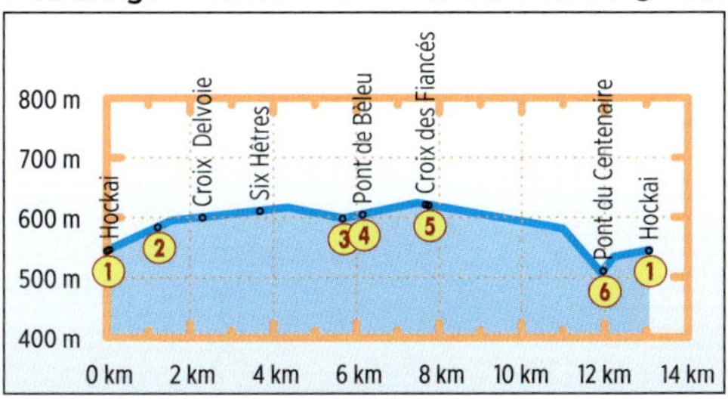

Hockai (Stavelot)

Hôtelrestaurant Beau site, Rue Abbé Dossogne 27, ✆ 087275204, ⏲ Mo-Do 17-22 Uhr, Fr-So 12-22 Uhr, @ tuk261

1 0,0 (544) Vor der Kirche nach rechts wenden und einen Blick auf die Wandertafel werfen ⁓ einen kleinen Gedenkstein rechts und den Friedhof links liegen lassen und durch den kleinen Ort ⁓ an der Gabelung links halten ⤳ dem Straßenverlauf links herum folgen und an einer Baumreihe entlang bis zur Hauptstraße ⤳ an der Hauptstraße nach rechts Richtung Aachen und Eupen abbiegen ⤳ an der ersten Möglichkeit hinter den Wohnhäusern zur Linken links abbiegen, sofort aber halb rechts weiter wandern ⤳ in einem Bogen fast wieder bis zur Straße zurück, kurz zuvor jedoch nach links einschwenken und dem Grande Randonée 573 folgen.

Grande Randonée

Der Grande Randonée ist einer der kürzeren Fernwanderwege, die als GR bezeichnet werden. Er verläuft von der Weser fast ausschließlich durch das Hohe Venn, berührt Spa und Pepinster und kehrt wieder nach Eupen zurück. Lediglich in Richtung Nordwest gibt es einen Abzweig nach Angleur. Insgesamt bringt es der Fernwanderweg auf eine Länge von 163 Kilometern.

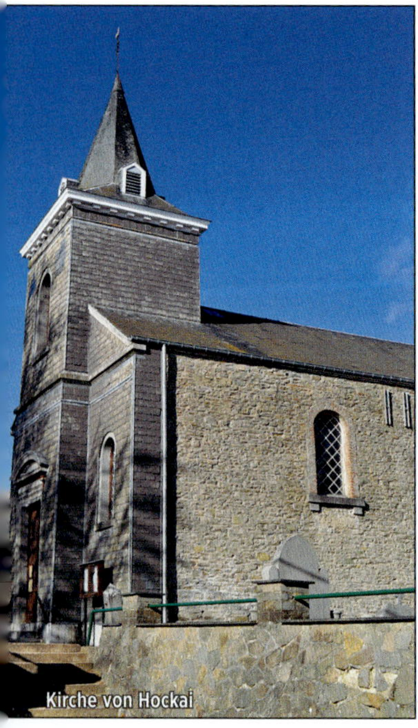

Kirche von Hockai

2 1,2 (584) An den letzten Häusern von Hockai vorbei und in den Wald hinein ⤳ auf einem breiten Forstweg ohne Steigung durch den Nadelwald ⤳ an mehreren Waldabschnitten vorbei, die durch Schneisen voneinander getrennt sind ⤳ stets geradeaus, im Sommer hier stellenweise durch hohes Gras und an hohen Farngewächsen entlang ⤳ an markant-knorrigen Bäumen vorbei und gelegentlich an einer Sitzbank eine kleine Pause einlegen ⤳ insgesamt über vier breite Forststraßen hinweg, im späteren Verlauf mit einer leichten Steigung ⤳ zwischen den Forstabschnitten 55 und 56 links abbiegen und bis zum **Polleurbach**.

3 5,7 (598) Den Bach überqueren und am anderen Ufer auf dem schmalen Pfad weiter ⤳ Sie erreichen am Ende des Pfads beim Briamontkreuz einen quer verlaufenden Asphaltweg.

Briamontkreuz s. S. 137

TIPP: Rechter Hand befindet sich wenige Meter entfernt am Zugang zum Poleurvenn eine Schutzhütte, die Sie für eine Rast nutzen können.

4 6,1 (605) Am Asphaltweg links abbiegen und gleich darauf an der Ga-

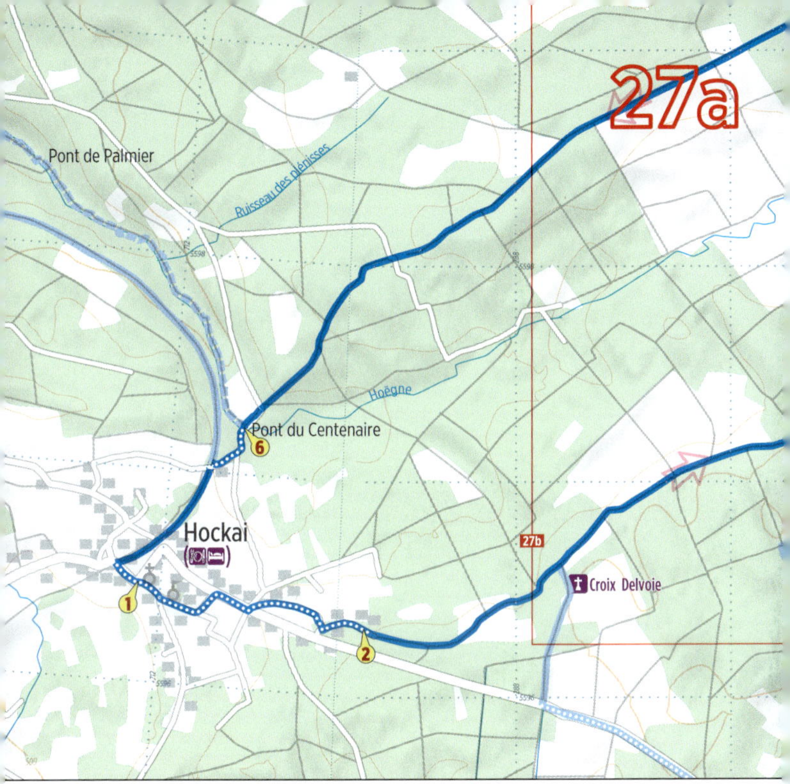

belung links auf den Waldweg abzweigen ⤳ auf dem breiten Weg geradeaus und nach einiger Zeit den kleinen Bach Herbôfaye überqueren ⤳ bald nach dem Bach erreichen Sie eine Kreuzung.

TIPP Einige Meter rechts neben der Kreuzung befindet sich neben einem Grenzstein das Kreuz der Verlobten.

Kreuz der Verlobten **s. S. 152**

5 7,7 (620) An der Kreuzung nach links abbiegen und auf dem Weg **La Vecquée** ein längeres Stück geradeaus ⤳ dabei ganz sanft an Höhe verlieren und dicht stehenden Fichten vorbei ⤳ auf dem breiten Weg an mehreren historischen Grenzsteinen vorbei, die aus dem Farn und Unterholz heraus ragen ⤳ im weiteren Verlauf wird der Weg leicht kurvig und führt nun deutlich bergab ⤳ auf dem Weg bleiben, bis der Polleurbach, der nun den Namen Hoëgne trägt, von links erscheint.

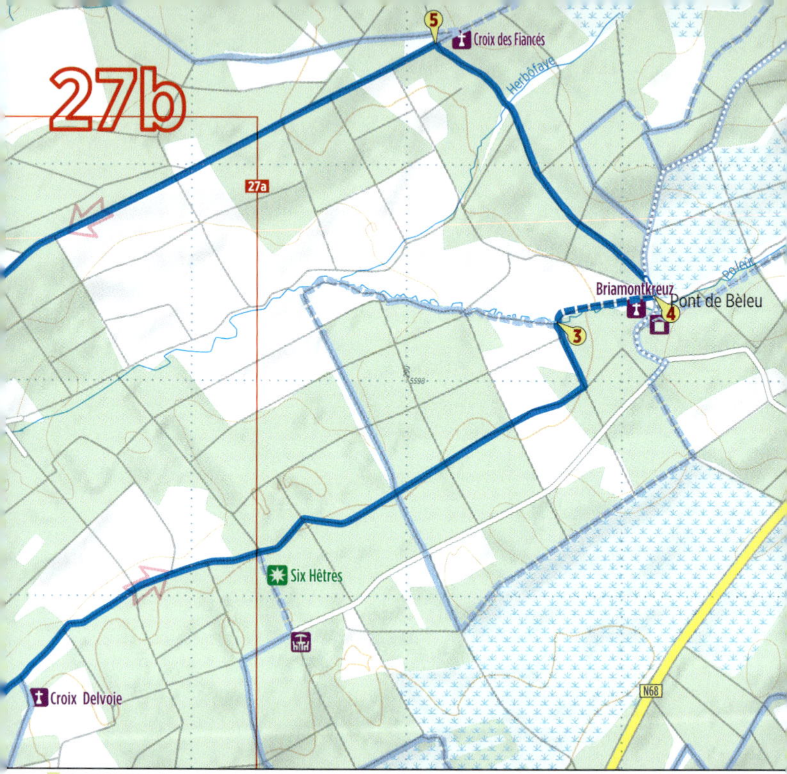

6 12,0 (511) Über die mit einem kunstvoll geschnitzten Geländer verzierte Holzbrücke **Pont du Centenaire** den Fluss überqueren ⤳ auf der Asphaltstraße geradeaus und nach 150 m an einem Haus vorbei ⤳ gleich danach an der Brücke hinab auf die einstige Bahntrasse, dort links in Richtung Hockai wandern ⤳ sanft bergab auf dem Trassenweg unter Bäumen weiter.

Diese Bahn verband einst die Ortschaft Spa mit Franchorchamps. Stillgelegt wurde sie in den 1960er Jahren, als auch für die Formel-1-Strecke Spa-Francorchamps – 5 Kilometer südlich von Hockai – andere Anbindungsmöglichkeiten bestanden.

Kurz vor der nächsten Brücke den Bahntrassenweg nach rechts verlassen ⤳ oben an der Straße nach links wenden und die Brücke überqueren ⤳ nach wenigen Metern erreichen Sie den Ausgangspunkt.

1 13,0 (544) An der Kirche endet die Wanderung.

Hockai (Stavelot)

Tour 28 **8,9 km**

Unterwegs auf dem Hoëgne-Trail

Start/Ziel: Hockai, Parkplatz gegenüber der Kirche

Aufstieg: 157 m *Hartbelag:* 8 %

Abstieg: 157 m *Wanderwege:* 63 %

Gehzeit: 2 - 2,5 Std. *Wanderpfade:* 30 %

Charakteristik: **Zunächst wandert es sich bequem auf einer schmalen, ehemaligen Bahntrasse durch den kühlen Wald bis Sart-Station. Von dort verläuft der Rückweg durch das romantische Hoëgne-Tal auf dem gleichnamigen Trail. Vorbei an plätschernden Wasserfällen und hölzernen Brücken geht es wieder zur Bahntrasse, die zum Ausgangspunkt zurück führt.**

Markierung: **blaues Kreuz im weißen Quadrat**

Anfahrt: **Ab Eupen auf der N 68/E 421 Richtung Malmedy. Erst nach Durchquerung des Venns rechts auf eine kleine Landstraße bis Hockai oder die Autobahn 27 zwischen Malmedy und Verviers an der Ausfahrt 10 verlassen und der Beschilderung Richtung Hockai folgen.**

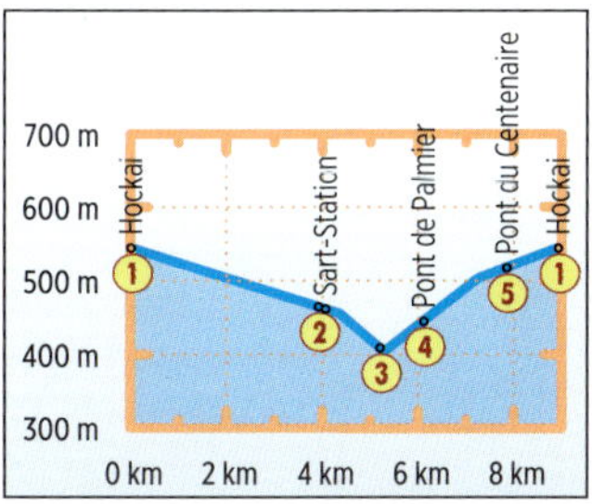

Hockai (Stavelot)

Hôtelrestaurant Beau site, Rue Abbé Dossogne 27, ✆ 087275204, Mo-Do 17-22 Uhr, Fr-So 12-22 Uhr, @ tuk261

1 0,0 (544) An der Kirche von Hockai nach links wenden und die Straße durch den Ort leicht bergab wandern ⤳ über die Brücke und gleich dahinter am Zugang zur ehemaligen Bahntrasse nach rechts hinab ⤳ auf der Trasse nordostwärts und zunächst mit leichter Steigung ⤳ im weiten Linksbogen unter dichtem Blattwerk dem Trassenverlauf folgen ⤳ nach 900 m eine Brücke unterqueren ⤳ unbeirrbar folgen Sie dem breiten Trassenweg oberhalb des Hoëgne-Tals geradeaus und wandern dabei nun stets bergab ⤳ nach mehreren weiten Kurven bis zur kleinen Ortschaft **Sart-Station** ⤳ an der Schranke vorbei bis zur Straße.

Sart-Station

2 3,9 (465) An der Straße vor der Bushaltestelle nach rechts wenden ⤳ bis zur Autowerkstatt auf der rechten Seite ⤳ gleich dahinter

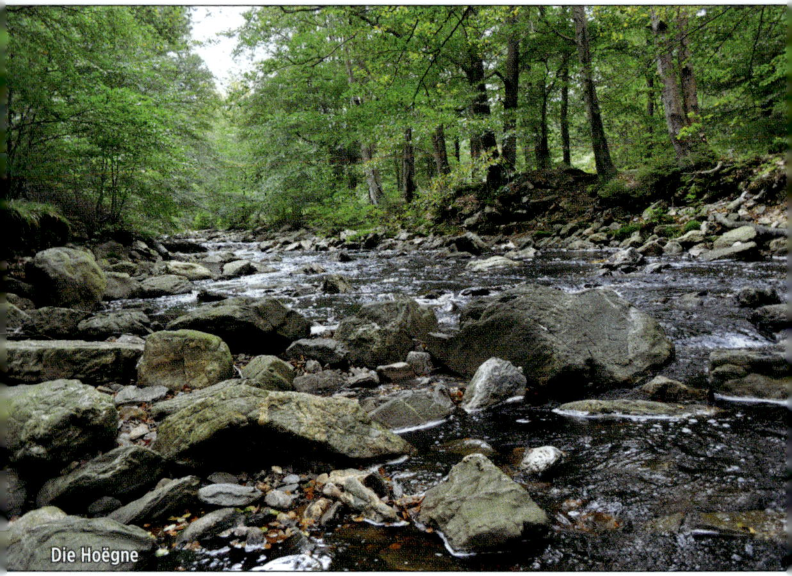

Die Hoëgne

wieder nach rechts abbiegen und auf dem breiten Weg leicht aufwärts in den Wald hinein ⤳ im weiten Linksbogen bis zu einer quer verlaufenden Forststraße, dort nach rechts abbiegen ⤳ nach ca. 300 m an der Gabelung links halten ⤳ deutlich bergab bis in das kühle Tal der Hoëgne.

Hoëgne

Der Fluss mündet nach rund 25 Kilometern in die Weser (Vesdre). In ihrem Oberlauf trägt die Hoëgne den Namen ihres Quellgebietes: Polleur, benannt nach dem Polleurvenn.

3 5,2 (409) An dem kleinen Wildbach rechts abbiegen und an romantischen Wasserfällen vorbei ⤳ auf Sitzbänken eine Pause einlegen und dem Wasser bei seinem Verlauf über die Felsen hinab zuschauen ⤳ auf dem Wanderweg entlang des Baches weiter durch das Tal ⤳ im weiteren Verlauf auf einem Holzsteg ⤳ bis zur **Pont de Palmier**.

4 6,1 (445) Weiter am Wasser entlang und durch das liebliche Tal hindurch ⤳ immer im Wechsel zwischen Wurzelpfad und Holzsteg ⤳ die Ausblicke auf den Wildbach genießen und dem sogenannten Hoëgne-Trail folgen ⤳ im leichten Auf und Ab, insgesamt aber ansteigend bis zu einer kleinen Vennlandschaft ⤳ den Blick schweifen lassen und weiter wandern bis zur **Pont du Centenaire**.

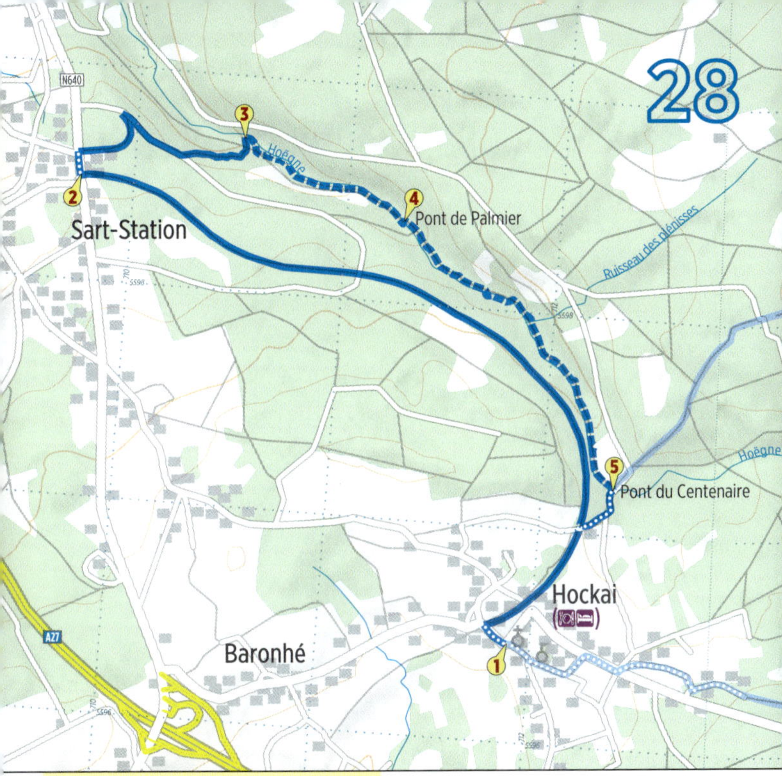

Pont du Centenaire

Die Brücke wurde zur Jahrhundertfeier der Unabhängigkeit Belgiens im Jahr 1930 erbaut, weshalb sie gelegentlich auch Jahrhundertbrücke genannt wird.

5 7,8 (517) An der Brücke mit dem kunstvoll geschnitzten Geländer nach rechts wenden und über die Hoëgne ~ dem Fluss den Rücken kehren und nach 150 m an einem Haus vorbei ~ gleich hinter dem Haus an der Brücke hinab und wieder auf die einstige Bahntrasse ~ auf dem bekannten Weg sanft bergab Richtung Hockai wandern ~ kurz vor der nächsten Brücke den Bahntrassenweg nach rechts verlassen ~ oben an der Straße nach links über die Brücke.

1 8,9 (544) An der Kirche erreichen Sie wieder den Ausgangspunkt und die Tour endet.

Hockai (Stavelot)

Tour 29 12 km

Durch die Auen des Polleurbachs

Start/Ziel: Parkplatz gegenüber der Baraque Michel

Aufstieg: 132 m *Hartbelag:* 10 %

Abstieg: 132 m *Wanderwege:* 42 %

Gehzeit: 3 - 3,5 Std. *Wanderpfade:* 47 %

Charakteristik: Für diese spannende Tour durch das Herz der Vennlandschaft werden wasserdichte Trekkingschuhe empfohlen. Ab der Baraque Michel läuft es sich zunächst sehr angenehm auf einem typischen Holzsteg. Später genießt man die Ruhe und Einsamkeit in den Auen des Polleur-Bachs, der von einem schmalen, morastigen Weg begleitet wird. Mit einem entspannten Spaziergang durch einen Nadelwald geht es zur Einkehr zurück zur Baraque Michel.

Markierung: grüner Balken im weißen Quadrat

Anfahrt: Ab Eupen in Richtung Malmedy auf der N 68/E 421, Parkplatz erscheint an der Baraque Michel auf der linken Seite.

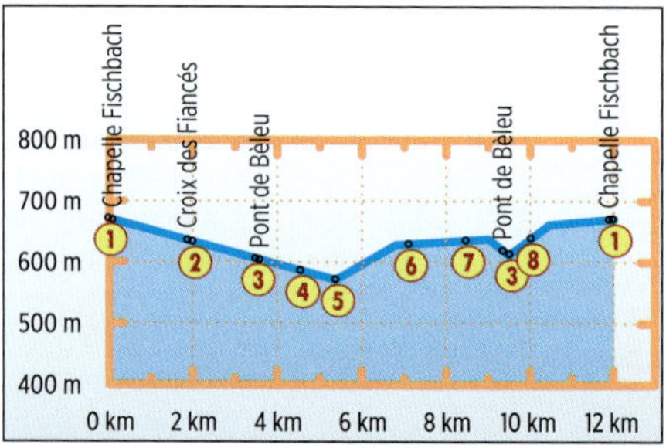

Baraque Michel s. S. 149

1 0,0 (670) Dem Restaurant Baraque Michel den Rücken kehren und zwischen den beiden Parkplätzen in Richtung der Steinsäule **De Boulte** ⤳ rechts hinter dem Weidezaun in den schmalen Spazierweg zur Kapelle Fischbach.

Chapelle Fischbach s. S. 150

An der Kapelle, dem Gedenkstein und dem Abzweig nach Mont Rigi vorbei gehen Sie geradeaus auf den Holzsteg ⤳ mit weiten Aussichten durch das Venn ⤳ auf dem kurvigen Weg auf Eidechsen Acht geben ⤳ geradeaus an einer Grenzsäule vorbei ⤳ rechts vom Wald auf dem breiten und teils morastigen Schotterweg weiter ⤳ am **Kreuz der Verlobten** und einem weiteren Grenzstein vorbei.

Kreuz der Verlobten s. S. 152

2 2,0 (633) Gleich dahinter an der Kreuzung Richtung Beaulou Botrange links ein-

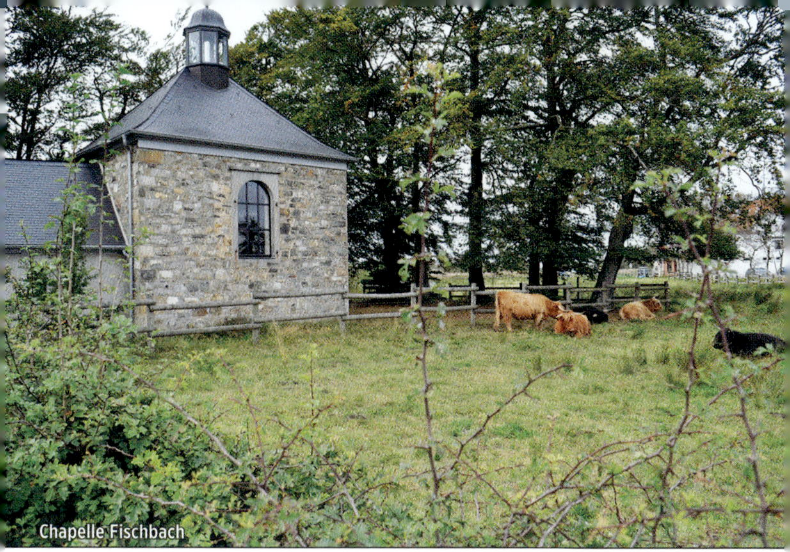
Chapelle Fischbach

schwenken ⁓ auf dem schmalen Trampelpfad weiter ⁓ immer geradeaus, Holzsteg und morastiger Pfad wechseln sich regelmäßig ab ⁓ auf einer kleinen Holzbrücke den Bach **Rau de Herbôfaye** überqueren ⁓ kurz darauf auf einem schmalen Waldweg durch einen lichten Wald ⁓ mehrere Kreuzungen und Schneisen passieren ⁓ an Heidekraut vorbei ⁓ über einen breiten Wiesenweg bis zu einer Asphaltpiste.

3 3,5 (608) An der asphaltierten Strecke rechts und mit einem leichten Gefälle weiter ⁓ schon nach 80 m den befestigten Weg wieder verlassen und nach rechts in einen zunächst schotterigen Weg ⁓ am hölzernen Briamontkreuz vorbei.

Briamontkreuz

Die französischsprachige Inschrift „Mort en luttant contre le feu“ verrät, dass der 69-jährige Albert Briamont an einem Herzschlag starb, als er 1971 ein Feuer im Venn zu löschen versuchte.

Der Schotterweg mündet sehr schnell in einen schmalen Trampelpfad ⁓ ⁓ immer wieder laufen Sie für einige Meter auf schmalen Holzstegen, hier ist bei Regen und im Winter besondere Vorsicht geboten ⁓ den Holzstegen und dem gut sichtbaren Weg durch das Unterholz weiter folgen, dabei immer in der Nähe des schmalen Bachs Polleur bleiben ⁓ die Ruhe genießend durch das morastige Gelände.

4 4,6 (586) Sie stoßen auf einen breiten Forstweg, auf diesen rechts einbiegen ⁓ in Kurven auf dem Weg am Waldrand weiter wandern ⁓ vor

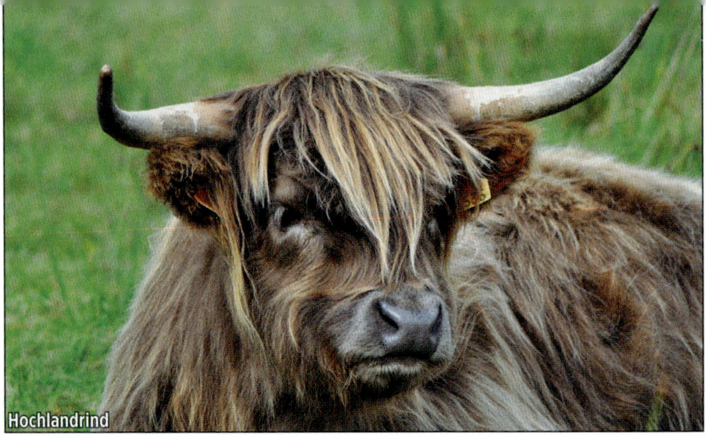

Hochlandrind

einer Linkskurve den Weg wieder nach rechts verlassen und der Beschilderung folgen ⇝ abermals auf einem schmalen Pfad durch die Auen des kleinen Flusses Polleur ⇝ auf dem weichen Moorweg immer im Wechsel mit kurzen Holzstegen, bis hinter einem Steg der Weg nach links abzweigt.

5 5,4 (572) Hinter einem Steg führt der Weg links weg, nun verlassen Sie das Flüsschen Polleur ⇝ Sie laufen lange geradeaus, zunächst durch einen kleinen Nadelwald, wenig später ab einer Kreuzung auf einem breiten Landwirtschaftsweg ⇝ leicht bergauf an einem Hochsitz vorbei ⇝ eine Kreuzung überqueren und durch eine ganz sachte S-Kurve hindurch ⇝ im Schutz der hohen Nadelbäume weiter bergauf, über eine Kreuzung hinweg und auf einem zweispurigen Feldweg, bis sich links an einer Sitzbank die Schutzzone B ausbreitet.

6 7,1 (630) An der Bank links abbiegen und auf dem breiten Wiesenweg zwischen Waldrand und der Schutzzone wandern ⇝ dabei die Ausblicke über das Venn genießen ⇝ stets geradeaus, teilweise an Nassflächen vorbei.

7 8,5 (636) An der Kreuzung am Waldeck links ⇝ anschließend auf einem sehr schmalen Pfad durch das Gras ⇝ dem erkennbaren Weg geradeaus folgen ⇝ an der Kreuzung rechts auf die asphaltierte Straße ⇝ dem sanft aufwärts führenden Weg folgen und nach gut 100 m an der Gabelung nach links schwenken, richten Sie sich nach der Ausschilderung nach Fagne de la Poleûr ⇝ auf dem asphaltierten Weg durch eine weite Rechtskurve leicht bergab ⇝ Sie erreichen die Picknickhütte am Pont de Bèleu.

Pont de Bèleu

Auf der Brücke Pont de Bèleu überqueren Sie den Polleur-Bach, den Sie einige Zeit begleiten durften. Er entspringt in seinem gleichnamigen Quellgebiet unweit des Picknickplat-

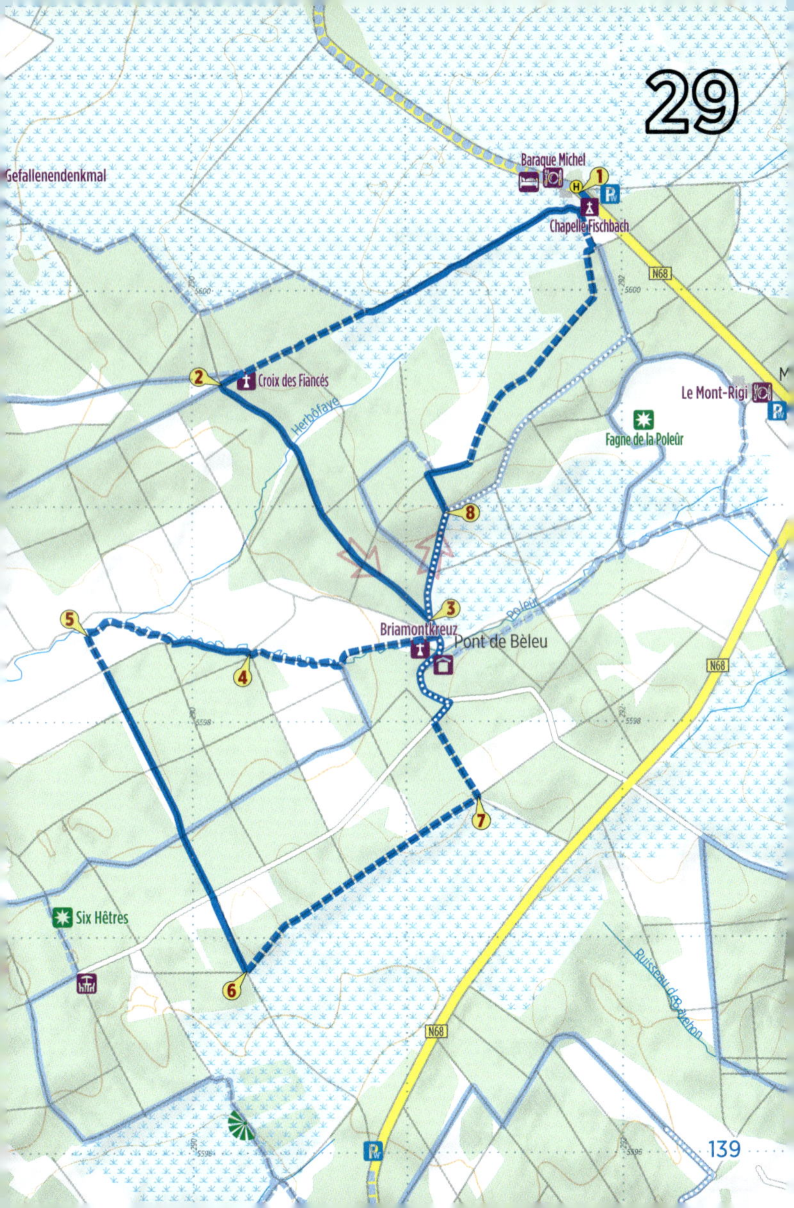
Baraque Michel
1
Chapelle Fischbach
N68
Gefallenendenkmal
2
Croix des Fiancés
Herbôfaye
Le Mont-Rigi
Fagne de la Poleûr
8
3
Briamontkreuz
Pont de Bèleu
5
4
7
Six Hêtres
6
Ruisseau de Bèchefon

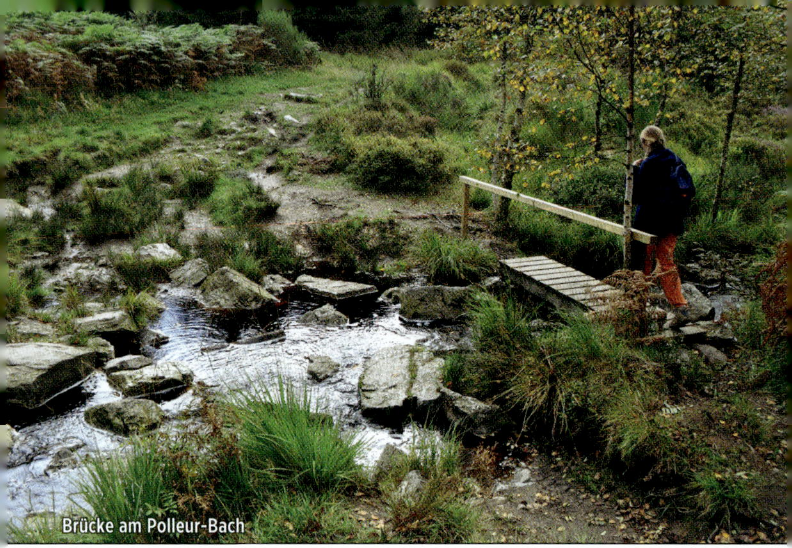
Brücke am Polleur-Bach

zes, trägt aber den Namen Polleur nur in seinem Oberlauf. Schon ab der Stelle, an der Sie die enge Auenlandschaft verließen, heißt der Bach Hoëgne. Nach rund 30 Kilometern mündet die Hoëgne westlich von Eupen in die Weser (Vesdre).
Über den Bach und auf dem asphaltierten Weg am Zugang in das Fagne de la Poleûr vorbei.

Fagne de la Poleûr s. S. 146

3 9,5 (608) Den bereits bekannten Abzweig nach links ebenfalls passieren, Sie bleiben auf dem Asphaltweg und laufen am Waldrand entlang leicht bergauf.
8 10,0 (639) Bald nach der Kreuzung zweigen Sie in der Rechtskurve des Asphaltwegs nach links auf den breiten Waldweg ab ⇝ an der folgenden Kreuzung rechts ⇝ einen markanten Felsen rechts liegen lassen und auf dem breiten Weg weiter ⇝ in der Linkskurve weiter am Waldrand entlang, links liegt die Schutzzone B ⇝ der Ausschilderung folgend bald nach einem weiteren Linksschwenk rechts abbiegen ⇝ sofort links halten und durch ein kleines Wäldchen bis zum Beginn des bereits besuchten Holzsteges ⇝ hier nach rechts wenden und an der Kapelle vorbei ⇝ auf dem Schotterweg am Weidezaun entlang bis zur Straße ⇝ dort nach links wenden.
1 12,0 (670) Ende der Wanderung am Parkplatz.

Baraque Michel

Tour 30 — 6,9 km

Wandern zwischen Wald und Torf

Start/Ziel: Parkplatz gegenüber der Baraque Michel

Aufstieg: 69 m — *Hartbelag:* 7 %

Abstieg: 69 m — *Wanderwege:* 35 %

Gehzeit: 2 - 2,5 Std. — *Wanderpfade:* 59 %

Charakteristik: Diese Wanderung ab dem berühmtesten Punkt im Hohen Venn – Baraque Michel – verläuft westlich der das Venn durchquerenden Landstraße. Zunächst geht es an weiten Vennlandschaften vorbei, die tolle Aussichten ermöglichen. Im späteren Verlauf kommen Sie hinunter in das Tal des Polleur-Baches und folgen dann dem schmalen, etwas anspruchsvollen Pfad oberhalb des Baches zum Polleur-Venn. Am Mont Rigi vorbei gelangen Sie wieder zurück zum Ausgangspunkt.

Abkürzung: Der Pfad oberhalb des Polleur-Baches bietet schöne Blicke, er ist aber schmal, wurzelüberzogen und teilweise schwierig zu begehen. Wenn Sie ab Wegpunkt 3 der Variante folgen, ergibt sich eine einfache, nur 5 Kilometer lange Runde.

Markierung: im ersten Teil grünes Kreuz im weißen Quadrat

Anfahrt: Ab Eupen in Richtung Malmedy auf der N 68/E 421, Parkplatz erscheint am Baraque Michel auf der linken Seite.

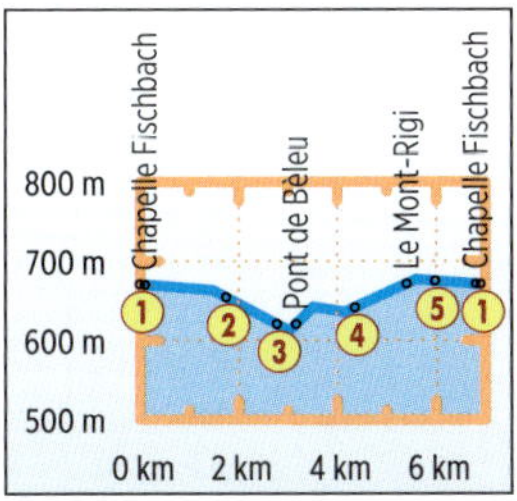

Baraque Michel s. S. 149

1 0,0 (670) Dem Restaurant Baraque Michel den Rücken kehren und zwischen den beiden Parkplätzen in Richtung der Steinsäule **De Boulte** ⤳ rechts hinter dem Weidezaun in den schmalen Spazierweg zur **Kapelle Fischbach**.

Chapelle Fischbach. Die Chapelle Fischbach bzw. Kapelle Fischbach ließ zu Beginn der 1830er Jahre der Industrielle Henri-Toussaint Fischbach aus Dankbarkeit errichten, weil sein Schwiegervater eine Vennwanderung im Jahr 1819 vermutlich nicht überlebt hätte, wenn die Pächter der nahe gelegenen Baraque Michel ihn nicht gerettet hätten.

An der Kapelle und dem Gedenkstein vorbei ⤳ vor dem Holzsteg können Sie den Blick über das Venn schweifen lassen, zweigen dann aber vor dem Steg links in Richtung Mont Rigi ab ⤳ durch das kleine Wäldchen ⤳ an der T-Kreuzung

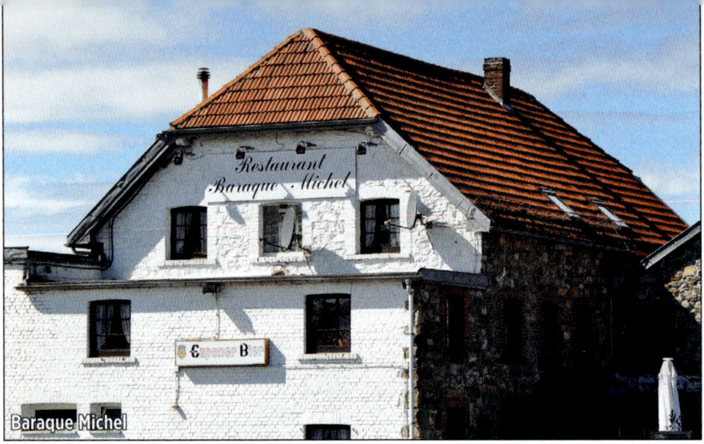

Baraque Michel

nach rechts schwenken ⇝ auf einem grasigen Weg links um eine Kurve herum und an der Schutzzone B entlang ⇝ mit weiten Aussichten zwischen dem Wald und der Schutzzone weiter ⇝ bald nach der Rechtskurve gelangen Sie zu einem markanten Felsen auf der linken Seite.

2 1,7 (654) Am Felsen rechts abbiegen ⇝ auf einem schmalen Pfad durch das Gras ⇝ zwischen Nadelbäumen bis zu einem Hochsitz an einem breiten Querweg ⇝ vor dem Zaun nach links abbiegen ⇝ in gerader Linie weiter auf dem Schotterweg ⇝ leicht bergab an einem weiteren Hochsitz vorbei ⇝ an der Kreuzung links abbiegen und weiter dem grünen Kreuz folgen ⇝ mit ganz sanften Gefälle in einen Nadelwald eintauchen und markante Felsbrocken passieren ⇝ an einem einsamen Laubbaum auf einer Lichtung mitten im Nadelwald vorbei.

3 2,8 (620) An der Kreuzung auf den asphaltierten Querweg nach rechts.

VARIANTE Die Hauptroute ist auf der 1 km langen Strecke entlang des Polleur-Bachs nach Regenzeiten oder im Winter nur beschwerlich zu begehen. Mehrfach liegen auch umgestürzte Bäume auf dem Weg. Sie können die Wanderung nach links abkürzen und der Variante erst am Waldrand entlang und später durch den Wald folgen. Am Abzweig zum Polleur-Venn halten Sie sich links. Am Ende der breiten Schotterpiste treffen Sie links auf den bereits bekannten Weg, in den Sie rechts einschwenken.

Auf dem Weg zum Polleur-Bach mit leichtem Gefälle auf dem Asphaltweg weiter ⇝ über den Bach und an der Wanderhütte **Pont de Bèleu** vorbei ⇝ kurz danach links abzweigen, Sie halten sich links und folgen nun immer dem schmalen, wurzeligen Pfad oberhalb des Baches im Auf und Ab ⇝ im zweiten Bereich mehrfach über Holzstege.

4 4,3 (642) Nach insgesamt 1 km queren Sie den Bach kurz nach links, laufen dann aber gleich wieder rechts auf

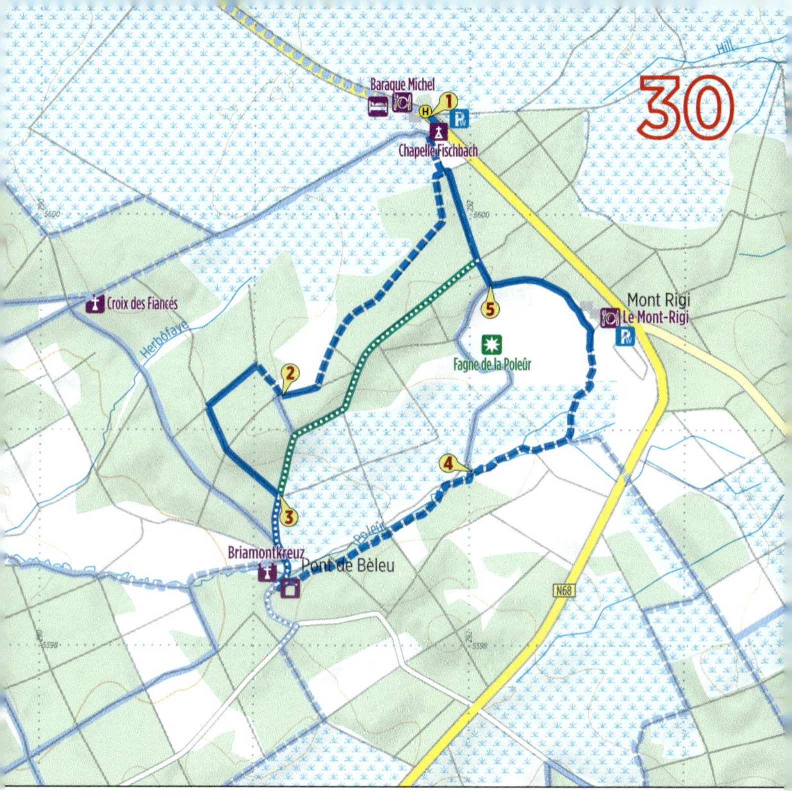

dem Holzsteg am Fagne de la Poleûr entlang.

Fagne de la Poleûr s. S. 146

Nun auf einem Holzsteg vorerst rechts des Baches weiter ~ an einem Abzweig geradeaus vorbei ~ nach weiteren 500 m endet der Holzsteg und Sie laufen auf einem gekiesten Weg weiter ~ am folgenden Abzweig geradeaus, hier den Weg zum Mont Rigi rechts liegen lassen, es sei denn, Sie wollen dort einkehren.

Le Mont-Rigi, Route de Botrange 105, ✆ 080444844, Do-So 18-14 Uhr und 18-20.30 Uhr

Sie passieren eine Wettermessstation ~ bald danach in einem weiten Linksbogen am Waldrand entlang bis zur Informationstafel.

5 6,0 (675) Rechts abbiegen und den Rundkurs des Venns verlassen ~ geradeaus über die kleine Asphaltpiste, hier stößt die Variante auf die Route ~ durch den Mischwald und an sei-

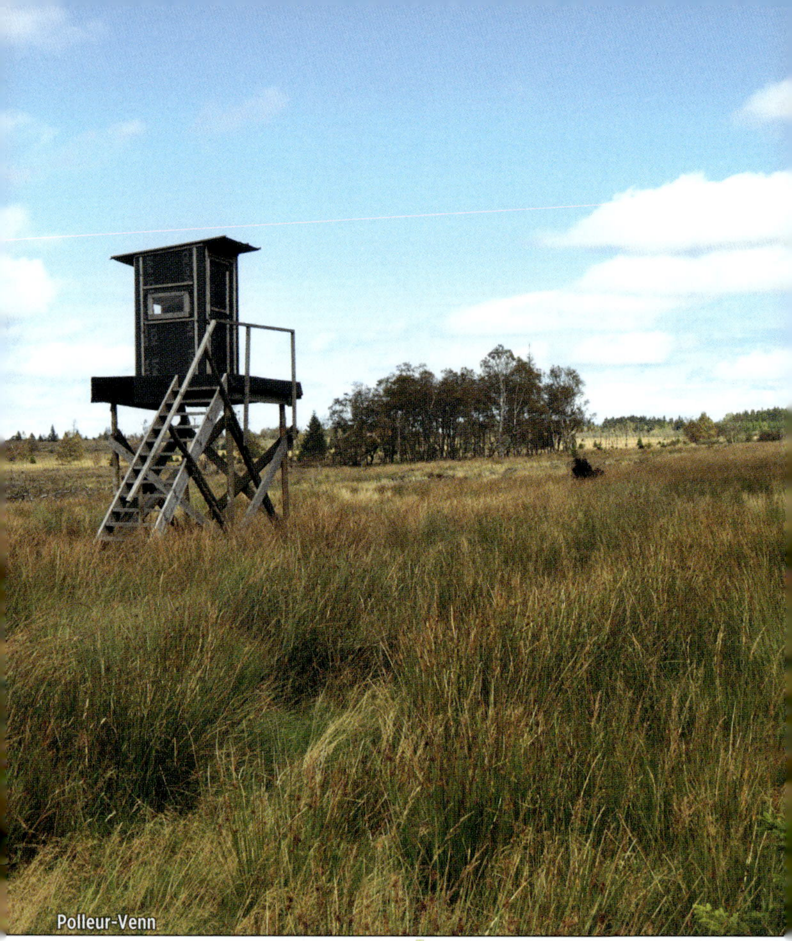

Polleur-Venn

nem Ende unter dem Metallschild hinweg ⇝ direkt dahinter links und sofort rechts ⇝ auf dem schmalen Schotterweg bis zum Holzsteg ⇝ davor rechts abbiegen ⇝ an der Kapelle Fischbach vorbei ⇝ an der Straße nach links.

1 6,9 (670) Am Parkplatz endet die Wanderung.

Baraque Michel

Tour 31 **4,6 km**

Einsteigerrundgang durch das Hohe Venn

Start/Ziel: Parkplatz gegenüber der Baraque Michel

Aufstieg:	42 m	*Hartbelag:*	0 %
Abstieg:	42 m	*Wanderwege:*	70 %
Gehzeit:	1 Std.	*Wanderpfade:*	30 %

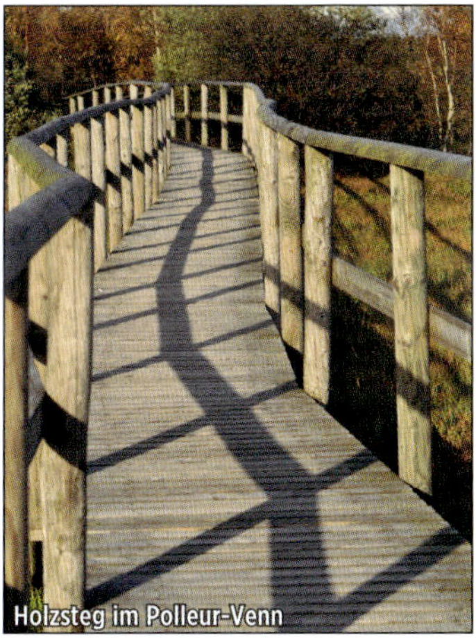

Holzsteg im Polleur-Venn

Charakteristik: Der Klassiker im Hohen Venn ist diese kleine Wanderung, die sich für unerfahrene Vennwanderer als Einsteigerrunde präsentiert. In einem sehr schön angelegten Rundkurs geht es erst auf einem gesplitteten Weg und dann auf einem Holzsteg durch die weite Landschaft einer Schutzzone B.

Markierung: keine

Anfahrt: Ab Eupen in Richtung Malmedy auf der N 68/E 421, Parkplatz erscheint am Baraque Michel auf der linken Seite.

Baraque Michel s. S. 149

1 0,0 (671) Vom Parkplatz laufen Sie in Richtung der Steinsäule **De Boulte** ⇝ rechts hinter dem Weidezaun in den schmalen Spazierweg zur Kapelle Fischbach.

Chapelle Fischbach s. S. 150

An der Kapelle und dem gegenüber liegenden Gedenkstein vorbei ⇝ vor dem Holzsteg können Sie den Blick über das Venn schweifen lassen, zweigen dann vor dem Steg links in Richtung Mont Rigi ab ⇝ durch das kleine Wäldchen ⇝ an der T-Kreuzung nach links und gleich danach rechts abzweigen ⇝ unter dem Metallschild mit

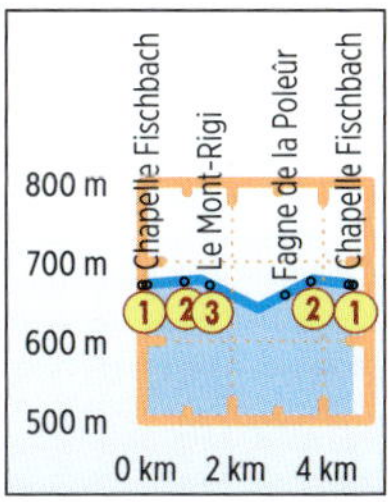

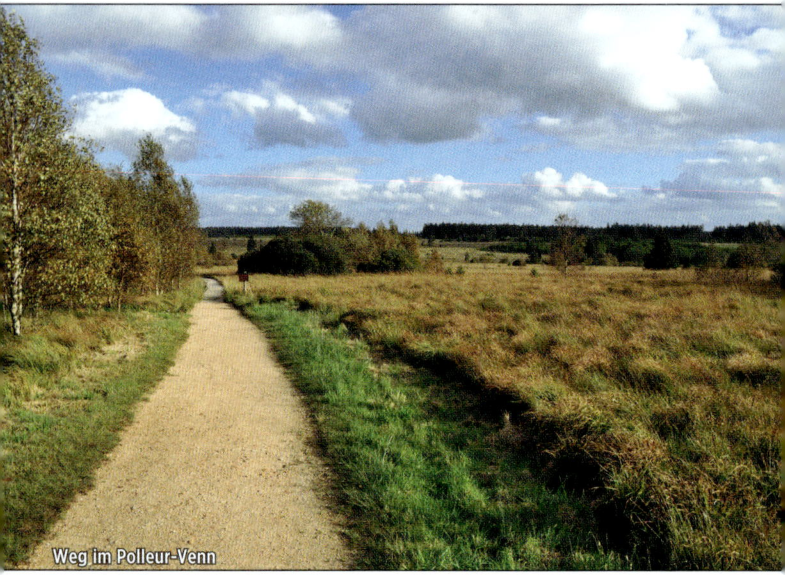
Weg im Polleur-Venn

dem Hinweis auf die Langlaufpiste hindurch ⤳ auf dem schotterigen Wanderweg durch den Mischwald ⤳ weiter geradeaus und dabei leicht bergab wandern ⤳ über eine asphaltierte Querstraße hinweg ⤳ auf dem breiten Wanderweg nochmals kurz durch den Wald, dann erreichen Sie den Zugang zum **Fagne de la Poleûr**.

Fagne de la Poleûr

Das Fagne de la Poleûr, das sogenannte Polleur-Venn, ist eine Art Hohes Venn in Miniatur. Die vielfältige Botanik des gesamten Venns ist hier auf einer Fläche von rund 50 Hektar vereint und gut zu erkennen. Das gilt sowohl für die typischen Holzstege, auf denen man durch die Moorlandschaften wandern kann, als auch für die deutlich sichtbaren Spuren, die der Mensch durch den Abbau von Torf und die anschließende Bepflanzung mit Fichten verursacht hat. Plätschernde Bäche mit ihren gekräuselten Wellen gehören ebenfalls zum Polleur-Venn wie das Wollgras, Moose, Blaubeer- und Preiselbeersträucher. Im westlichen Bereich, am Abzweig zum Mont Rigi, hat die Universität Lüttich eine wissenschaftliche Messstation eingerichtet.

2 0,9 (675) Am Rand des Venns nach rechts auf den gesplitteten Weg ⤳ mit weiten Panoramen über das Venn laufen Sie weiter ⤳ an einer

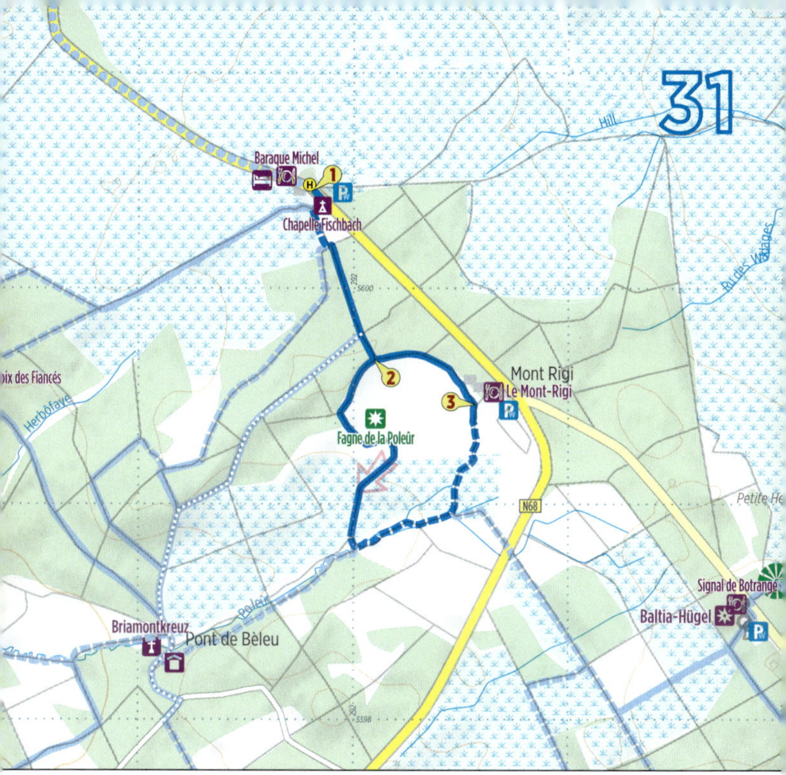

Hinweistafel über die Flora vorbei, immer dem Weg folgen und dabei die fantastische Aussicht und die Ruhe genießen, an kleinen Tümpeln und hohen Farnen vorbei ⤳ in weiten Bögen durch die Moorlandschaft ⤳ bis zu einem Abzweig, dort halb links weiter ⤳ den kleinen Bach **Polleur** überqueren ⤳ nun auf einem Holzsteg vorerst rechts des Baches weiter ⤳ an einem Abzweig geradeaus vorbei ⤳ nach weiteren 500 m endet der Holzsteg und Sie laufen auf einem gekiesten Weg weiter.

3 3,1 (671) Am folgenden Abzweig geradeaus und den Weg zum Mont Rigi rechts liegen lassen, es sei denn, Sie wollen dort einkehren.

Le Mont-Rigi, Route de Botrange 105, 080444844, Do-So 18-14 Uhr und 18-20.30 Uhr

Sie passieren eine Wettermessstation ⤳ bald danach in einem weiten Linksbogen am Waldrand entlang bis zur Informationstafel.

2 3,7 (675) Rechts abbiegen und den

Rundkurs des Venns auf dem bekannten Weg verlassen ⤳ wieder geradeaus über die kleine Asphaltpiste ⤳ durch den Mischwald und an seinem Ende unter dem Metallschild hinweg ⤳ direkt dahinter links und sofort rechts ⤳ auf dem schmalen Schotterweg bis zum Holzsteg ⤳ davor rechts abbiegen ⤳ an der Kapelle Fischbach vorbei ⤳ an der Straße nach links.

1 4,6 (665) Ende der Wanderung am Parkplatz.

Baraque Michel

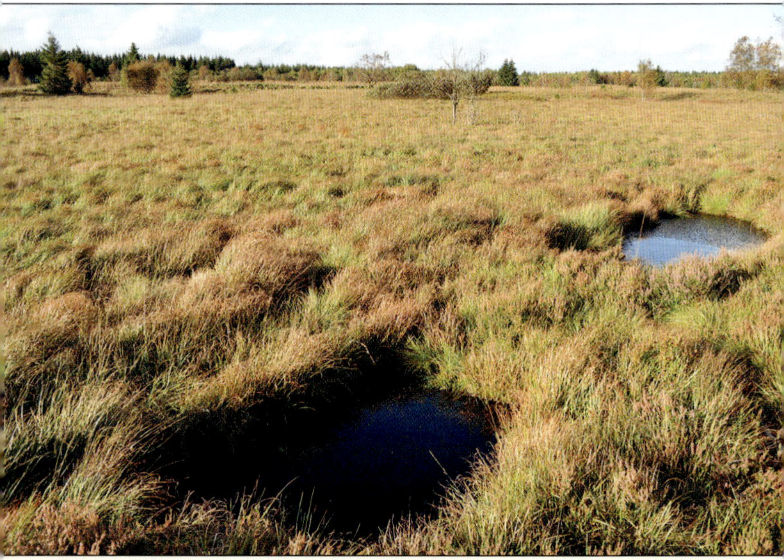

Torf

Als die Menschen noch nicht mit Gas, Strom, Öl oder Pellets heizen konnten, bediente man sich anderer Hilfsmittel. Torf war damals ein bedeutender Brennstoff. Er entsteht ausschließlich in Mooren und das über einen sehr langen Zeitraum hinweg. Als Durchschnitt gilt, dass für die Torfablagerung rund ein Millimeter pro Jahr anzusetzen ist. Der durch die Zersetzung abgestorbener Pflanzen entstandene Torf hat im trockenen Zustand einen Brennwert wie Braunkohle. Ähnlich wie auch bei Braunkohle werden beim aufwendigen Abbau jedoch wertvolle Landschaftsräume zerstört. Heute werden die meisten Torfmoore wie hier im Hohen Venn als Biotop betrachtet und entsprechend behandelt.

Tour 32 8,2 km

Von der Baraque Michel zum amerikanischen Denkmal

Start/Ziel: Parkplatz an der Baraque Michel
Aufstieg: 112 m *Hartbelag:* 0 %
Abstieg: 112 m *Wanderwege:* 65 %
Gehzeit: 2 - 2,5 Std. *Wanderpfade:* 35 %

Charakteristik: Eine der klassischen Routen durch das Venn. Sie bietet eine wunderbare Wanderung auf den legendär-typischen Holzstegen und führt zunächst vom Baraque Michel bis zum Denkmal für gefallene amerikanische Soldaten. Auf dem Rückweg geht es vorbei am wohl berühmtesten der Venn-Kreuze, dem Kreuz der Verlobten, wieder durch die Moorlandschaft zurück.
Markierung: keine
Anfahrt: Ab Eupen in Richtung Malmedy auf der N 68/E 421, der Parkplatz erscheint an der Baraque Michel auf der linken Seite.

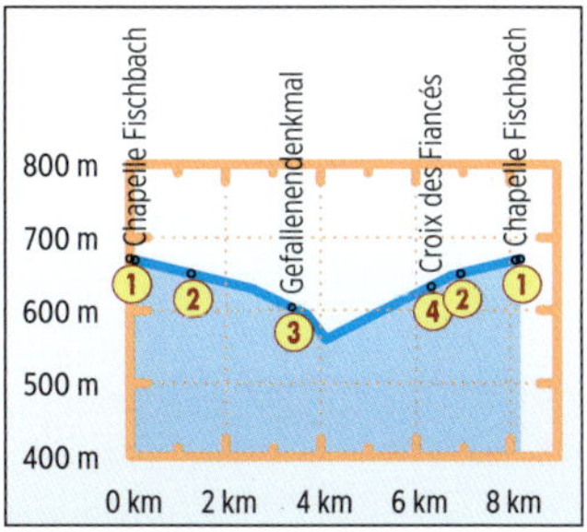

Baraque Michel

Baraque Michel, Baraque Michel 36, 080444801, Do-So 11-21 Uhr, @ qcy562

Die Herberge Baraque Michel wurde in der zweiten Dekade des 19. Jahrhunderts vom rheinländischen Steinmetz Michel Henri Schmitz gegründet. Schon von Beginn an war das Gebäude als Herberge für Reisende gedacht. Vom ursprünglichen Gebäude ist heute nichts mehr zu sehen, doch der Nutzen der heutigen Baraque Michel ist derselbe geblieben. Durch eine Glocke, die die Familie Schmitz jeden Abend läutete, konnten insgesamt 120 Personen aus dem Moor gerettet werden, die sich sonst hoffnungslos verlaufen hätten. Vermutlich schon in der Mitte des 16. Jahrhunderts wurde die Boulté aufgestellt, um Reisenden den Weg zu weisen. Diese Steinsäule steht heute direkt am Straßenrand, schräg gegenüber der Herberge.

1 0,0 (670) Vom Parkplatz laufen Sie in Richtung der Steinsäule **De Boulte**

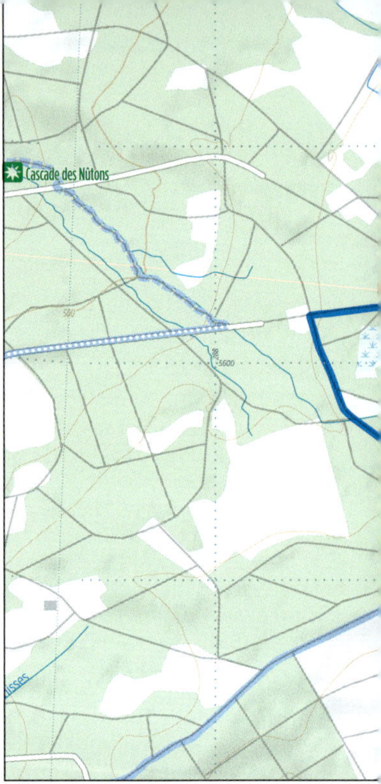

↝ rechts hinter dem Weidezaun in den schmalen Spazierweg zur Kapelle Fischbach.

Chapelle Fischbach. Die Chapelle Fischbach bzw. Kapelle Fischbach ließ zu Beginn der 1830er Jahre der Industrielle Henri-Toussaint Fischbach aus Dankbarkeit errichten, weil sein Schwiegervater eine Vennwanderung im Jahr 1819 vermutlich nicht überlebt hätte, wenn die Pächter der nahe gelegenen Baraque Michel ihn nicht gerettet hätten.

An der Kapelle und dem Gedenkstein vorbei ↝ nur wenige Meter bis zum Einstieg in das Hohe Venn ↝ auf dem Holzbohlensteg geradeaus ↝ dem kurvigen Weg folgen und dabei an vereinzelten Bäumen vorbei und die wunderbare Aussicht auf die Landschaft des Venns genießen ↝ stets geradeaus auf der **Promenade La Vecquée** ↝ bis zu einem Grenzstein am Ende des langen Holzsteges.

Grenzsteine im Venn

Das Hohe Venn ist nicht nur für seine zahlreichen Gedenkkreuze bekannt, sondern auch für die vielen Grenzsteine. Sie stammen aus verschiedenen Epochen und grenzten daher auch unterschiedliche Regionen, Fürstentümer und Ländereien ab. Dieser hohe Grenzstein markierte die Grenze zwischen Preußen und Belgien, wie man an den einmeißelten Buchstaben B und P erkennen kann.

2 1,3 (650) Beim Grenzstein nach rechts wenden und am Rande der Schutzzone C entlang ↝ stets an dem breiten Weg orientieren und dabei das Moor namens **Sarts Lurô** passieren ↝ 500 m nach der Linkskurve an der Wegkreuzung rechts, an Waldflächen entlang ↝ am Waldeck im Linksbogen und am Waldrand weiter ↝ an der Gabelung rechts halten ↝ nach etwa 300 m erreichen Sie das Denkmal für die gefallenen amerikanischen Piloten.

Gefallenendenkmal

Das Kreuz vor einem zerstörten Propeller einer Douglas C-47, bekannt

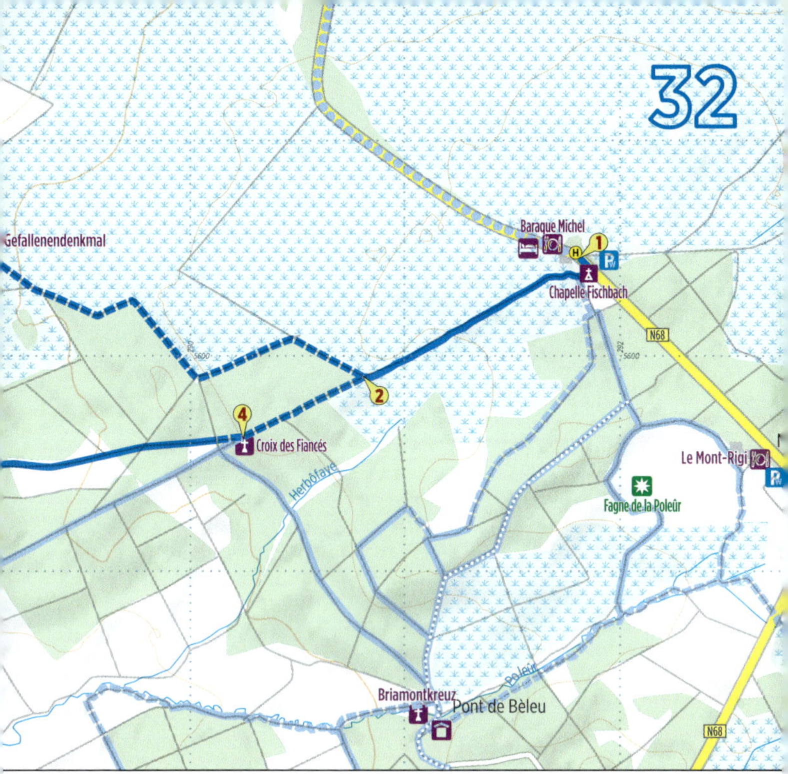

auch als Rosinenbomber, erinnert an die acht amerikanischen Soldaten, die an dieser Stelle am 6. April 1945 verunglückten. Im Gegensatz zu anderen Kampffliegern, derer im Hohen Venn mit einem Kreuz gedacht wird, starben diese Soldaten nicht durch Abschüsse, sondern durch die Kollision zweier Flugzeuge im Nebel.

3 3,4 (604) Am Denkmal zweigen Sie nach links ab ⤳ kurz danach geradeaus in den Fichtenwald ⤳ dem breiten Weg durch eine sanfte Rechtskurve hindurch folgen ⤳ an der großen Kreuzung bei der Lichtung nach links und in südliche Richtung auf dem Forstweg wandern ⤳ halb links durch eine Kurve und dabei den frischen Duft des Waldes spüren ⤳ an einer T-Kreuzung nach links, wenig später eine breiten Schneise queren ⤳ weiter durch den Wald und dabei stets geradeaus bleiben, auch in der Rechtskurve des breiten

Weges geradeaus weiter zum Kreuz der Verlobten.

Kreuz der Verlobten (Croix des Fiancés). Das Kreuz gilt als das bekannteste im Hohen Venn. Es erinnert an François Reiff, der aus Bastogne im französischen Jura stammte und am Bau der Gileppe-Talsperre beteiligt war, sowie an seine Verlobte Marie-Josèphe Solheid, welche aus Xhoffraix kam. Die beiden wurden am 21. Januar 1871 zum letzten Mal lebend gesehen, als sie eine Wirtschaft in Jalhay verließen und sich auf den Weg in den Heimatort von Marie-Josèphe machten. Dort wollten sie die Formalitäten für die anstehende Hochzeit erledigen, doch beide kamen dort nie an. Sie starb, vermutlich durch Entkräftung im verschneiten Venn, an der Stelle des heutigen Gedenkkreuzes. Ihr Verlobter machte sich vermutlich alleine weiter auf den Weg, doch da er nicht aus der Region stammte, verirrte er sich. Sein Leichnam wurde am 13. März des Jahres rund drei Kilometer entfernt gefunden. Eine Woche später fand ein Förster dessen Verlobte.

4 6,3 (633) Vor dem Kreuz der Verlobten links auf dem zunächst breiten Weg **La Vecquée** weiter wandern ⤳ weiter geradeaus und dabei sanft ansteigend wandern ⤳ bis zum bereits bekannten Grenzpfahl am Beginn des Holzbohlenwegs.

2 6,91 (650) Auf dem Holzsteg durch das Venn und an der Schutzzone C entlang ⤳ mit weiten Aussichten über das Hochmoor dem Weg folgen ⤳ zunächst gerade, später leicht kurvig bis zum Ende des Weges ⤳ an der Chapelle Fischbach und dem Gedenkstein vorbei ⤳ geradewegs auf das De Boulte zusteuern und vor der Straße nach links wenden.

1 8,2 (670) Am Parkplatz ist das Ende der Wanderung erreicht.

Baraque Michel

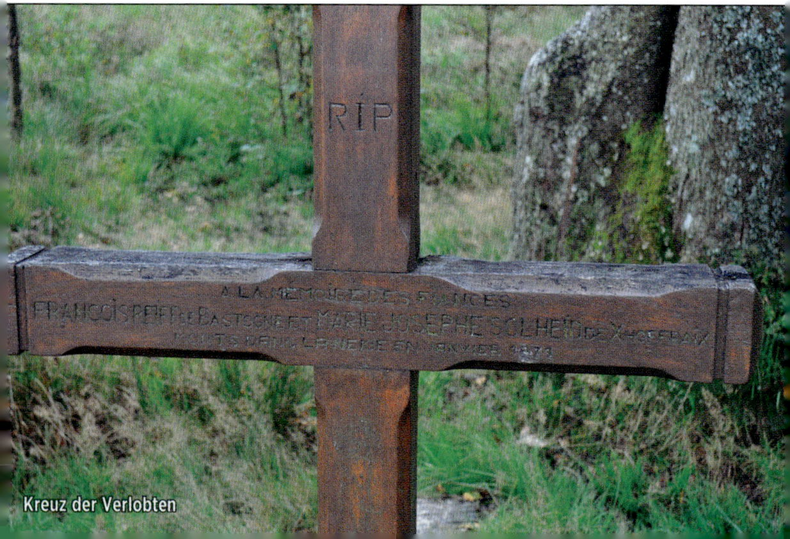

Kreuz der Verlobten

Tour 33 — 8,1 km

Durch das Tal des Statte-Bachs

Start/Ziel: Solwaster, Parkmöglichkeit an der Kirche

Aufstieg:	170 m	*Hartbelag:*	61 %
Abstieg:	170 m	*Wanderwege:*	10 %
Gehzeit:	2 - 2,5 Std.	*Wanderpfade:*	29 %

Charakteristik: Schöne Naturwanderung durch ein idyllisches Tal mit Holzstegen und dichtem Baumbestand. Auf der verhältnismäßig kurzen Tour geht es an rauschenden Wasserfällen und majestätischen Felsmassiven vorbei.

Markierung: blauer Querbalken im weißen Quadrat

Anfahrt: Ab Verviers über die Autobahn 27 Richtung Malmedy. An Ausfahrt 9 abbiegen und der Beschilderung nach Solwaster folgen.

Solwaster (Jalhay)

Le comptoir du loup, Route de Jalhay 47, ☎ 087660646, Mi, Do 9.30-13 Uhr und 14-18.30 Uhr, Fr 9.30-18.30 Uhr, Sa 8-18 Uhr, So 8-13 Uhr. Lokale Lebensmittel und andere Produkte.

La Cagna, Solwaster 88a, ☎ 087474107, Do 11-21 Uhr, Fr-So 11-22 Uhr

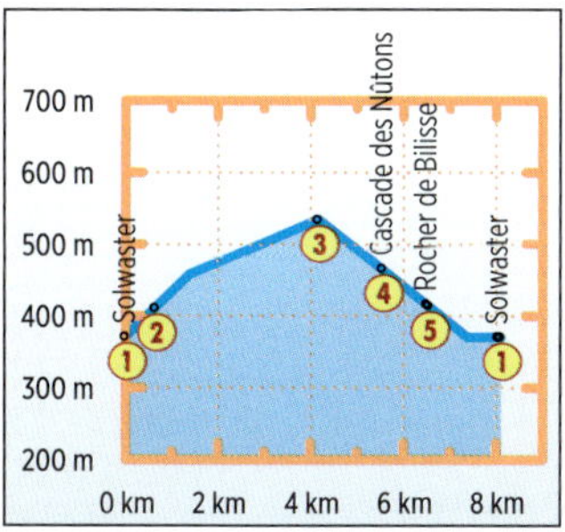

1 0,0 (371) Im ruhigen Zentrum von Solwaster an der Kirche Saint Antoine links vorbei ⇝ an den hübschen Bruchsteinhäusern vorbei und die sanft aufwärts führende Straße hinauf wandern ⇝ am Ortsausgang am Friedhof vorbei auf die kleine Allee ⇝ unter Buchen und Eichen zwischen den Feldern entlang und eine Kapelle passieren ⇝ weiter deutlich bergauf ⇝ bis zu einem Picknickplatz in einer Linkskurve.

2 0,6 (411) Am Picknickplatz und einem Wegkreuz vorbei ⇝ direkt an der nächsten Möglichkeit an einem weiteren Wegkreuz rechts abbiegen ⇝ dem kurvigen Straßenverlauf folgen, dabei weiterhin bergan wandern ⇝ am Haus Venn vorbei.

Maison Fagne, Routes des Arsins 14, ☎ 0494143698, @ ufj281

Zwischen den Feldern bis zu einem weiteren Wegkreuz auf der rechten Seite ⇝ gleich dahinter an der Gabelung an einem kleinen Wäldchen halb links halten ⇝ dem sanft aufwärts führenden Weg in den Wald

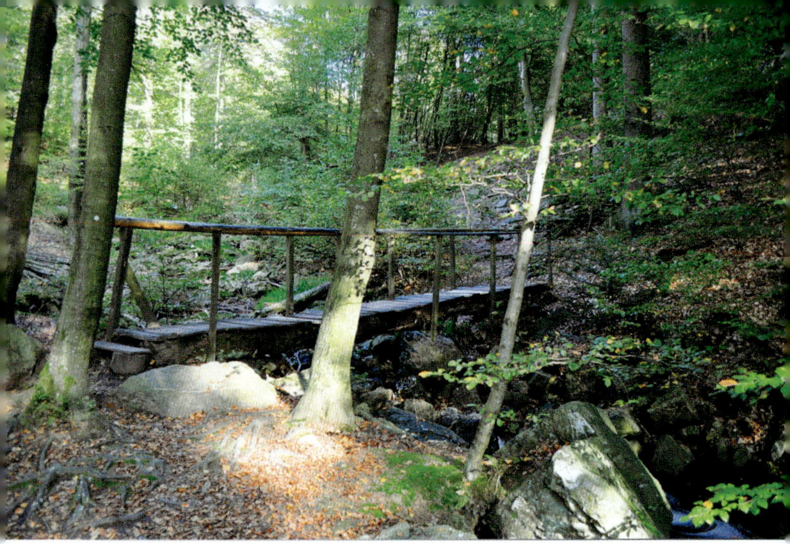

hinein folgen ⤳ auf der rechten Seite erscheint das **Venn L'Ourîre** ⤳ an zahlreichen Schneisen vorbei und über mehrere Kreuzungen hinweg ⤳ zwischen zwei Wegekreuzen auf der rechten Seite überquert man einen kleinen Bach und erreicht wenig später den Rau de Statte.

Rau de Statte

Der wildromantische Bach Statte ist nur ein kurzer Wasserlauf, der östlich von Solwaster entspringt, durch die Gemeinde fließt und noch in Solwaster in die Hoëgne mündet. Dabei hinterlässt der schmale Bach eine wunderschöne und idyllische Schlucht.

3 4,1 (534) Vor dem Bach der Markierung mit blauem Querbalken nach links folgen und auf dem schmalen Trampelpfad bergab ⤳ entlang des plätschernden Statte-Bachs durch das Unterholz ⤳ auf dem schmalen Pfad stets hinab, eine Forststraße überqueren und in den schönsten Abschnitt des kleinen Statte-Tals hinein ⤳ geradeaus zu den Wasserfällen Cascade des Nûtons.

Cascade des Nûtons. Das wallonische Wort Nûton steht für Zwerge, und gemeint sind der Rau de Statte sowie ein weiterer kleinerer Zulauf, die sich hier über eine Felswand ergießen und einen romantischen Wasserfall entstehen lassen.

4 5,5 (465) Vom Wasserfall dem rauschenden Wildbach hinterher ⤳ immer weiter durch das romantische Tal und auf dem wurzeligen Pfad stetig abwärts ⤳ gelegentlich über Holzbohlen hinweg ⤳ weiter bis zum Felsenmassiv Rocher de Bilisse.

Rocher de Bilisse. Aus Blauschiefer besteht der 20 m hohe markante Fels und

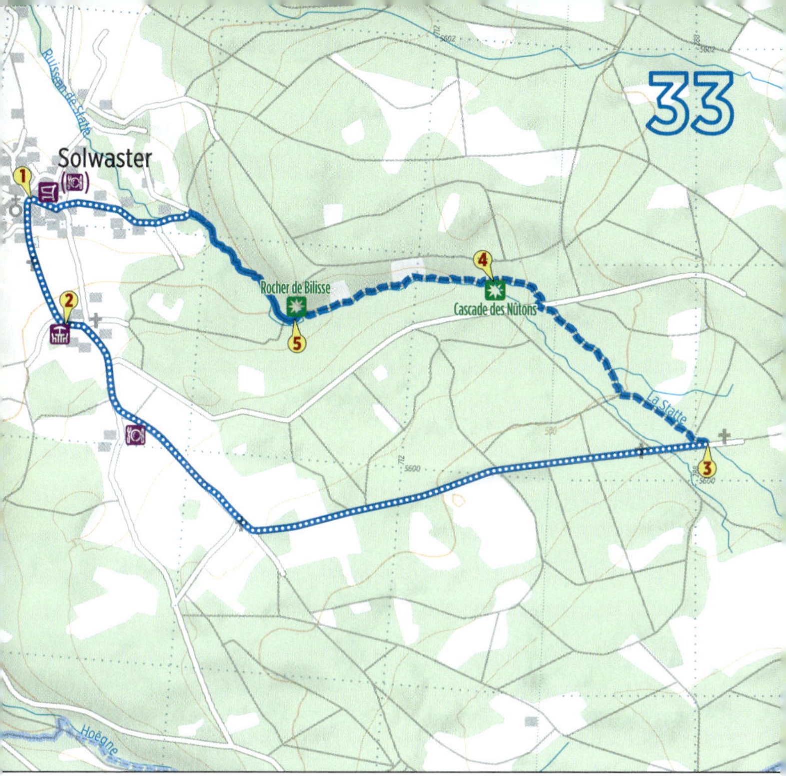

wurde früher als Kletterfelsen genutzt. Entstanden ist er vermutlich schon in der Kambriumzeit, einer Epoche, aus der in Mitteleuropa verhältnismäßig wenige Aufschlüsse zu sehen sind.

5 6,5 (414) An der markanten Felsformation vorbei ~ weiter durch das enge Tal der Statte ~ stets bergab, über kleine Brücken ~ bis zu den ersten Häusern von Solwaster ~ an der Gabelung hinter dem ersten Haus links abbiegen und auf der Brücke über den Bach ~ durch ein Wäldchen hinab bis ins Zentrum von Solwaster ~ an der T-Kreuzung links und dem Straßenverlauf zum Ausgangspunkt folgen.

1 8,1 (371) An der Kirche ist das Ende der Rundtour erreicht.

Solwaster (Jalhay)

Tour 34 — 4,1 km

Durch das Fagne de Malchamps

Start/Ziel: Parkplatz am Maison de la Nature, südlich von Spa an der Route de Berinzenne

Aufstieg: 52 m — *Hartbelag:* 0 %

Abstieg: 52 m — *Wanderwege:* 30 %

Gehzeit: 1 Std. — *Wanderpfade:* 70 %

Charakteristik: Etwas abseits vom eigentlichen Hohen Venn lernen Sie auf dieser Wanderung im Moorgebiet des Fagne de Malchamps eine kleine Vennlandschaft weiter im Westen kennen. Die Tour besticht durch ein Naturkundemuseum und vor allem durch den hölzernen Aussichtsturm, der fantastische Panoramen ermöglicht. Auf Holzstegen durchquert man anschließend das Venn Malchamps und genießt die Heidelandschaft.

Markierung: gelber Querbalken im weißen Quadrat

Anfahrt: Ab Spa auf der Route de Bérinzenne durch den Wald oder auf der N 62 bis kurz vor dem Flugplatz und dort rechts abbiegen.

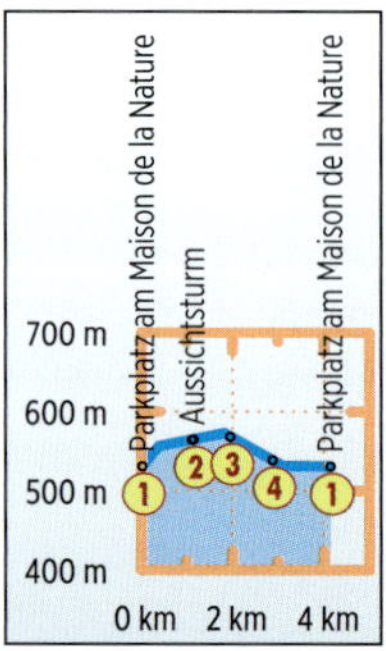

Maison de la Nature

Maison de la Nature/Domaine de Bérinzenne, Route de la Gleize 4, ✆ 087776300 Im sogenannten Wald- und Wassermuseum geht es natürlich um die Vennlandschaft, das Grundwasser und um die Fließgewässer der Region sowie um die Mineralquellen, für die die Stadt Spa berühmt ist. Informative und kinderfreundliche Ausstellung, allerdings nur in französischer und niederländischer Sprache. @ adk271

Das südöstlich von Spa auf einer Höhe von etwa 570 Metern gelegene Hochmoor Fagne de Malchamps ist als Naturschutzgebiet ausgewiesen. Westlich der Vennlandschaft hat sich das ehemalige Landgut Bérinzenne zum regionalen Zentrum für Umweltinitiativen entwickelt. Die schön gestalteten Außenanlagen mit Teich, Picknickplätzen und einem kleinen Park laden zum Erholen und Verweilen ein.

1 0,0 (521) Vom nördlichen Bereich des Parkplatzes gehen Sie durch den kleinen Zugang auf den Spazierweg ⇝ gleich am Beginn der Allee nach rechts schwenken und auf dem breiten Holzsteg in Richtung Museum laufen ⇝ der Beschilderung zum

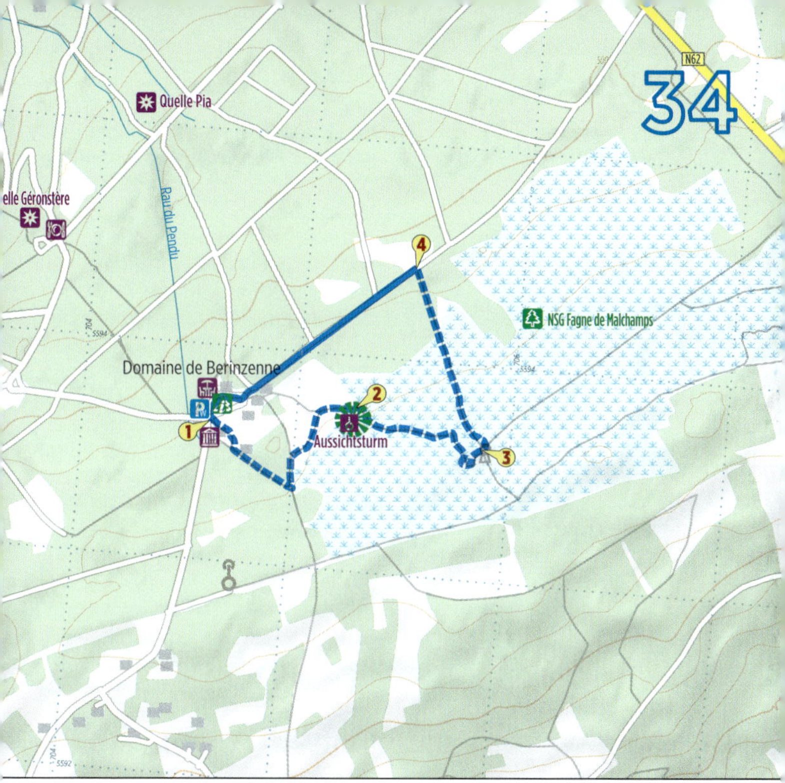

Aussichtsturm (Tour Panoramique) nach rechts folgen ⤳ durch einen kleinen Nadelwald bis zum Ende des Stegs ⤳ auf dem quer verlaufenden Schotterweg nach links und an der rot-weißen Schranke vorbei ⤳ an der nächsten T-Kreuzung links ⤳ nach 140 m rechts abzweigen ⤳ durch die Graslandschaft und an einem weiteren Abzweig rechts zum Aussichtsturm gehen.

Aussichtsturm. Der 22 Meter hohe Turm wurde 1995 aus Lärchenholz errichtet und bietet einen Blick über das gesamte Venn. Bei guter Fernsicht lassen sich manche markanten Punkte am Horizont erahnen. Hilfreich hierfür sind die Orientierungstafeln.

2 1,1 (560) Nach Besteigung des Holzturmes können Sie erst einmal eine kleine Verschnaufpause einlegen und die wunderbare Aussicht und Fernsicht in alle Himmelsrichtungen genießen ⤳ anschließend wieder hinab und dem Weg folgen, der vom Turm wegführt ⇝ an einer Informationstafel über das Schutzgebiet Malchamps vorbei ⇝ auf einem Holzsteg weiter ⇝ am Jacobs-Gedenkkreuz vorbei.

Jacobs-Gedenkkreuz

Dieses Kreuz wurde zu Ehren des Lütticher Impressionisten Dieudonne Jacobs errichtet, welcher Gemälde mit Motiven der Ardennen und des Venns schuf.

Wechselweise auf Holzstegen und einem schmalen Pfad durch die Heidelandschaft ⇝ an kleinen Tümpeln vorbei und mit tollen Blicken über die leuchtenden Pflanzen zu einem Steinkreuz an einem abzweigenden Weg.

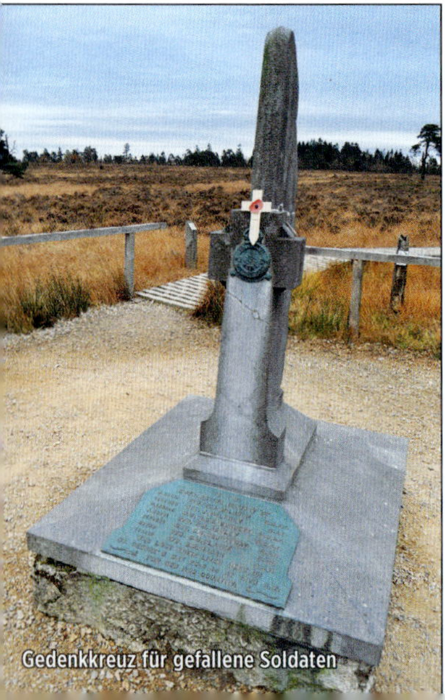
Gedenkkreuz für gefallene Soldaten

Gedenkkreuz

Die siebenköpfige Besatzung der Lancaster ME 581 kam im April 1944 gerade von einem Bombenangriff auf Düsseldorf zurück und wurde in der Nacht abgeschossen. Das Flugzeug hinterließ nur wenige Meter neben dem Standort des Gedenkkreuzes einen 4 Meter tiefen Krater. Anwohner der Region ließen in Zusammenarbeit mit der Royal Air Force dieses Kreuz errichten.

3 1,9 (570) Am Gedenkkreuz geradeaus weiter ⇝ in einem Linksbogen weiter durch die Heidelandschaft bis zu einem kleinen Birkenwald ⇝ geradeaus durch das Wäldchen ⇝ an einer Schranke vorbei, dabei die Vennlandschaft verlassen.

4 2,8 (520) Hinter der Schranke auf den breiten Weg nach links ⇝ dem Schotterweg geradeaus folgen und einen Abzweig links liegen lassen ⇝ einen kleinen Bachlauf überqueren und den ruhigen Wald genießen ⇝ bis zu einer Querstraße an einem Wohnhaus ⇝ das Sträßchen überqueren und auf einem Baumlehrpfad durch einen gepflegten Park ⇝ dabei an einem kleinen Teich mit einem Picknickplatz vorbei und in einem weiten Bogen zum Ausgangspunkt zurück.

1 4,1 (521) Am Parkplatz ist das Ende der Wanderung erreicht.

Maison de la Nature

Tour 35 6,2 km

Rund um den Flugplatz von Spa

Start/Ziel: Parkplatz am Flugplatz von Spa
Aufstieg: 90 m *Hartbelag:* 33 %
Abstieg: 90 m *Wanderwege:* 25 %
Gehzeit: 1,5 Std. *Wanderpfade:* 42 %

Charakteristik: Festes Schuhwerk bietet sich an, wenn man den Flughafen von Spa umrunden möchte. Auf meist schmalen Pfaden bleiben Sie in der Nähe des Zauns, schauen den Piloten der kleinen Maschinen bei Starts und Landungen zu und tauchen in dichte Wälder ein. Gegen Ende der Tour besuchen Sie die Quelle des kleinen Flusses La Sauvenière, der dem Flughafen den Namen gab. Hier bietet sich eine Einkehr im Gasthaus an, bevor Sie entlang der Straße zurück zum Ausgangspunkt laufen.
Markierung: meist keine
Anfahrt: Spa über die N 62 südwärts verlassen und Richtung Flugplatz fahren.

Flugplatz Spa-La Sauvenière

Le Sunset, Rue de la Sauvenière 124, 087646858, tägl. ab 9 Uhr. Von der Terrasse der kleinen Brasserie haben die Gäste einen direkten Blick auf die Start- und Landebahn.

Der kleine Flugplatz wird privat betrieben und befindet sich rund drei Kilometer südlich von Spa. Genutzt wird er überwiegend für Hubschrauberrundflüge und von Motorsportpiloten bzw. von Fallschirmspringern. Die ansässige Flugschule bildet darüber hinaus Flugschüler aus.

1 0,0 (491) Den Parkplatz verlassen und das Restaurantgebäude des Flughafens links liegen lassen ⁓ an den Kampfjets vorbei und auf dem Asphaltweg in einem weiten Rechtsbogen die Flugschule passieren ⁓ an der T-Kreuzung links, bald danach eine Schranke passieren ⁓ weiter am Zaun des Flughafengeländes entlang.

2 0,8 (499) Am Rand des Flughafens nach links wenden und auf dem breiten, grasigen Weg leicht bergab wandern ⁓ zwischen Flughafen und Wald weiter, oft können Sie den startenden Propellermaschinen beim Ab-

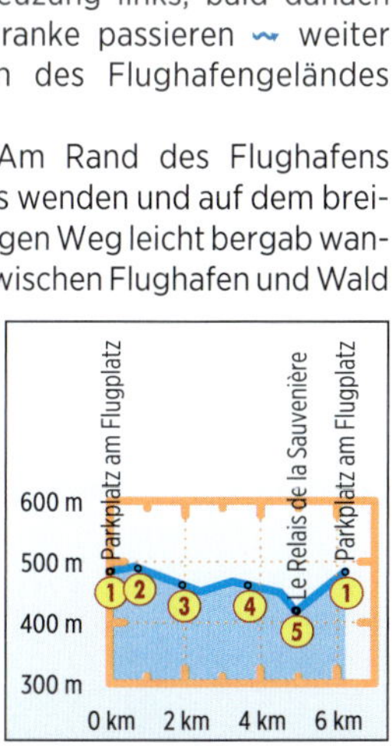

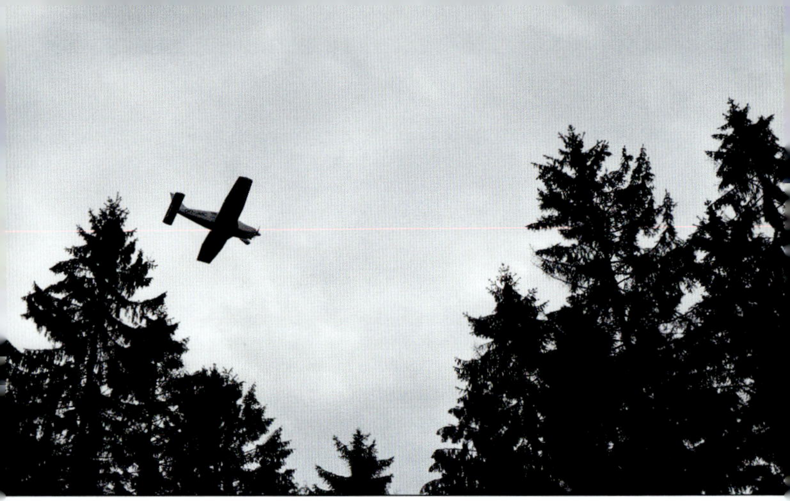

heben zuschauen ⤳ geradeaus an Buchen, Eichen und Birken vorbei und durch eine Rechtskurve wandern, weiter am Zaun entlang ⤳ vor dem Tor rechts, nun dem schmalen ausgetretenen Pfad durch das hohe Gras folgen ⤳ kurz durch einen dichten Nadelwald ⤳ an dem Bach nach links wenden und dem plätschernden Wasserlauf durch das Farngewächs folgen.

3 1,9 (450) An dem etwas breiteren und quer verlaufenden Weg nach links abbiegen ⤳ dem Weg in den Wald folgen ⤳ auf einem schmalen Wurzelpfad weiter gehen bis zu einer Kreuzung, hier scharf nach links auf den zweispurigen Forstweg ⤳ im Nadelwald geradeaus, bald wird zur Linken wieder der Flughafen sichtbar ⤳ geradeaus bis zu einem rostigen Tor, dort rechts am Zaun entlang ⤳ kurz danach auf der breiten Schneise zwischen dem Flugplatzgelände und dem Wald weiter ⤳ nach 250 m in die Schneise nach rechts und dem Flugplatz den Rücken zuwenden ⤳ geradeaus mit ganz sanftem Gefälle weiter.

4 3,7 (443) An der T-Kreuzung links abbiegen und auf dem breiten Grasweg durch den Wald ⤳ am Ende einen kleinen Bach überqueren und vor dem Zaun des Flughafens wieder nach rechts wenden ⤳ schon nach wenigen Metern verläuft der Wanderweg rechts etwas weiter unterhalb ⤳ hier am Bach hinab ⤳ auf dem schmalen Pfad durch den Birkenwald in einem weiten Linksbogen um das Flughafengelände herum, dabei dem Wandersymbol eines grünen Rechtecks folgen ⤳ an einem Graben im Wald entlang ⤳ mit leichtem Gefälle bis zu einer Straße.

5 4,9 (404) An der Asphaltstraße nach

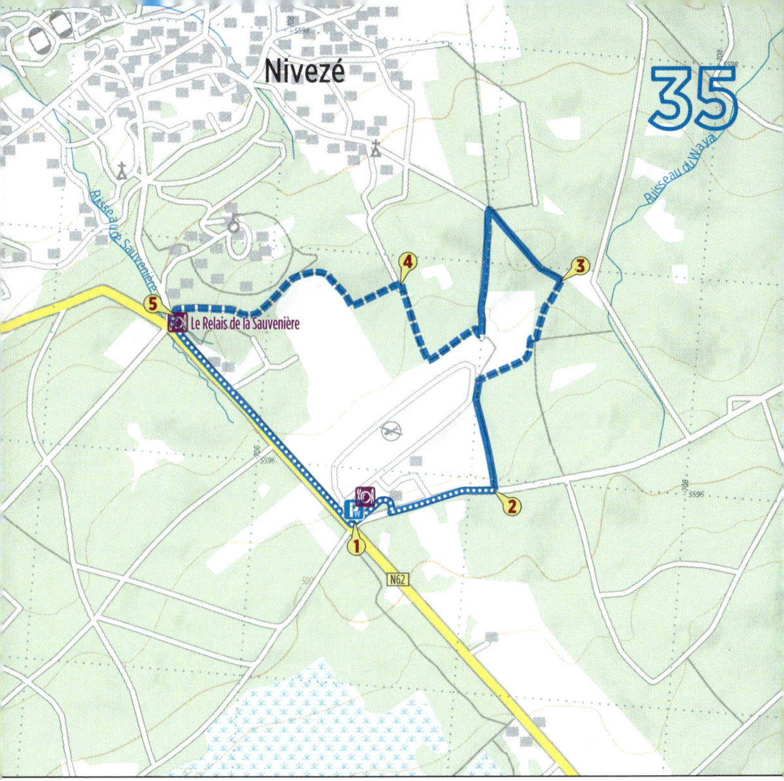

links wenden ⤳ um das Bruchsteinhaus links herum und in den Garten des Restaurants.

Source de la Sauvenière

Le Relais de la Sauvenière, Rue de la Sauvenière 116, ✆ 087774204, Di-So, @ rlu885

Die Quelle der Sauvenière ist eine von mehr als einem Dutzend Quellen auf dem Stadtgebiet von Spa. Sie gilt jedoch als die älteste und wurde vermutlich schon im 13. Jahrhundert aufgesucht. Der benachbarte Flugplatz wurde nach ihr benannt.

Hinter der Quelle an der Bruchsteinmauer links hoch ⤳ oben an der Landstraße entlang ⤳ an dem Wohnhaus vorbei und weiter neben der Leitplanke, links sehen Sie den Flugplatz ⤳ geradeaus bis zur Einfahrt zum Flugplatz, dort links.

1 6,2 (491) Am Parkplatz ist das Ende der Wanderung erreicht.

Flugplatz Spa-La Sauvenière

Tour 36 **7,8 km**

Fantastische Ausblicke am Rande der Schutzzone

Start/Ziel: Parkplatz am Kreisverkehr Drossart

Aufstieg:	99 m	*Hartbelag:*	29 %
Abstieg:	99 m	*Wanderwege:*	40 %
Gehzeit:	2 - 2,5 Std.	*Wanderpfade:*	31 %

Charakteristik: **Fantastische Ausblicke über das Hohe Venn und bis weit nach Belgien hinein sowie nach Deutschland begleiten diese schöne Wanderung entlang der Grenze zur Schutzzone C. Auf schnurgeraden Wegen lässt sich die Natur und Schönheit der Landschaft genießen, für die man nur einen kleinen Anstieg zu überwinden hat.**

Tipp: **Wer nur einen kurzen Spaziergang laufen will, kann nach 1 Kilometer beim Wegpunkt 2 rechts zum Venn abzweigen. Insgesamt ist diese mit einem grünen Querbalken markierte Runde ab dem Parkplatz Drossart nur 4 Kilometer.**

Markierung: **gelber Querbalken im weißen Quadrat**

Anfahrt: **Ab Eupen auf der N 68/E 421 in Richtung Malmedy. Am ersten Kreisverkehr nach der langen Auffahrt links auf den Schotterparkplatz Drossart. Ab Malmedy Richtung Eupen hinter Baraque Michel bis zum Kreisverkehr.**

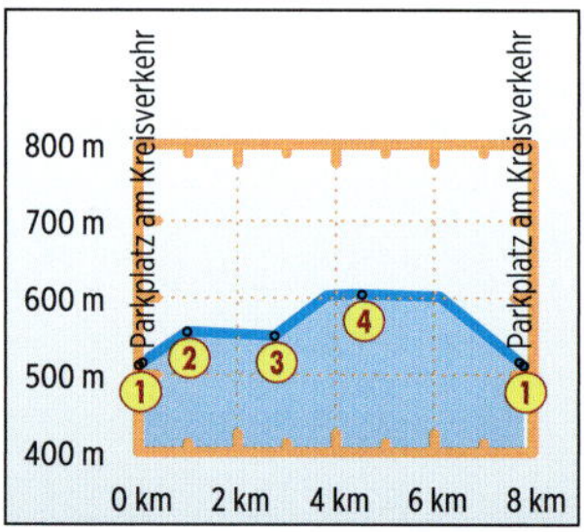

Kreisverkehr Drossart

1 0,0 (506) Den Parkplatz zur Zufahrt hin verlassen ⇝ zunächst die Informationsschilder passieren und gleich dahinter rechts auf den Schotterweg ⇝ auf dem schmalen Weg am Zaun entlang und in geringer Entfernung parallel zur Landstraße südwärts wandern ⇝ zwischen dem hohen Gras und dem Farn hindurch weiter ⇝ an einem weiteren Parkplatz nach links wenden und an einer Landkarte und einer Metallschranke vorbei auf den Forstweg ⇝ dem ganz sacht ansteigenden Weg folgen.

2 1,0 (560) In der Linkskurve an einem Abzweig vorbei.

VARIANTE An dieser Stelle können Sie die Wanderung bedeutend abkürzen, wenn Sie rechts abzweigen. Am Venn

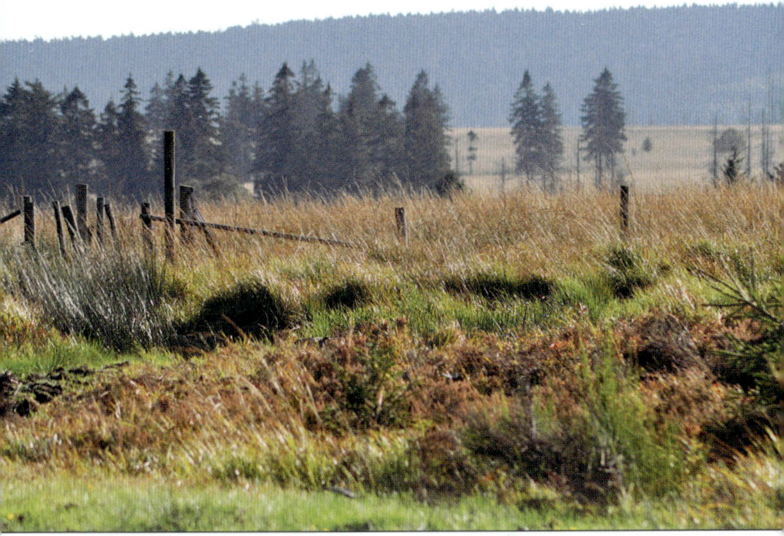

halten Sie sich rechts und folgen ab Wegpunkt 5 weiter der Hauptroute.

Auf der Hauptroute geradeaus weiter, den kleinen Bach **Fossé d'Eupen** überqueren ⁓ an dem überdachten Rastplatz vorbei ⁓ auf dem asphaltierten Weg weiter geradeaus ⁓ stets schnurgerade durch den Wald und an einigen Schneisen vorbei ⁓ das eingezäunte Wildruhegebiet auf der linken Seite passieren und dahinter durch eine Schneise die Fernsicht nach Norden genießen ⁓ weiter geradeaus bis zu einer Sitzbank und einem Schild für das Radwegenetz im Hohen Venn.

3 2,7 (556) Am Schild die Asphaltpiste verlassen und nach rechts auf den Schotterweg einbiegen ⁓ dem stetig ansteigenden Weg folgen, wenn Sie sich umdrehen, können Sie eine wunderbare Aussicht genießen ⁓ am Waldrand hinauf bis zu einer T-Kreuzung ⁓ oben angekommen, breitet sich die **Schutzzone C** vor Ihnen aus ⁓ an der T-Kreuzung nach rechts wenden und zwischen dem Nadelwald und der weiten Schutzzone C entlang wandern ⁓ auf dem zweispurigen Schotterweg an Informationstafeln vorbei, es ergeben sich fantastische Blicke in die Moorlandschaft ⁓ stets geradeaus bis zu einem idyllisch gelegenen Picknickplatz an einem kleinen Weiher und einem etwas erhöhten Aussichtspunkt.

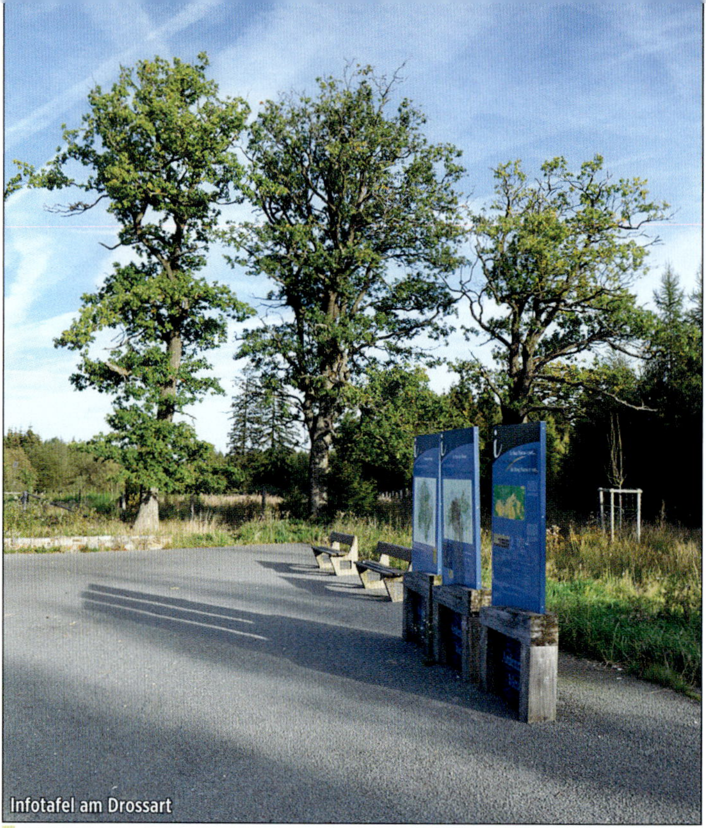

Infotafel am Drossart

4 4,5 (610) Nach einer erholsamen Pause am Rande des einsamen Venns weiter auf dem breiten Weg ⇝ an kleineren Gewässern und an Hinweistafeln vorbei ⇝ auf der rechten Seite beginnt wieder Wald.

5 4,5 (610) An der Informationstafel geradeaus auf den Pfad.

VARIANTE Sie können auch rechts abzweigen und erreichen auf dem breiten Schotterweg am Ende den bekannten Weg, auf den Sie links einschwenken. Die Hauptroute ist abwechslungsreicher, aber die Wege sind oft schmal und zum Teil recht zugewachsen. Die Variante ist dagegen besser begehbar.

Auf der Hauptroute folgen Sie dem schmalen Pfad, laufen dann weiter auf Holzstegen, dabei ein kleines Stillgewässer überqueren ⇝ am nächsten Abzweig den Holzsteg verlassen und nach rechts ⇝ auf dem schmalen

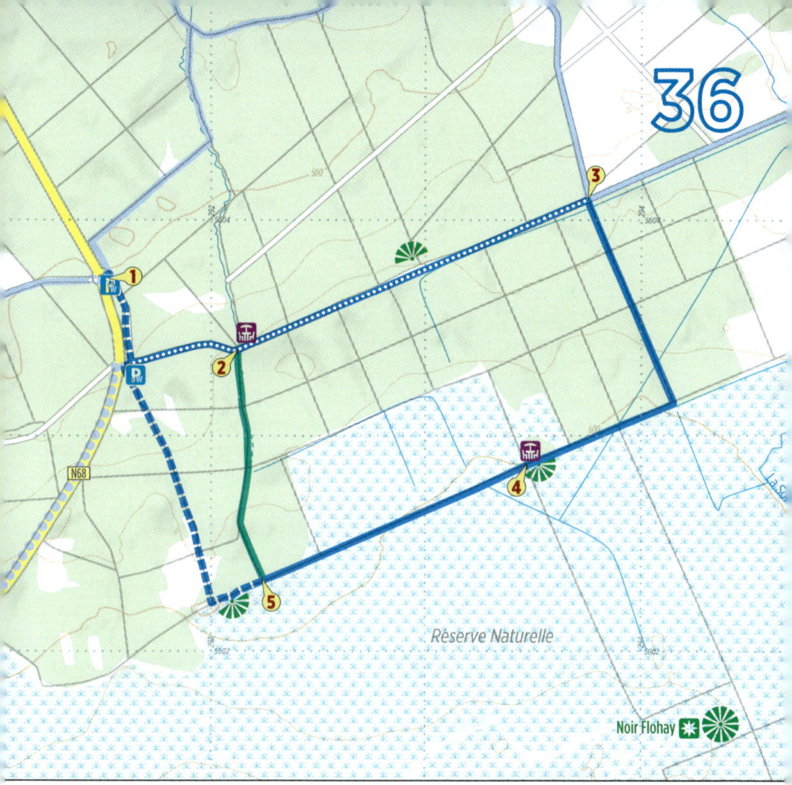

Weg weiter, hier kann jahreszeitlich bedingt das Gras sehr hoch gewachsen sein, teilweise geht es an Baumstümpfen vorbei ⤳ über eine große Lichtung mit zahlreichen Farnen, dann wieder in den Nadelwald eintauchen ⤳ auf dem wurzeligen Pfad unter knorrigen Bäumen hindurch ⤳ bergab dem ausgetretenen Pfad folgen und den bereits bekannten Parkplatz halb rechts überqueren ⤳ vor der Schranke links zwischen den beiden Felsbrocken hindurch auf den schmalen Weg ⤳ wieder parallel zur Straße durch das Gras wandern.

1 8,0 (506) Ende der Wanderung am Parkplatz.

Kreisverkehr Drossart

Tour 37 19,1 km

Rund um den Hasebusch

Start/Ziel: Parkplatz an der N 68, nördlich von Drossart

Aufstieg:	178 m	*Hartbelag:*	0 %
Abstieg:	178 m	*Wanderwege:*	91 %
Gehzeit:	4,5 - 5 Std.	*Wanderpfade:*	9 %

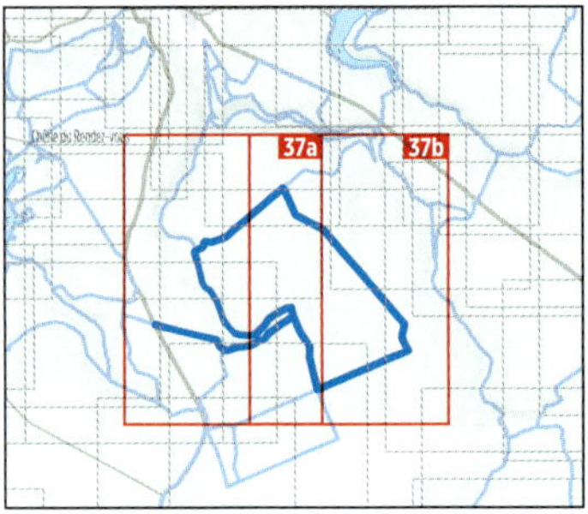

Charakteristik: **Eine einfache Wanderung, die nur aufgrund ihrer Länge fordernd sein kann. Sie laufen überwiegend auf flachen und breiten Waldwegen, die sich weit ab aller Parkplätze befinden und daher viel Ruhe und Natur versprechen.**

Markierung: **keine**

Anfahrt: **Ab Eupen auf der N 68 in Richtung Malmedy. Am Kreisverkehr Drossart wenden und die erste Schotterstraße auf der rechten Seite befahren.**

Parkplatz an der N 68

1 0,0 (479) Von der kleinen Parkmöglichkeit laufen Sie an der Schranke vorbei in den Wald ⤳ auf dem schnurgeraden Forstweg zwischen den dichten Laubbäumen hindurch ⤳ einige Schneisen passieren und am **Croix Alliés** vorbei.

Croix Alliés

Luigi Brunelli, Vincenzo Mesiti, Costantino Capozzi und ein weiterer, unbe-

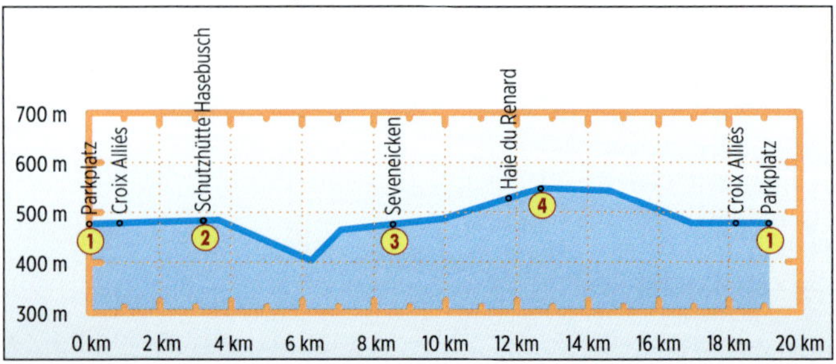

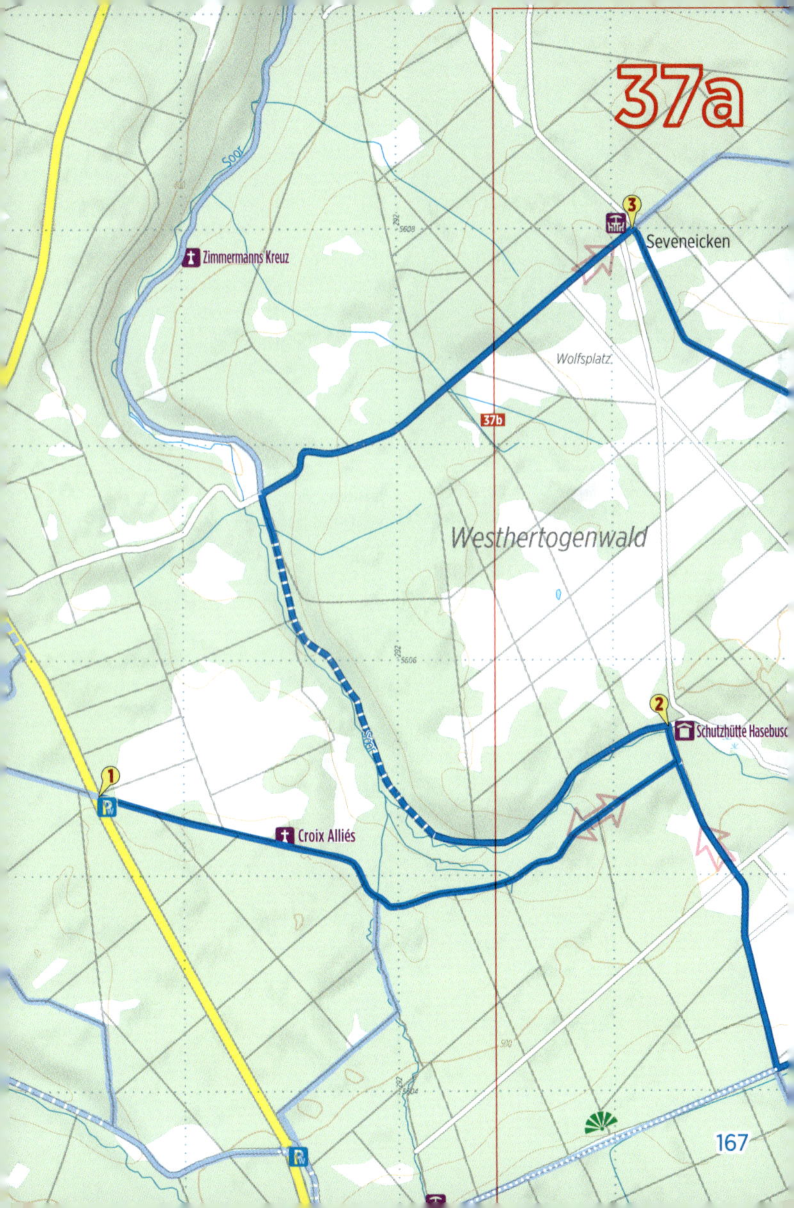
37a
Seveneicken
Zimmermanns Kreuz
Soor
Wolfsplatz
37b
Westhertogenwald
Schutzhütte Hasebusc
Croix Alliés
1
2
3

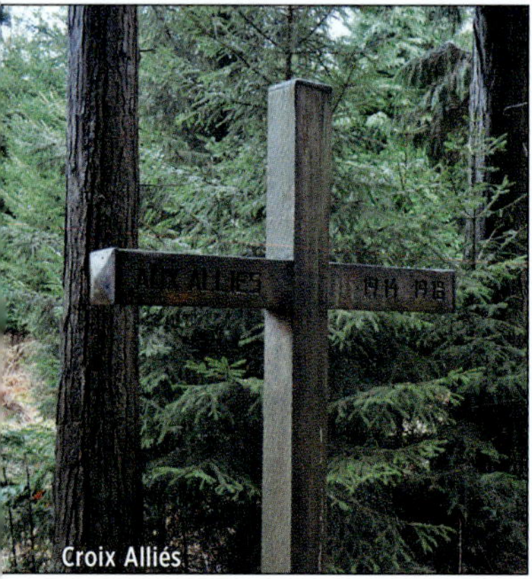

Croix Alliés

kannter italienischer Kriegsgefangener wurden an der Stelle des heutigen Kreuzes begraben. Sie arbeiteten als Holzfäller und Zwangsarbeiter in einem Sägewerk und kamen während der deutschen Kriegsgefangenschaft ums Leben.

Kurz danach durch eine Rechtskurve und an der folgenden Gabelung halb links halten ⇝ den Mischwald **La Robinette** mit seinen zahlreichen Schneisen passieren und dem Symbol eines blauen Querbalkens folgen ⇝ am Ende des Weges an der T-Kreuzung links abbiegen ⇝ in nur wenigen Metern erreichen Sie die Schutzhütte am **Hasebusch**, die idyllisch am Ufer der noch jungen Soor gelegen ist und sich bestens für eine kleine Pause anbietet.

Schutzhütte Hasebusch

2 3,2 (493) An der T-Kreuzung bei der Schutzhütte nach links wenden ⇝ dem Verlauf der Soor auf dem breiten Schotterweg folgen ⇝ durch eine weite Rechtskurve hindurch ⇝ in das schmale Tal hinein ⇝ an der Wegkreuzung nach rechts schwenken und das Soortal mit einer deutlichen Steigung verlassen ⇝ auf dem kurvigen Weg namens **Hestreux** bleiben und geradeaus bis zur Kreuzung **Seveneiken**, an der abermals ein gemütlicher Picknickplatz zu einer Pause einlädt.

Seveneicken

3 8,5 (478) Am Seveneicken nach rechts abbiegen und an der sich mit Wald abwechselnden Vennlandschaft entlang ⇝ mit einer ganz leichten Steigung in den Wald hinein ⇝ an zahlreichen Schneisen vorbei, bis der Wald wieder von weiten Vennflächen abgelöst wird ⇝ an der T-Kreuzung nach halb rechts wenden und durch eine Kurve bis zu einer sternförmigen Kreuzung.

4 12,6 (552) Nach einer weiteren Rastmöglichkeit an der Kreuzung rechts abbiegen und an der Vennlandschaft entlang ⇝ nach kurzer Zeit die **Soor** überqueren ⇝ nach der Freifläche nach rechts abbiegen und mit einem leichten Gefälle durch den Hasebusch ⇝ an dem bereits bekannten Abzweig nach links wenden und dem Weg durch den dichten Wald folgen ⇝ während des kurvigen Verlaufs an Schneisen und Abzweigungen vorbei und abschließend nochmal einen Blick auf das Croix Alliés werfen.

1 19,2 (479) Kurz danach erreichen Sie wieder die Straße, wo die Wanderung endet.

Parkplatz an der N 68

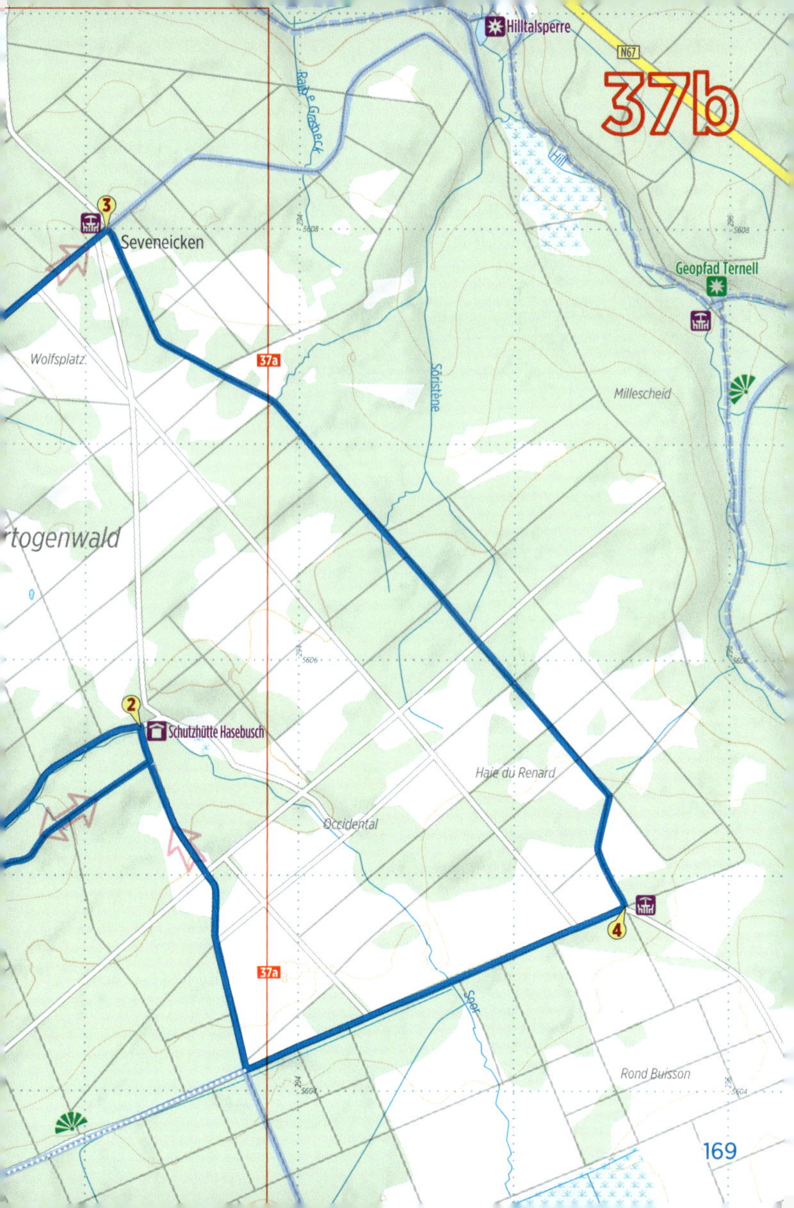
37b
Hilltalsperre
N67
Raube Grabeck
Hill
Seveneicken
Geopfad Ternell
Wolfsplatz
37a
Sôristène
Millescheid
rtogenwald
Schutzhütte Hasebusch
Haie du Renard
Occidental
Soor
Rond Buisson
3
2
4

Tour 38 — 14,7 km

Durch die Täler von Soor und Hill

Start/Ziel: Eupen, Wanderparkplatz an der Monschauer Straße, am östlichen Ortsrand

Aufstieg:	235 m	*Hartbelag:*	10 %
Abstieg:	235 m	*Wanderwege:*	83 %
Gehzeit:	3,5 - 4 Std.	*Wanderpfade:*	6 %

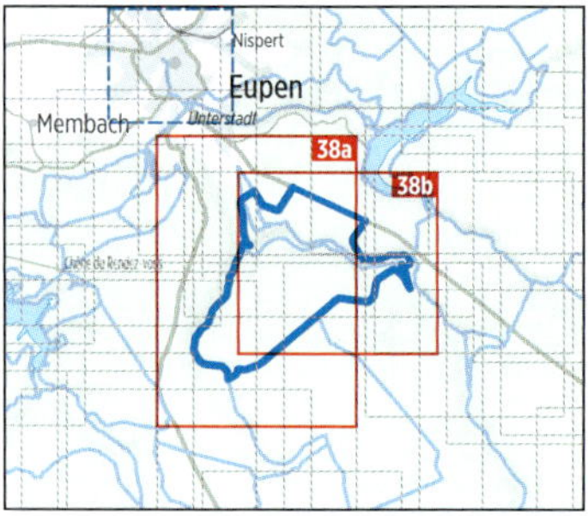

Charakteristik: Im Süden von Eupen treffen sich die beiden Bäche Soor und Hill und bilden eine wunderschöne Tallandschaft, die unter Schatten spendenden Bäumen durchquert wird. An Kreuzungen und interessanten Kreuzen vorbei geht es wieder zurück in Richtung Eupen.

Markierung: keine

Anfahrt: Auf der N 67 Eupen verlassen und in Richtung Monschau fahren. Am Ortsausgang bzw. am Waldrand links auf den Wanderparkplatz.

Eupen **s. S. 216**

Wanderparkplatz Monschauer Straße

1 0,0 (375) Den kleinen Wanderparkplatz gleich zu Beginn des Waldes an der N 67 verlassen und die Straße überqueren, sodass die Wohnhäuser zur Rechten liegen ⤳ an der Informationstafel und wenig später an der rot-weißen Schranke vorbei ⤳ auf dem Forstweg am Waldrand entlang wandern und dabei die Aussicht über die Felder zur Rechten bis in das Zentrum von Eupen genießen ⤳ durch eine Rechtskurve und am Waldrand bleiben ⤳ an der Kreuzung am Waldeck links abbiegen ⤳

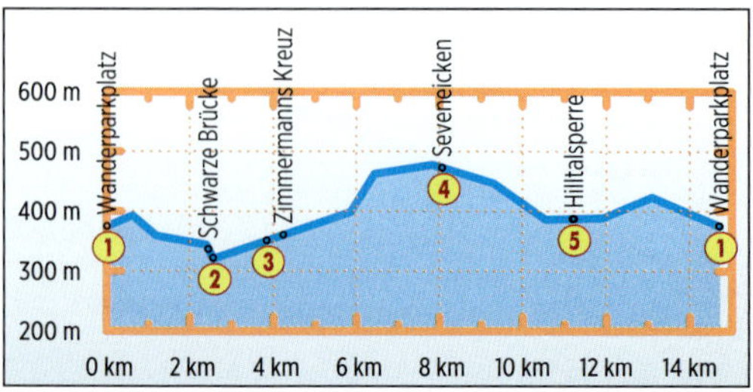

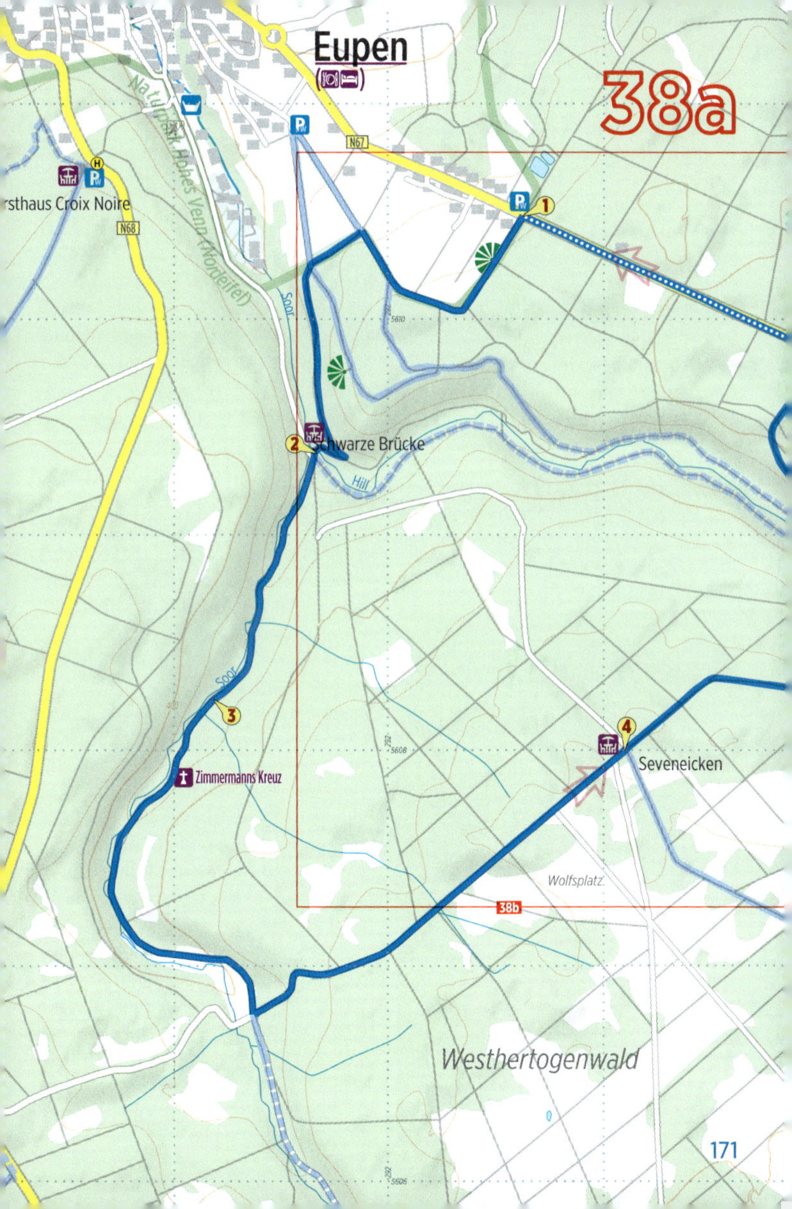

Eupen
38a
N67
N68
rsthaus Croix Noire
Naturpark Hohes Venn (Nordeifel)
Soor
Schwarze Brücke
Hill
Zimmermanns Kreuz
Seveneicken
Wolfsplatz
38b
Westhertogenwald

an der nächsten Kreuzung abermals nach links, dabei in den rechten der beiden Wege leicht abwärts wandern ⤳ dem abwärts führenden Weg in ein schmales Tal hinein folgen ⤳ in einem weiten Linksbogen den Abzweig nach rechts nutzen und hinab zum Fluss Hill, in die an dieser Stelle die Soor mündet.

Hill, Schwarze Brücke s. S. 175

2 2,4 (335) Den Bach Hill auf der Schwarzen Brücke überqueren ⤳ am Radwegeknotenpunkt vorbei und an der Soor entlang durch das Tal wandern.

Soor

Die Soor ist ein rund 12 Kilometer langer Bachlauf, der südlich von Eupen an der Schwarzen Brücke in die Hill mündet. Die Soor ist bekannt für ihren Tunnel, durch den ihr Wasser in die

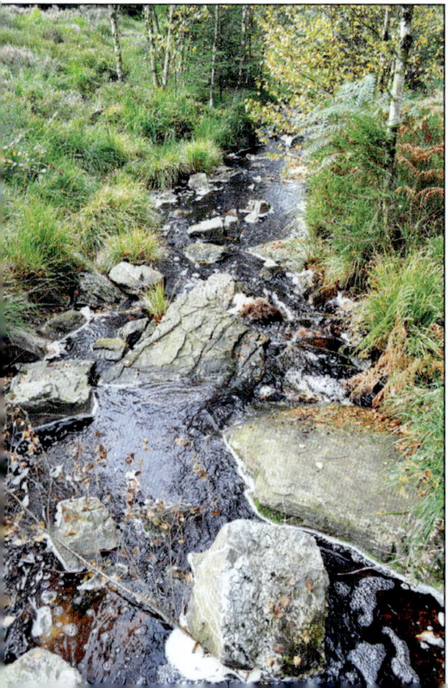

Gileppe-Talsperre umgeleitet wird. Auf dem wurzeligen Weg stets geradeaus und dem Rauschen des Baches lauschen ⤳ bis zum Zimmermanns Kreuz.

Zimmermanns Kreuz

3 4,2 (365) Am Kreuz vorbei und weiter durch das Tal der Soor ⤳ bis zu einer der kleinsten Talsperren Belgiens.

TIPP: Auf der rechten Seite wird das Wasser der Soor gestaut, worauf eine Informationstafel hinweist.

An der Sperre vorbei und in einem weiten Bogen bis zur Kreuzung beim **Knotenpunkt 59** ⤳ hier links abbiegen und nun mit einer spürbaren Steigung durch den Hertogenwald ⤳ dem zunächst kurvigen Verlauf des Forstwegs folgen, dieser wird jedoch zügig zu einem schnurgeraden Waldweg namens **Hestreux** ⤳ weiter geradeaus bis zur Kreuzung Seveneicken, wo ein Picknickplatz zur Pause einlädt.

Seveneicken

4 8,1 (478) Nach einer entspannenden Pause weiter geradeaus und auf der zunächst nach rechts, wenig später nach links führende Forststraße bleiben ⤳ ein kleiner Bach wird dabei überquert ⤳ nach einer Rechtskurve geht es weiter deutlich bergab ⤳ Sie folgen kurze Zeit später dem scharf nach links abknickenden Weg ⤳ am Radwegeknotenpunkt scharf rechts zur Hill hinab ⤳ nach wenigen Augenblicken erreichen Sie die Hilltalsperre.

Hilltalsperre

Die kleine Sperre staut die Hill und

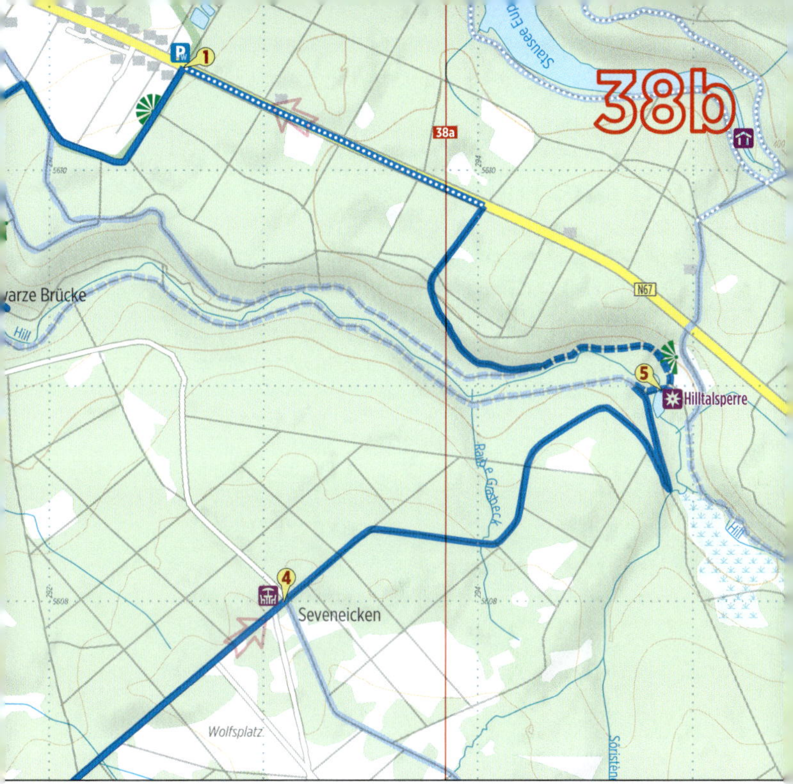

reguliert so den Wasserdurchlauf des angrenzenden Tunnel de la Helle, welcher von hier aus bis zum Getzbachtal verläuft.

5 11,2 (379) Über die Hilltalsperre hinweg und gleich dahinter nach links schwenken ~ nach 700 m rechts halten und auf dem aufwärts führenden Weg oberhalb der Hill wandern ~ das Hilltal dann nordwärts verlassen ~ durch den herrlichen Mischwald und nach kurzer Zeit an einer rot-weißen Schranke vorbei bis zur Landstraße N 67 ~ an der Landstraße nach links wenden, an einem Bauernhof vorbei und weiter geradeaus.

1 14,8 (375) Vor den ersten Häusern von Eupen erreichen Sie wieder den Wanderparkplatz, wo die Rundtour endet.

Wanderparkplatz Monschauer Straße

Tour 39 10,1 km

Von der Brücke bis zum Tunnel durch das Hilltal

Start/Ziel: Eupen, Parkmöglichkeit am Binsterweg/Ecke Meier-Dael-Weg

Aufstieg:	155 m	*Hartbelag:*	0 %
Abstieg:	154 m	*Wanderwege:*	39 %
Gehzeit:	2,5 - 3 Std.	*Wanderpfade:*	61 %

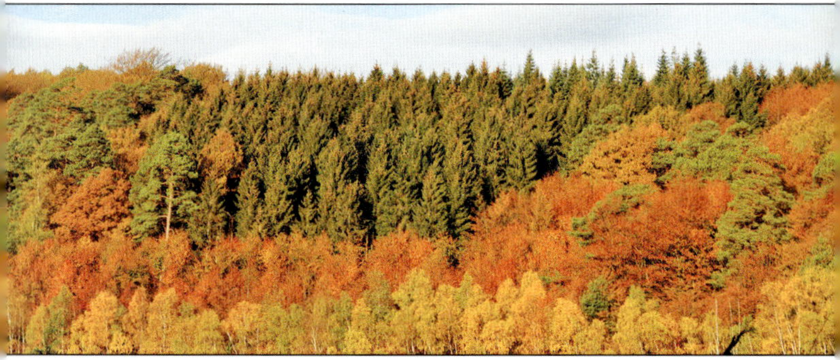

Charakteristik: Wanderung für Genießer und Hundebesitzer oder für zwischendurch. Mit federnden Schritten laufen Sie durch das enge Tal des kleinen Flusses Hill, genauer von der sogenannten Schwarzen Brücke bis zur kleinen Hilltalsperre, dabei wird die sanfte Kuppe des Binsters umrundet.

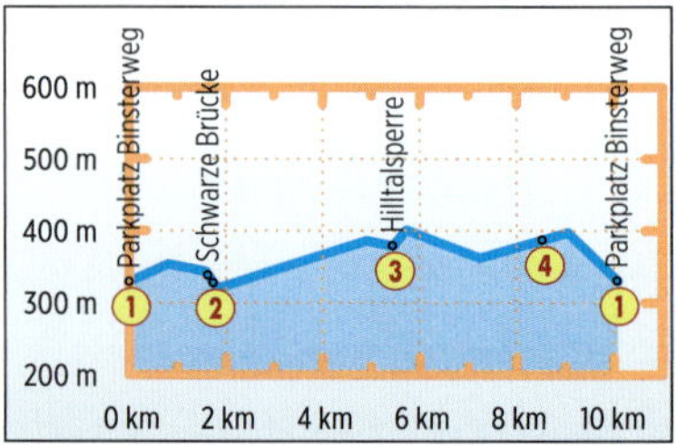

Markierung: blaues Kreuz im weißen Quadrat von der Hilltalsperre bis zum Binster

Anfahrt: Eupen über die N 67 Richtung Monschau verlassen. Kurz vor dem Ortsausgang rechts in den Meier-Dael-Weg, am Ende halb links in die Sackgasse, wo an einer Gabelung eine Parkmöglichkeit besteht.

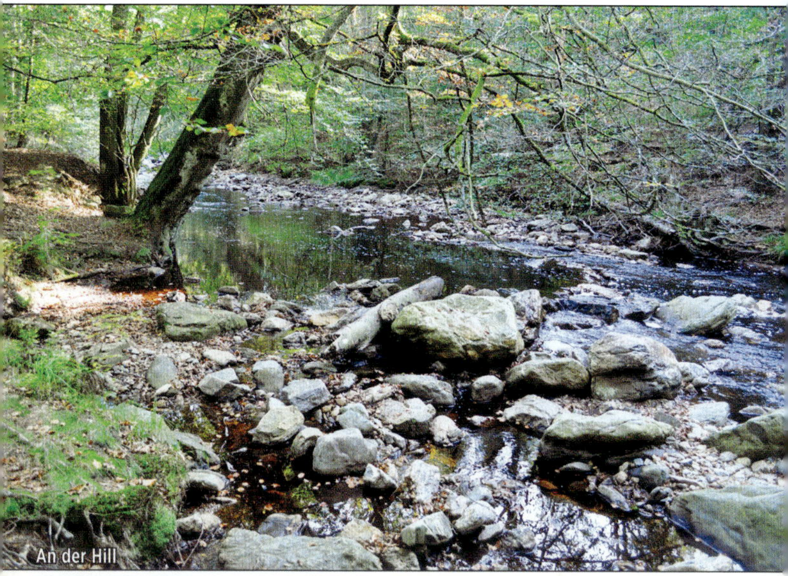

An der Hill

Eupen s. S. 216

Parkplatz am Binsterweg

1 0,0 (316) An der Gabelung bei der Parkmöglichkeit rechts halten und auf der Allee zwischen den beiden Feldern laufen ⤳ im Wald an der Gabelung erneut rechts ⤳ dem Weg durch den kühlen Mischwald folgen ⤳ nach 1 km in den scharf nach rechts abknickenden Abzweig ⤳ diesem folgen und deutlich bergab wandern ⤳ bis zur sogenannten Schwarzen Brücke an der Hill und der Soor.

Schwarze Brücke

Als Schwarze Brücke wird der Punkt bezeichnet, an dem die Soor in die Hill mündet. Der Name stammt von der ursprünglichen Brücke über die Soor, deren Eisenträger schwarz gestrichen waren.

Hill

Der Bachlauf Hill (Helle) entspringt in der Botrange auf einer Höhe von 660 Metern und mündet nach 25 Kilometern weiter nördlich in der Stadt Eupen in die Weser (Vesdre).

Während des Hochwassers im Juli 2021 kam es im Eupener Stadtteil Hütte zu großen Zerstörungen, weil die Hill zum reißenden Fluss wurde und mit dem Wasser auch viele Steine und Geröll in den Ort schwemmte.

2 1,8 (315) Über die Brücke, dann am Radwegeknotenpunkt nach links wenden ⤳ durch das Tal der Hill weiter ⤳ durch eine S-Kurve am steinigen Ufer entlang ⤳ unter Fichten und Erlen auf einem kurvigen Pfad ⤳ immer wieder im Auf und Ab und dem Rauschen der Hill hinterher ⤳ durch eine weite Linkskurve, an Sitzbänken, die zur Rast einladen, vorbei und auf der **Route de la Helle** entlang ⤳ nach einer Rechtskurve an der Gabelung links wandern und zur Hilltalsperre und dem Tunnel de la Helle.

Hilltalsperre

Die kleine Sperre staut die Hill und reguliert so den Wasserdurchlauf des angrenzenden Tunnel de la Helle, welcher von hier aus bis zum Getzbachtal verläuft.

3 5,4 (379) Hinter dem Tunnel nach links abbiegen ⤳ im weiten Bogen nun auf der anderen Flussseite durch das idyllische Tal ⤳ leicht kurvig und abermals im Auf und Ab auf dem wurzeligen Weg ⤳ an der Gabelung links bleiben und weiter auf der nördlichen Seite des Tals, nicht bergauf wandern ⤳ auf dem nun breiten und gut begehbaren Weg, auf dem im Sommer unter dem Schatten spendenden Blattwerk der Bäume gelaufen wird, weiter ⤳ der breite Weg entfernt sich etwas vom Fluss und beschreibt dann einen Linksbogen.

4 8,4 (392) Von rechts stößt eine Forststraße auf den Weg, hier weiter geradeaus ⤳ am Radwege- und Wanderknotenpunkt vorbei weiterhin der Forststraße folgen.

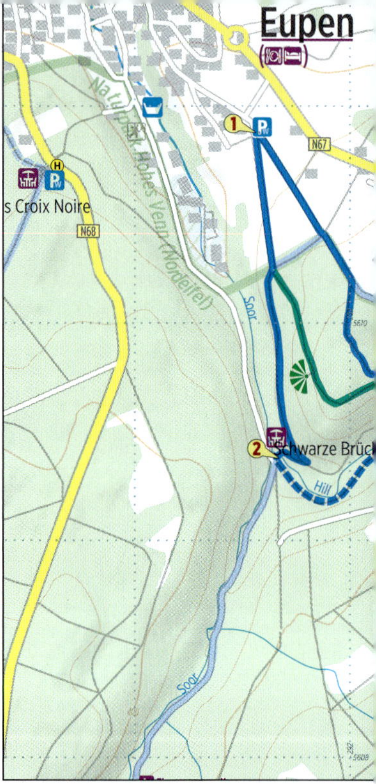

VARIANTE An dem Knotenpunkt können Sie auch links der in der Karte verzeichneten Variante folgen. Auf diesem Weg gelangen Sie nach dem weiten Rechtsbogen zum Aussichtspunkt Kanzelkrone, der links des Weges liegt und leider etwas zugewachsen ist. Dem breiten Forstweg weiterhin folgend erreichen Sie dann den vom Anfang der Tour bekannten Weg zwischen den Feldern.

Auf der Hauptroute folgen Sie dem kurvigen Weg über eine kleine Kuppe hinweg, dabei den sanften Hügel des Binster links liegen lassen ⤳ an der T-Kreuzung den Wald verlassen, nach links wenden und am Waldrand ent-

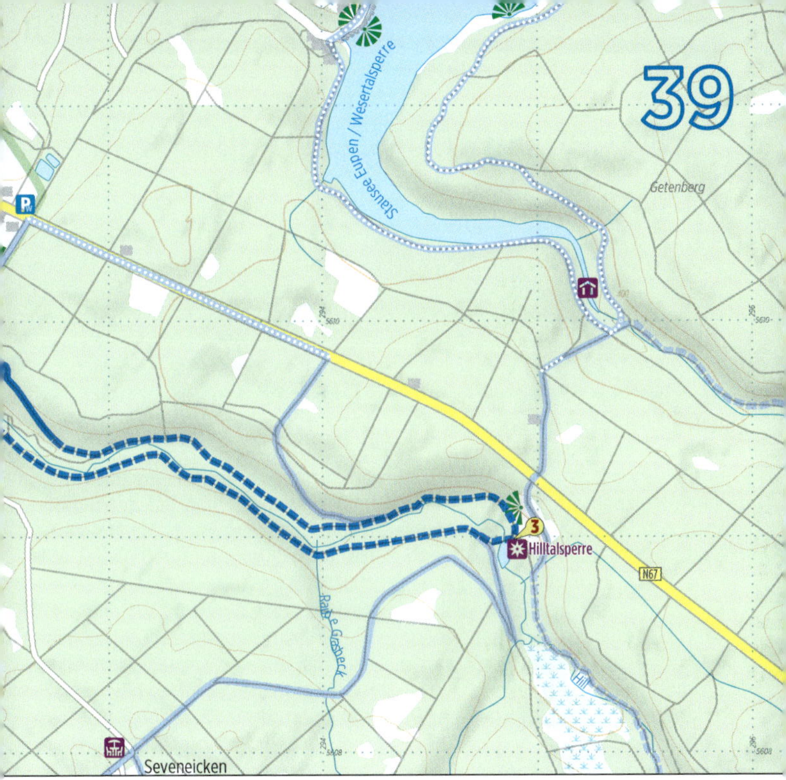

lang wandern ~ über die Kreuzung mit dem Wildgitter im Boden hinweg ~ auf der Allee zwischen den Feldern nun zurück zum Ausgangspunkt.

1 10,1 (316) Sie erreichen am Parkplatz das Ende der Wanderung.

Parkplatz am Binsterweg

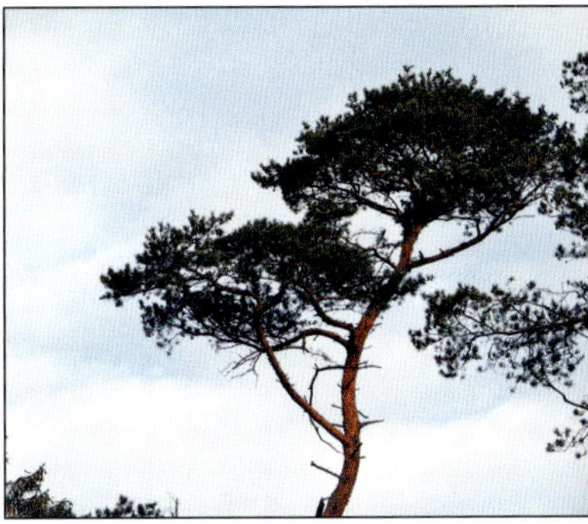

Tour 40 9,6 km

Durch den Hertogenwald am Drossart

Start/Ziel: Parkplatz am Kreisverkehr Drossar

Aufstieg: 177 m *Hartbelag:* 1 %

Abstieg: 177 m *Wanderwege:* 65 %

Gehzeit: 2,5 - 3 Std. *Wanderpfade:* 34 %

Charakteristik: Im ersten Teil der Tour sind Sie auf breiten Forstwegen unterwegs. An Waldschneisen locken Holzpalisaden zu Wildbeobachtungen ein. Dann erreichen Sie das idyllische und ruhige Tal der Gileppe und wandern auf wurzeligen Pfaden oft nahe am Bach entlang. Die Tour verläuft fast durchgehend im Wald und ist besonders für heiße Sommertage zu empfehlen.

Markierung: roter Querbalken im weißen Quadrat

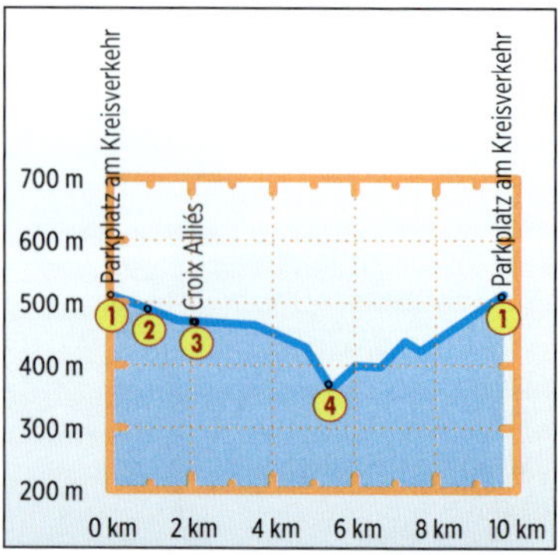

Anfahrt: Ab Eupen auf der N 68/E 421 in Richtung Malmedy. Am ersten Kreisverkehr nach der langen Auffahrt links auf den Schotterparkplatz Drossart. Ab Malmedy Richtung Eupen hinter Baraque Michel bis zum Kreisverkehr.

Kreisverkehr Drossart

1 0,0 (516) Am Parkplatz am Kreisverkehr Drossart zunächst zu den Hinweistafeln, die über die Region informieren ⤳ neben den Tafeln auf dem kleinen Weg zum Waldrand und zum Zaun ⤳ vor dem Zaun nach links wenden und am Waldrand entlang in nördliche Richtung ⤳ am quer verlaufenden Forstweg rechts abbiegen und dem zweispurigen Schotterweg folgen ⤳ auf dem schnurgeraden Weg an mehreren Waldabschnitten vorbei und einige Schneisen passieren ⤳ bis zum **Fossé d'Eupen**.

Fossé d'Eupen

Der Fossé d'Eupen ist eigentlich kein Bach, auch wenn er mittlerweile an dieser Stelle so wirkt. Es handelt

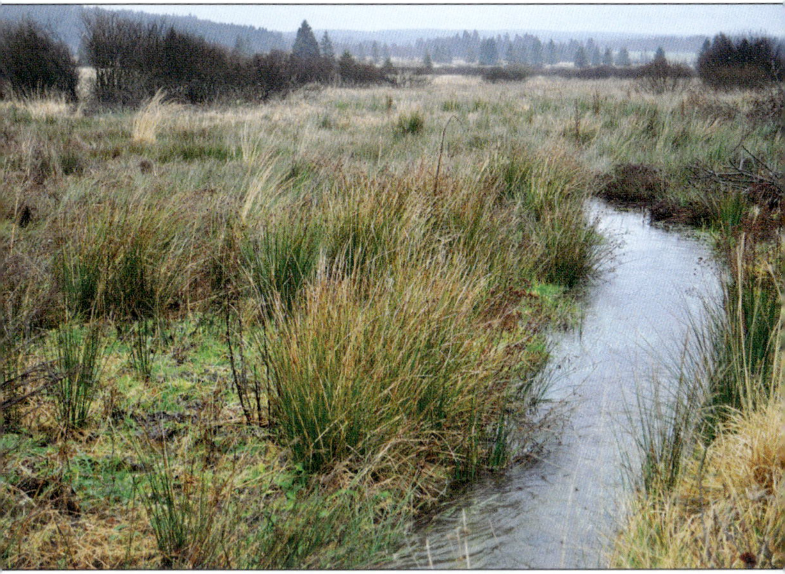

sich vielmehr um einen Kanal, der in den 1770er Jahren angelegt wurde, um einen Teil des Wassers aus dem Gileppe-Bach in die Soor umzuleiten und damit die Eupener Tuchindustrie mit mehr Wasser zu versorgen.

2 0,9 (500) Am Kanal links abbiegen und dem Wasserlauf leicht bergab folgen ⁓ auf dem kurvigen Weg durch den Mischwald ⁓ am breiten Forstweg nach links abbiegen und dem Kanal den Rücken zuwenden ⁓ durch eine weite S-Kurve bis zum **Croix Alliès**.

Croix Alliés

Luigi Brunelli, Vincenzo Mesiti, Costantino Capozzi und ein weiterer, unbekannter italienischer Kriegsgefangener wurden an der Stelle des heutigen Kreuzes begraben. Sie arbeiteten als Holzfäller und Zwangsarbeiter in einem Sägewerk und kamen während der deutschen Kriegsgefangenschaft ums Leben.

3 2,0 (483) Am Kreuz vorbei wandern und durch den Wald bis zu einer rotweißen Schranke ⁓ an der Schranke vorbei und die dahinter liegende Landstraße überqueren ⁓ auf der gegenüberliegenden Straßenseite gabelt sich der Weg, hier halb rechts halten ⁓ stets geradeaus und leicht bergab ⁓ an der T-Kreuzung rechts abbiegen und an der nächsten T-Kreuzung wiederum nach links ⁓ mit einem deutlichen Gefälle in das Tal der Gileppe hinab wandern ⤳ dabei einmal links abbiegen und der Markierung eines roten Querbalkens folgen, bis knapp oberhalb der Gileppe eine T-Kreuzung erreicht wird.

Tour 40

Gileppe

Die Gileppe entspringt im Venngebiet zwischen Baraque Michel und dem Drossart und fließt von dort fast durchgehend in nordwestliche Richtung, um die Gileppe-Talsperre

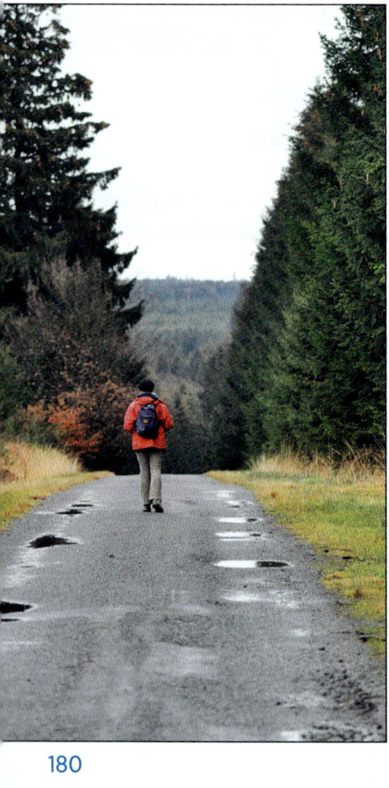

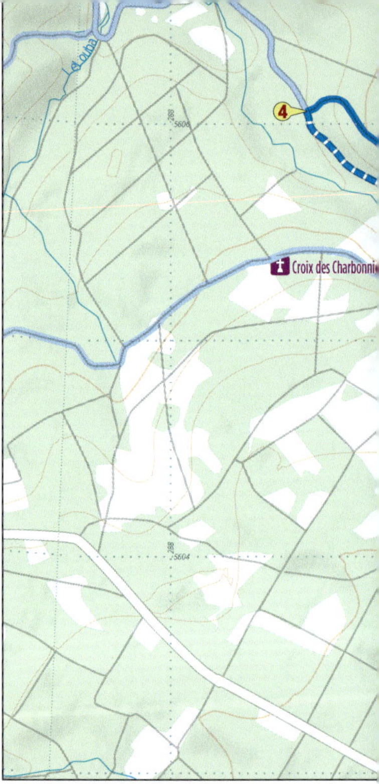

zu füllen. Auf der anderen Seite der Staumauer rauscht das Wasser der Gileppe nur noch kurz durch ein enges Tal, bevor es in der Weser (Vesdre) aufgeht.

4 5,1 (364) Hier im Gileppe-Tal nach links schwenken ⤳ durch das kühle Tal wandern und dem sanften Rauschen des Baches lauschen ⤳ in einem weiten Bogen durch das idyllische Tal, dabei stets bergauf steigen ⤳ hinter einem nach links führenden Abzweig an markanten Felsen vorbei

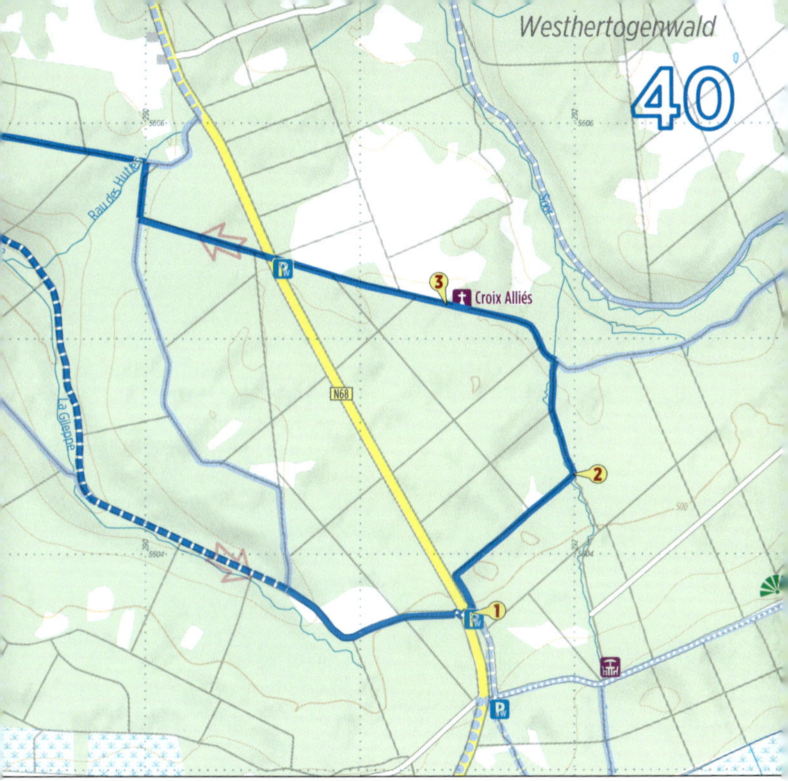

und durch eine Linkskurve bis zu einer Kreuzung ↝ hier halb rechts halten und nur noch wenige Meter bis zum Kreisverkehr Drossart wandern ↝ hinter der Schranke die Straße auf dem Zebrastreifen am Kreisverkehr überqueren.

1 9,2 (516) Ende der Wanderung am Parkplatz.

Kreisverkehr Drossart

Tour 41 — **12,9 km**

In den Wäldern von Jalhay

Start/Ziel: Jalhay, Parkplatz an der Kirche

Aufstieg:	212 m	*Hartbelag:*	28 %
Abstieg:	212 m	*Wanderwege:*	55 %
Gehzeit:	3 - 3,5 Std.	*Wanderpfade:*	17 %

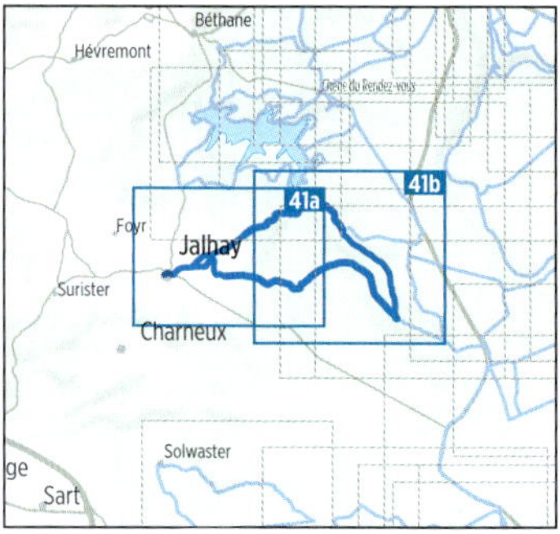

Charakteristik: Ruhige und einfache Wanderung durch die Fichtenwälder bei Jalhay und auf schmalen Pfaden des kleinen, malerischen Gileppe-Tals.

Markierung: bis zur Gileppe keine, ab der Gileppe roter Querbalken im weißen Quadrat, später grüner Querbalken im weißen Quadrat

Anfahrt: Ab Eupen über die N 629 nach Jalhay. Ab dem Baraque Michel auf der N 68 Richtung Eupen, jedoch links auf die N 672 abbiegen.

Jalhay

Hôtelrestaurant Au Vieux Hêtre, Rue de la Fagne 18, Do-Fr 12-14 Uhr und 18-21.30 Uhr, @ rba757

Maison Pezzetti, Rue de la Fagne 34, 087647627, Do-Sa 18-22 Uhr, So 12-14.30 und 18-23 Uhr, @ pkb247

1 0,0 (381) An der Kirche rechts vorbei und auf der kleinen Straße leicht bergauf zur Hauptkreuzung des quirligen Ortes ~ an der Kreuzung rechts auf die **Rue de la Fagne** abbiegen ~ vor der Boulangerie auf der linken Seite in die kleine Straße **Chênerie** ~ durch die ruhige Wohnstraße in einem weiten Rechtsbogen und dabei an gepflegten Häusern und kleinen Höfen vorbei ~ weiter in den Weiler Herbiester.

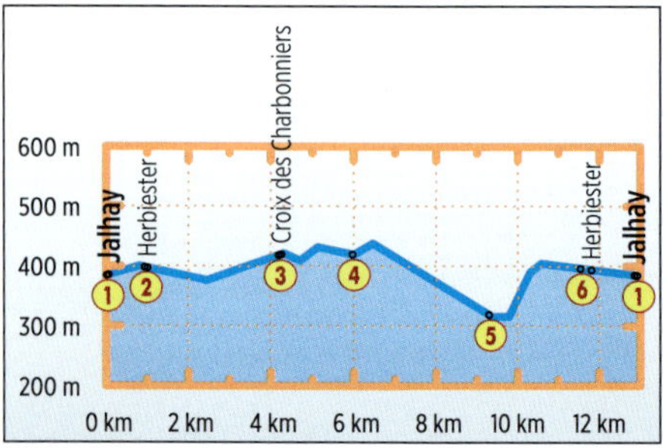

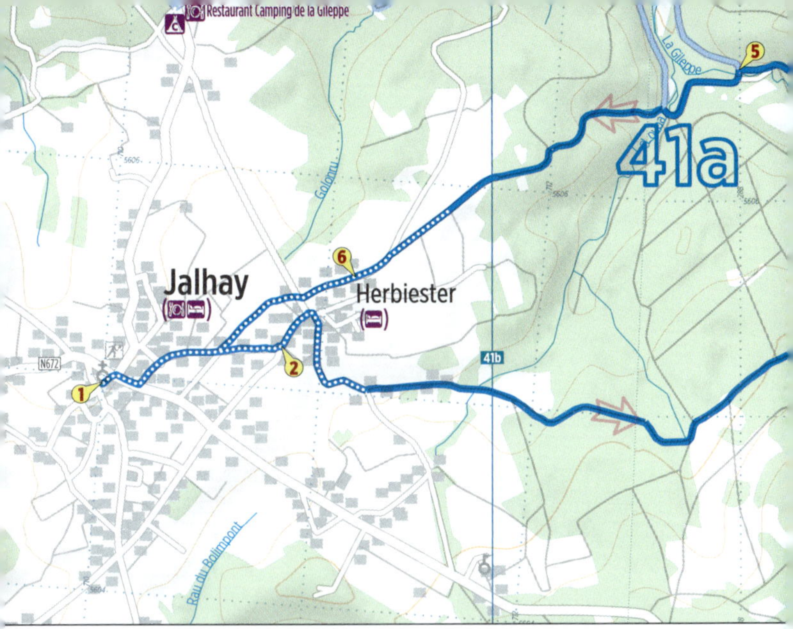

Herbiester (Jalhay)

Bretts 4 Epis, Herbiester 68, ✆ 087377668, @ kgw817

Quiétude Champêtre 4 Epis, Herbiester 209, ✆ 087266816, @ dgd556

2 0,9 (388) An der Querstraße nach links abbiegen und auf der Dorfstraße durch das kleine Zentrum ⤳ dabei jedoch stets rechts halten und Herbiester in südlicher Richtung verlassen ⤳ die letzten Häuser passieren und an weiten Koppeln und Weiden vorbei ⤳ an der Gabelung neben einem frei stehenden Haus halb links halten ⤳ geradeaus an einem Weiher vorbei und kurz darauf einen Wald betreten ⤳ im grün leuchtenden Fichtenwald dem kurvigen Verlauf des Forstweges folgen und bis zur Kreuzung mit dem **Croix des Charbonniers** leicht bergauf wandern, das Kreuz erinnert daran, dass früher an dieser Stelle Holzkohle hergestellt wurde.

3 4,2 (419) An der Kreuzung weiter geradeaus und in einem weiten Rechtsbogen fast ohne Steigung durch den Mischwald wandern ⤳ nach einiger Zeit fällt der Weg langsam ab ⤳ mit Schwung geht es hinab in das Tal der Gileppe.

Gileppe s. S. 188

4 5,8 (422) Die Gileppe überqueren und kurz darauf an der ersten Möglichkeit scharf nach links abbiegen ⤳ nun durch das herrliche Tal wandern und dabei auf dem Pfad stets bergab

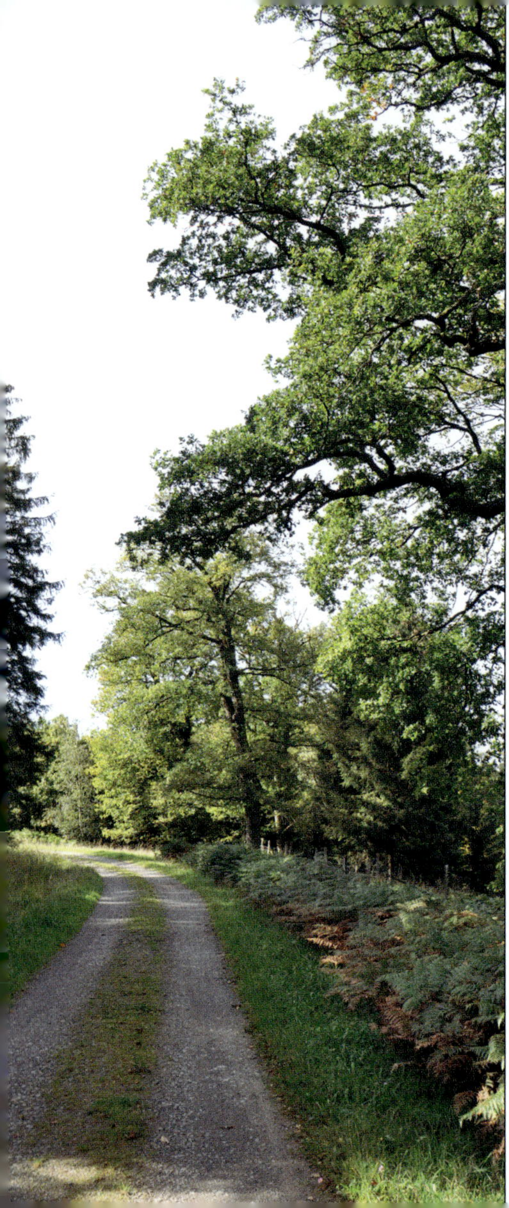

steigen ⇝ für ein kurzes Stück der Markierung eines roten Querbalkens folgen ⇝ wo diese im Dreiborn nach rechts abzweigt und in die Höhe weist, geradeaus bleiben und weiter das Gileppe-Tal genießen ⇝ auf der kurvenreichen Strecke etwas oberhalb der Gileppe bleiben ⇝ nach einiger Zeit bis zur Vorstufe der Gileppe-Talsperre.

5 9,1 (314) Hier am **Knotenpunkt 66** nach links und den kleinen Fluss überqueren, am anderen Ufer nach rechts wenden ⇝ auf dem Weg weiter – im Sommer unter dem dichten Blattwerk der Laubbäume – und durch eine Linkskurve hindurch ⇝ an dem Abzweig hinter der Rechtskurve geradeaus bleiben und steil aufwärts wandern ⇝ nach dieser deutlichen Steigung den Wald verlassen und auf einer schmalen Allee den Blick über zahlreiche Felder und Koppeln schweifen lassen ⇝ entlang der Baumreihen, bis die ersten Häuser von Herbiester in Sichtweite kommen ⇝ weiter geradeaus und nach Herbiester hinein.

6 11,3 (395) An den Wohn-

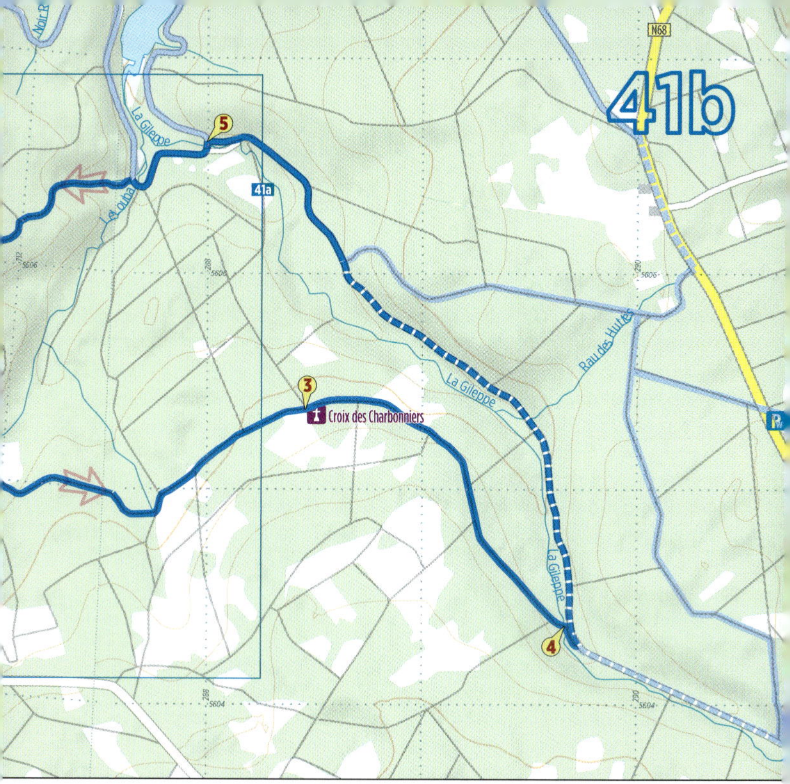

häusern mit ihren stilvollen Gärten vorbei ⇝ bis zu einer quer verlaufenden Straße.

Herbiester

Die Straße überqueren ⇝ auf der gegenüberliegenden Straßenseite in einen kleinen Weg hinein, achten Sie auf den grünen Querbalken der Wanderwegmarkierung ⇝ am Rande von Herbiester an mehreren Weiden entlang, den Ausblick genießen und zur bereits bekannten Querstraße von Jalhay wandern ⇝ hier rechts abbiegen ⇝ hinter einem Wegkreuz auf der rechten Seite bis zur Gabelung und dort halb links halten ⇝ durch die kleine Straße bis zur Hauptstraße ⇝ rechts abbiegen und leicht bergab bis zur Kreuzung in der Ortsmitte ⇝ nach links wenden und die wenigen Meter hinab bis zum Ausgangspunkt.

1 12,8 (381) Am Parkplatz endet die Wanderung.

Jalhay

Tour 42 14 km

Rund um die Gileppe-Talsperre

Start/Ziel: Parkplatz am Gileppe-Stausee

Aufstieg: 237 m *Hartbelag:* 48 %

Abstieg: 237 m *Wanderwege:* 52 %

Gehzeit: 3,5 - 4 Std. *Wanderpfade:* 0 %

Charakteristik: Spannende Wanderung rund um den malerischen See. Mit etwas Glück erlebt man am Ausgang des Soor-Tunnel eine sehenswerte Wasserfontäne, aber auf jeden Fall bekommt man die stolze Statue eines gigantischen Löwen zu sehen.

Markierung: grüner Querbalken im weißen Quadrat

Anfahrt: Ab Eupen über die N 629 in Richtung Jalhay. Die Talsperre erscheint auf der linken Seite.

Gileppe-Talsperre

Aussichtsturm, 55 Route de la Gileppe, April-Sept. tägl. ab 10 Uhr, Okt.-März, Mi-Fr ab 11 Ur und Sa, So/Fei ab 10 Uhr. Der 77 m hohe Turm wurde 1993 eröffnet. Ein gläserner Aufzug bringt die Besucher zur Aussichtsplattform und zum Restaurant.

Panoramarestaurant am Lac de la Gileppe, 55 Route de la Gileppe, 087765687. Das Restaurant des Aussichtsturms befindet sich auf einer Höhe von gut 70 m und ermöglicht einen Rundumblick auf die Talsperre und das Hohe Venn. @ mcd271

Die von 1867 bis 1878 erbaute Talsperre hatte zur Entstehungszeit eine Wasserfläche von 86 Hektar. Die Staumauer wurde – erstmalig in Europa – aus Beton errichtet. Die Talsperre diente der Wasserregulierung für die Textilindustrie im Wesertal. Seit einem Erweiterungsbau aus dem Jahr 1953 erstreckt sich die Wasserfläche auf 130 Hektar. Wahrzeichen der Talsperre ist ein steinerner Löwe, der etwa 300 Tonnen schwer ist und aus 180 Sandsteinblöcken errichtet wurde.

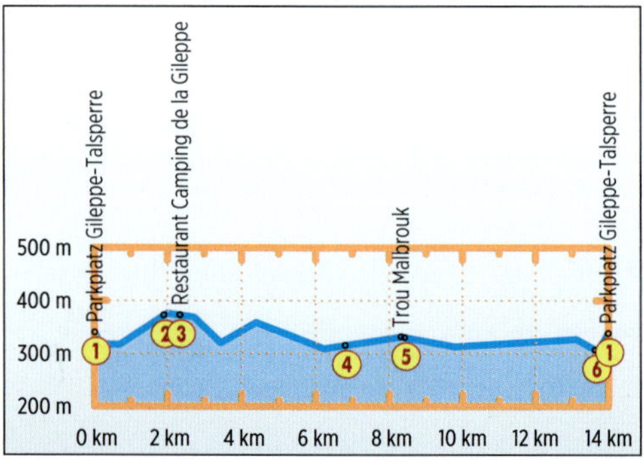

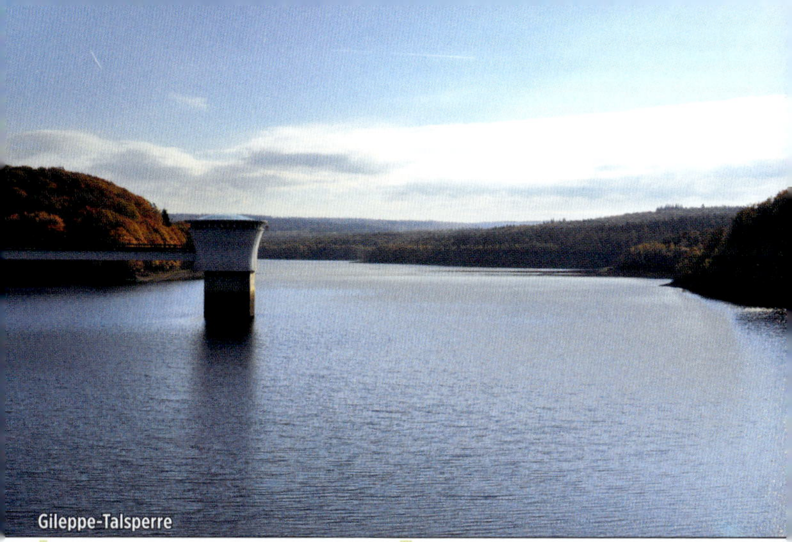

Gileppe-Talsperre

1 0,0 (339) Vom Parkplatz zum markanten und massiven Aussichtsturm gehen und, wenn möglich, einen herrlichen Ausblick über den See von oben genießen ⁓ am Turm links vorbei und dem schmalen Weg hinab zur Staumauer folgen ⁓ die Staumauer mit ihrem prächtigen Löwen erst einmal links liegen lassen und nach rechts wenden ⁓ an der ersten Möglichkeit nach wenigen Metern links in den Wald abbiegen ⁓ an einem abgesperrten Zugang zum westlichen Überlaufturm vorbei ⁓ im weiten Rechtsbogen entlang des Seeufers ⁓ einen der kleinen Seearme passieren ⁓ langsam den See hinter sich lassen und tiefer in den herrlichen Laubwald eintauchen ⁓ leicht bergauf und auf dem kurvigen Waldweg bis zu einer Schranke ⁓ an der rot-weißen Schranke vorbei bis zur **N 629**.

2 1,9 (374) An der Landstraße nach links wenden und durch eine sanfte Linkskurve an zwei Wohnhäusern vorbei ⁓ bis zu einem Campingplatz, der mit seinem Café-Restaurant zur Pause einlädt.

Restaurant Camping de la Gileppe, Route de la Gileppe 59, ✆ 087647022

3 2,4 (371) Vor dem Café nach links schwenken und auf dem kleinen Asphaltweg am Rande des Campingplatzes entlang wandern ⁓ kurz hinter dem Platz an einem Wohnhaus rechts in den Wald einschwenken ⁓ dabei deutlich bergab wandern ⁓ weiter unten in einem kleinen Tal über die Brücke, dann links halten ⁓ mit etwas Abstand an einer weiteren Brücke vorbei, der Bach mündet wenig später in den See ⁓ anschließend dem Weg rechtsherum und bergan durch den Wald folgen ⁓ an der T-

Kreuzung nach links wenden, achten Sie hier auf das Wanderwegsymbol mit dem grünen Querbalken ⤳ ein kurzes Stück hinab gehen und den kleinen Bach Noir Ru überqueren ⤳ dem weiteren Verlauf folgen und sanft bergab durch eine weite Linkskurve bis in die Nähe des Seeufers ⤳ nach einer kurvigen Passage an einer Kreuzung links abbiegen und durch eine Rechtskurve bis zur Gileppe.

Gileppe

Die Gileppe entspringt im Venngebiet zwischen Baraque Michel und dem Drossart und fließt von dort fast durchgehend in nordwestliche Richtung, um die Gileppe-Talsperre zu füllen. Auf der anderen Seite der Staumauer rauscht das Wasser der Gileppe nur noch kurz durch ein enges Tal, bevor es in der Weser (Vesdre) aufgeht.

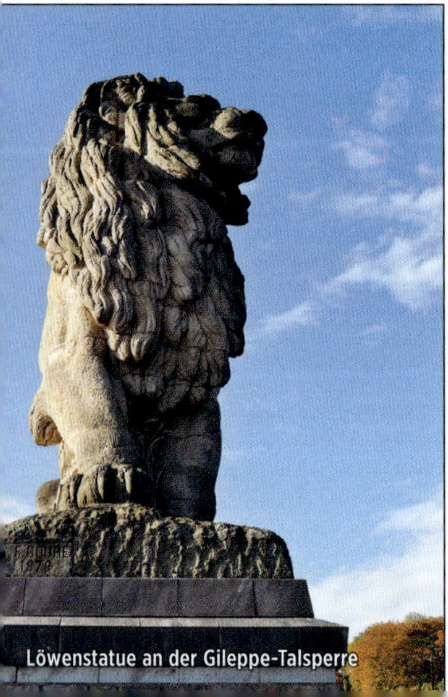

Löwenstatue an der Gileppe-Talsperre

4 6,9 (315) Die Gileppe nach links überqueren und ihrem Wegverlauf nicht nur folgen, sondern auch dicht am Ufer des Sees wandern ⤳ einen kurzen Arm des Sees umrunden, dabei einen weiteren kleinen Bach überqueren ⤳ weiter am Seeufer entlang und an Sitzbänken eine kleine Pause einlegen, um die Sicht über das Wasser zu genießen ⤳ weiter bis zum Trou Malbrouk, dem Ausgang des Soor-Tunnels.

Trou Malbrouk

Der Trou Malbrouk bezeichnet den markanten Ausgang des rund 2,5 Kilometer langen Soor-Tunnels. Gebaut wurde er in den 1950er Jahren, um die Trinkwasserversorgung von Verviers zu verbessern und Eupen besser vor Hochwasser schützen zu können. Bei dem Bau des Tunnels kamen acht Arbeiter ums Leben, als sich nach einem kurzen, aber heftigen Unwetter der Tunnel mit Wasser füllte und die Arbeiter keine Chance mehr hatten, die Röhre zu verlassen. Noch heute kann man nach starken Regenfällen das tosende Wasser der Soor sehen, wenn es mit einem zwei Meter dicken Strahl aus der Röhre schießt.

5 8,5 (322) An der Gabelung nach dem Soor-Tunnel halb links wandern ⤳ stets am Ufer entlang und dabei nicht nur die Aussicht auf den See genießen, sondern auch seine Seitenarme umrunden ⤳ an mehreren Abzwei-

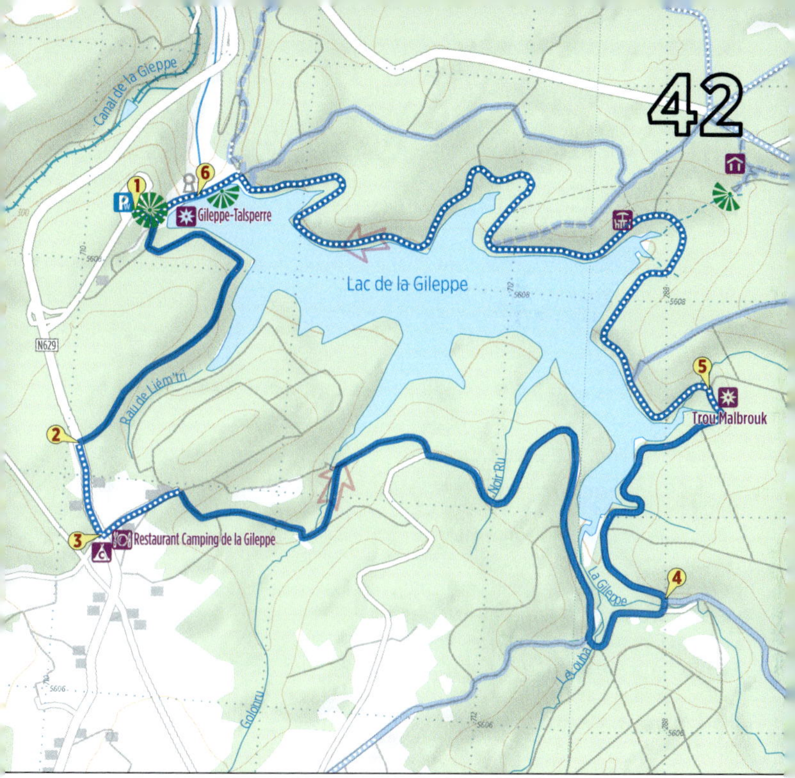

gen vorbei hinauf in den Hertogenwald spazieren ~ nach einiger Zeit bis zum abgesperrten Zugang des zweiten Überlaufturms und gleich dahinter links zur Staumauer ~ auf die Staumauer gehen und bis zur Löwenstatue.

Löwenstatue

Über 180 massive Sandsteinblöcke, die bis zu sieben Tonnen auf die Waage bringen, wurden zusammengesetzt, um diesen stolzen Löwen auf der Staumauer zu errichten. Er ist über 13 Meter hoch und wurde so ausgerichtet, dass er mit seinem trotzigen Blick in die Richtung der damaligen preußischen Grenze schaut.

6 13,8 (298) An dem stolzen Löwen vorbei und am anderen Ende der Staumauer rechts halten ~ unterhalb des Aussichtsturms leicht bergauf gehen.

1 14,2 (339) Am Parkplatz ist das Ende der Wanderung erreicht.

Gileppe-Talsperre

Tour 43 **6 km**

Mit tollen Aussichten zum Ufer des Lac de Gileppe

Start/Ziel: Parkmöglichkeit am Chêne du Rendez-vous in der Rue de Hestreux

Aufstieg: 127 m *Hartbelag:* 40 %

Abstieg: 127 m *Wanderwege:* 34 %

Gehzeit: 1,5 Std. *Wanderpfade:* 25 %

Charakteristik: Am Grand Lys genießt man mitten im einsamen Wald zunächst die Aussicht auf eine Lichtung, auf der gute Möglichkeiten für ein schönes Fotomotiv mit Wildtieren bestehen. Im Hintergrund schimmert bereits das Wasser des Lac de Gileppe, der auf der weiteren Wanderung besucht wird. Auf einem schmalen Waldweg kehrt man dem ruhigen See schließlich wieder den Rücken zu.

Markierung: blaues Kreuz bis zum Aussichtspunkt, danach gelber Querbalken im weißen Quadrat

Anfahrt: Ab Eupen über die N 68/E 421 in Richtung Malmedy. Am ersten Abzweig nach rechts auf die N 620, im Wald an den Behindertenparkplätzen vorbei bis zu einer Infotafel an einer Schranke.

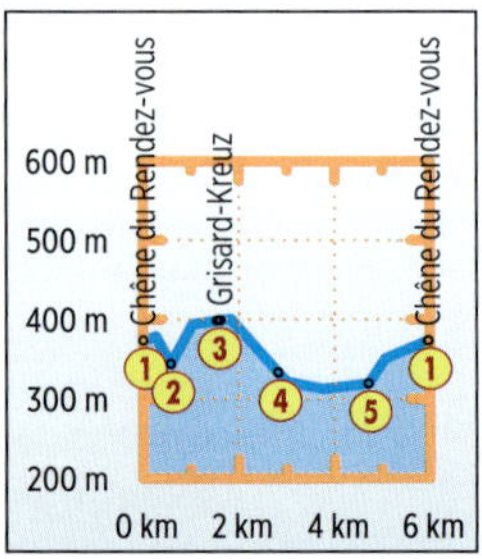

Chêne du Rendez-vous

1 0,0 (381) Von der Informationstafel mit der Landkarte in Richtung Landstraße gehen ~ diese überqueren ~ an der Kreuzung den Asphaltboden verlassen und halb links in den Wald hinein ~ der Ausschilderung zum Grand Lys durch den Wald folgen ~ an einer Schutzhütte vorbei ~ auf das blaue Kreuz achten und bis zu einem schmalen Schotterweg, diesem in Serpentinen abwärts folgen ~ Sie gelangen zum Aussichtspunkt mit Blick auf den Lac de la Gileppe.

2 0,7 (350) Vom Aussichtspunkt wieder zurück auf den Schotterweg ~ nun immer aufwärts wandern, bis zur weiter oben gelegenen Straße ~ am kleinen Parkplatz nach rechts wenden und auf der löchrigen Straße weiter ~ in der Linkskurve der Straße erreichen Sie das Grisard-Kreuz.

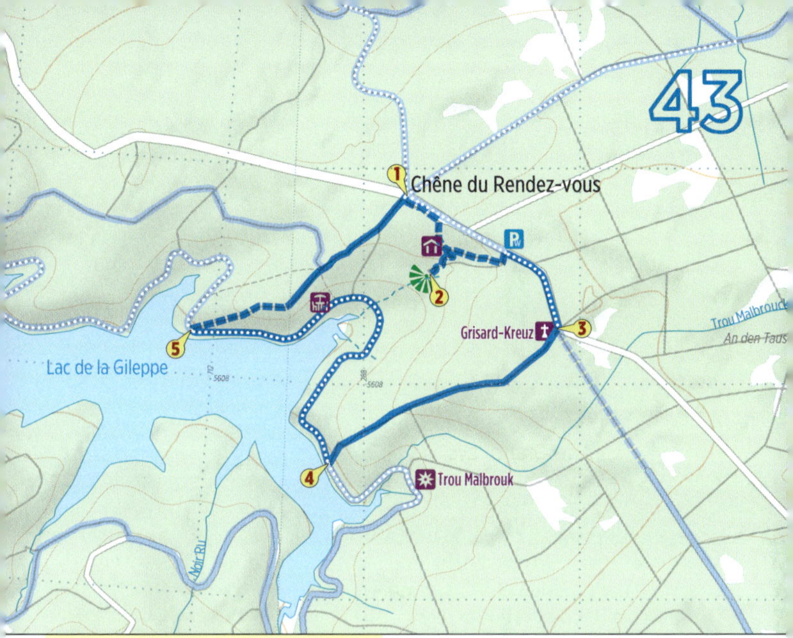

Grisard-Kreuz

Théodore Grisard war Förster im Hertogenwald, der damals noch zwischen dem Herzogtum Limburg und dem Fürstbistum Lüttich aufgeteilt war. Diese Teilung führte dazu, dass im Wald der kostbare Rohstoff Holz gestohlen und über die Grenze geschafft wurde. Grisard ging hart gegen diese Diebstähle vor und machte sich dadurch keine Freunde bei den Schmugglern. Am 27. Januar 1750 wurde schließlich seine Leiche mit eingeschlagenem Schädel gefunden. Zwei Personen konnten nach monatelanger Untersuchung verhaftet werden und wurden im Juni des folgenden Jahres gerädert und enthauptet. Ihre Leichen stellte man zur Abschreckung am Tatort aus, wo mittlerweile auch schon ein Gedenkkreuz für den Förster errichtet wurde.

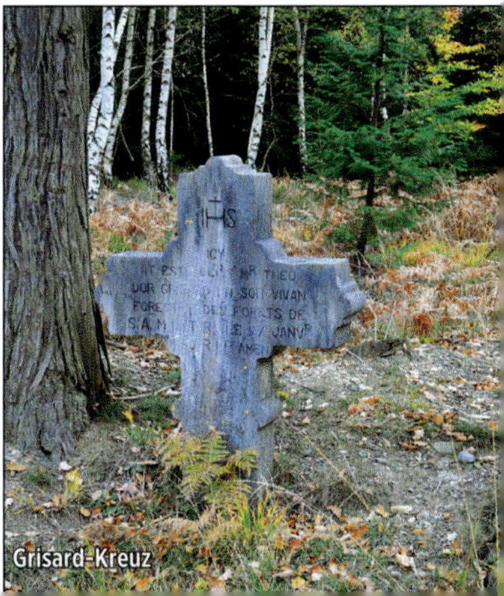

Grisard-Kreuz

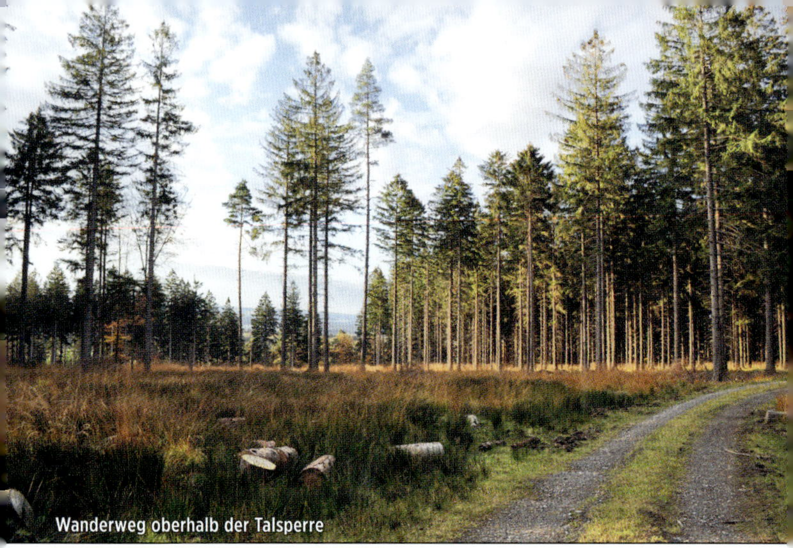
Wanderweg oberhalb der Talsperre

Das originale Kreuz wurde während des Zweiten Weltkrieges zerstört und 1946 durch das heutige Kreuz ersetzt.

3 1,7 (400) An der Wegekreuzung beim Kreuz rechts abbiegen und die Straße verlassen ⁓ auf dem Schotterweg eine Metallschranke passieren ⁓ auf dem zweispurigen Forstweg unter hohen Kiefern und Fichten hindurch ⁓ nach einem weiten Rechtsbogen weiter auf dem schmaleren Waldweg, in den der Forstweg mündet ⁓ nach einiger Zeit deutlich bergab und wenige Meter bis zum Uferweg des Lac de Gileppe.

Gileppe-Talsperre s. S. 186

4 2,9 (294) An der asphaltierten Uferpiste rechts abbiegen ⁓ an einer Sitzbank mit Aussicht auf die Staumauer eine kleine Pause einlegen ⁓ weiter durch den Mischwald, bis rechts eine Lichtung erscheint.

TIPP: Hierbei handelt es sich um die Lichtung, die Sie von dem vorher besuchten Aussichtspunkt gesehen haben.

In einem weiten Linksbogen in Ufernähe bleiben ⁓ an einem weiteren Rastplatz vorbei und die Idylle genießen ⁓ bis zu einem Baum auf der rechten Seite, der mit drei Punkten in rot, gelb und grün markiert ist.

5 4,9 (304) Hinter dem Baum nach rechts wenden ⁓ auf dem steinigen und wurzeligen Weg aufwärts ⁓ im leichten Auf und Ab an mehreren Sitzbänken vorbei ⁓ stets geradeaus und am Ende an einer rot-weißen Schranke vorbei.

1 6,1 (381) An der Kreuzung erreichen Sie den Ausgangspunkt der Wanderung.

Chêne du Rendez-vous

Tour 44 8,5 km

Auf einem Lehrpfad zur Staumauer des Lac de Gileppe

Start/Ziel: Parkmöglichkeit am Chêne du Rendez-vous in der Rue de Hestreux

Aufstieg: 184 m *Hartbelag:* 27 %

Abstieg: 183 m *Wanderwege:* 63 %

Gehzeit: 2 - 2,5 Std. *Wanderpfade:* 10 %

Charakteristik: Angenehme Waldwanderung durch den Hertogenwald. An einer Spiel- und Lehrstation geht es hinab zum Lac de la Gileppe, wo eine stolze Löwenstatue die Staumauer markiert. An markanten Gesteinsschichten vorbei wandert man durch den ruhigen Wald in einem weiten Bogen wieder zurück.
Markierung: überwiegend eine rote Raute im weißen Quadrat
Anfahrt: Ab Eupen über die N 68/E 421 in Richtung Malmedy. Am ersten Abzweig nach rechts auf die N 620, im Wald an den Behindertenparkplätzen vorbei bis zu einer Infotafel an einer Schranke.

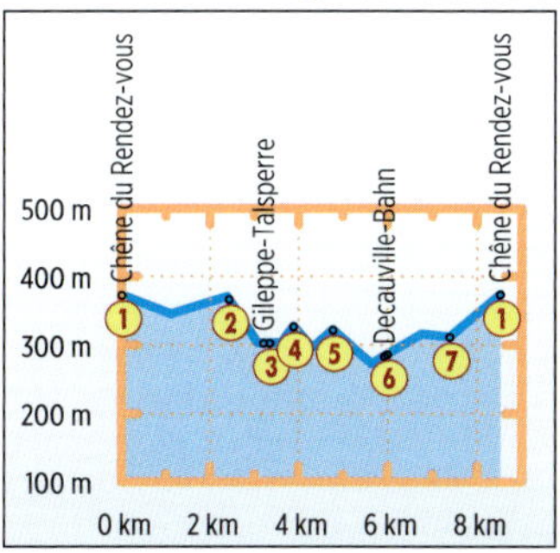

Chêne du Rendez-vous

1 0,0 (381) Der Landkarte und der Hinweistafel den Rücken kehren und über die Landstraße hinweg ⤳ auf dem zweispurigen Forstweg an einer rot-weißen Schranke vorbei ⤳ nach gut 300 m erscheint ein Baum, der mit einem roten, gelben und grünen Punkt markiert ist ⤳ hinter diesem rechts abbiegen und der roten Raute folgen ⤳ auf dem breiten, kurvigen Weg durch den Mischwald ⤳ einen Abzweig nach rechts ignorieren und halb links weiter wandern ⤳ im sanften Auf und Ab einen weiten Linksbogen beschreiben und bis zu einem weiteren Abzweig.

2 2,4 (360) Am Abzweig nicht mehr der roten Raute folgen, sondern weiter geradeaus wandern ⤳ an einer Spiel- und Lehrstation, nicht nur für Kinder, vorbei ⤳ auf einem schmalen Weg hinab bis zu einem Holzgeländer ⤳

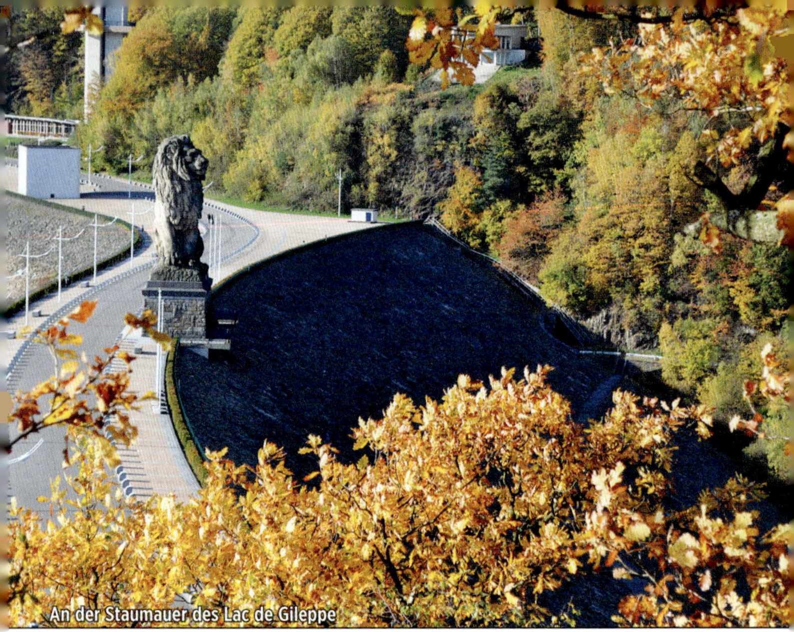

An der Staumauer des Lac de Gileppe

von dort die lohnende Aussicht auf die Staumauer mit ihrer markanten Löwenstatue genießen ⇝ am Aussichtspunkt links vorbei ⇝ vorsichtig an der Seilsicherung hinab bis zum asphaltierten Uferweg ⇝ nach rechts wenden und die wenigen Meter bis zur Staumauer, von dort nach links zur Löwenstatue und weiter bis zum Aussichtsturm.

Lac de la Gileppe

Die erste Staumauer Europas, welche aus Beton errichtet wurde, befand sich an dieser Stelle und staute die Gileppe zu einem See. Die Einweihung erfolgte im Jahr 1878 durch den belgischen König. Die damalige Staumauer wurde natürlich mittlerweile durch eine modernere Befestigung ersetzt, auf der sich eine 13 Meter hohe Löwenstatue befindet. (s. S. 186)

3 3,2 (321) Nach der Aussicht auf den See und einem Spaziergang über die Mauer wieder zurück zur Straße ⇝ hinter der Staumauer nach links wenden, aber gleich nach den markanten Felsen rechts auf dem schmalen Pfad weiter gehen ⇝ dort zum interessanten Gesteinssattel.

Gesteinssattel

Eine Schautafel erläutert anschaulich die Entstehung des hier befindlichen Gesteinssattels, auch Antikline genannt. Sie wurde entdeckt, als man diesen Bereich als Steinbruch für den Bau der Staumauer benutzte.

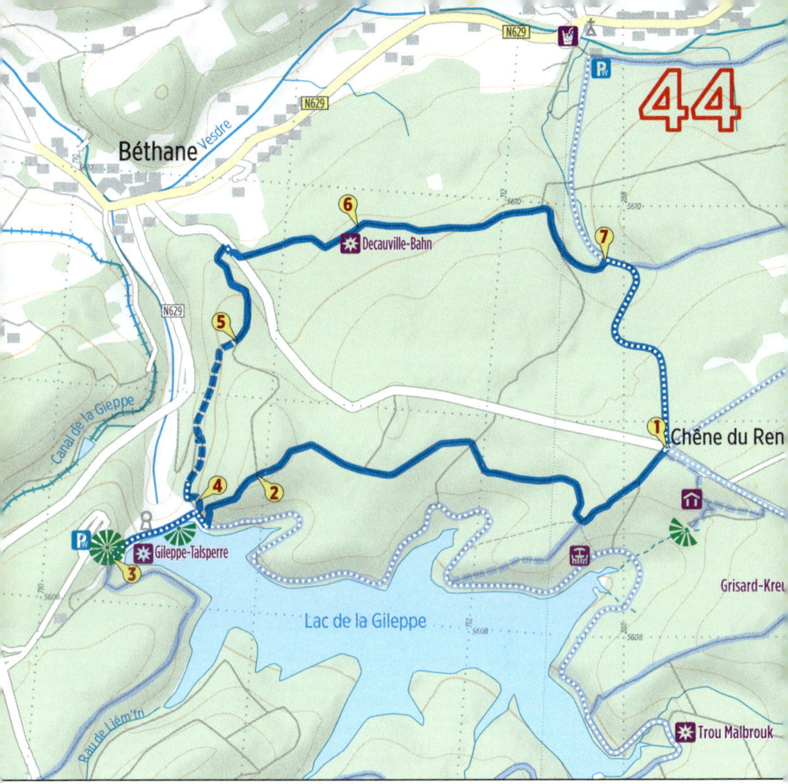

4 4,2 (296) An den Felsen vorbei und wieder zurück zum Asphaltweg ⁓ wenige Meter abwärts gehen, dann jedoch halb rechts auf den abzweigenden Waldweg einbiegen ⁓ diesem zunächst bergauf folgen, an einer Informationstafel über die Waldbewohner vorbei und wenig später an einer Seilsicherung wieder hinab gehen ⁓ bis zu einem Baumstamm, an dem die Baumringe gezählt werden können ⁓ am Baumstamm vorbei und der blauen Raute durch ein Holztor hindurch folgen ⁓ wieder sanft bergauf wandern, an weiteren Informationstafeln vorbei ⁓ bis zu einem breiten Forstweg.

5 5,3 (322) Links auf den Forstweg und nun wieder der roten Raute folgen ⁓ geradeaus durch den Wald und an einer rot-weißen Schranke vorbei, um dahinter die kleine Waldstraße zu überqueren ⁓ an der Straße rechts und sofort wieder halb links in den

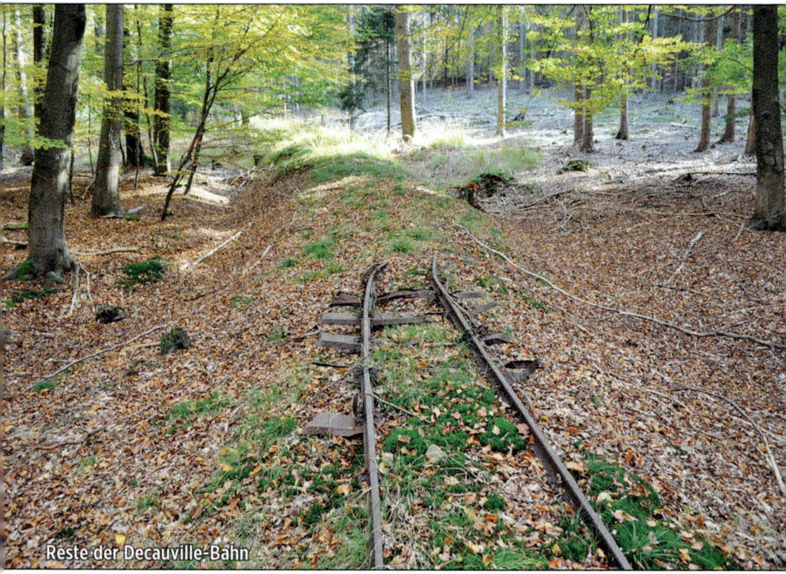
Reste der Decauville-Bahn

Wald hinein ⇝ auf dem kurvigen und breiten Schotterweg geradeaus bis zu den letzten Überbleibseln der Decauville-Bahn.

Decauville-Bahn s. S. 201

6 6,6 (285) Parallel zum alten, noch erkennbaren Bahndamm weiter ⇝ über einen kleinen Bach hinweg ⇝ um eine scharfe Rechtskurve herum ⇝ bis zum Ende des Waldweges an einem weiteren Bachlauf entlang.

7 6,6 (285) Auf den Asphaltweg nach rechts abbiegen und an der folgenden Gabelung halb rechts weiter wandern ⇝ im weiten Bogen leicht bergauf und durch eine S-Kurve hindurch ⇝ bis zum Ende der Straße, an der rot-weißen Schranke vorbei.

1 8,1 (381) An der folgenden Wegkreuzung erreichen Sie wieder den Ausgangspunkt und das Ende der Wanderung

Chêne du Rendez-vous

Tour 45 4,8 km

Durch den Westhertogenwald

Start/Ziel: Parkmöglichkeit am Chêne du Rendez-vous in der Rue de Hestreux

Aufstieg: 54 m | *Hartbelag:* 57 %

Abstieg: 54 m | *Wanderwege:* 43 %

Gehzeit: 1 Std. | *Wanderpfade:* 0 %

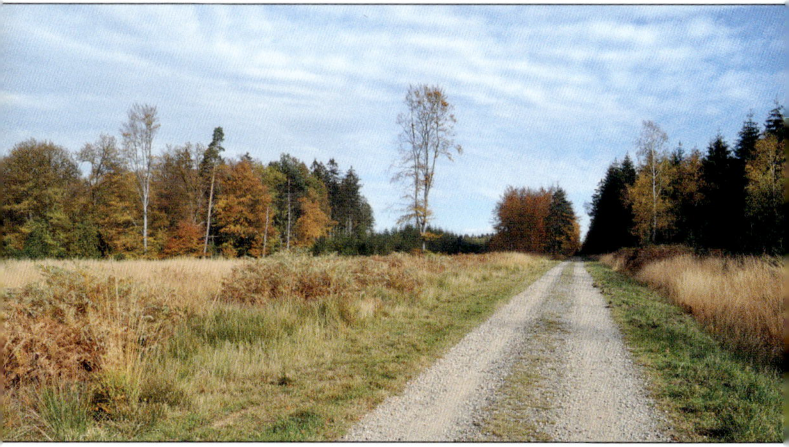

Charakteristik: Auf der Straße des Wolfslochs lernt man die Ruhe und Idylle des Hertogenwaldes kennen und wandert unter dem dichten Blätterwerk zahlreicher Bäume hindurch. Auf dieser schattigen Tour lässt es sich auch gut mit einem Hund (an der Leine) wandern.

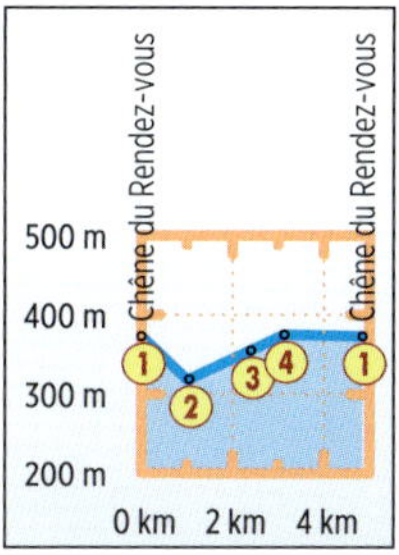

Markierung: roter Querbalken im weißen Quadrat

Anfahrt: Ab Eupen über die N 68/E 421 in Richtung Malmedy. Am ersten Abzweig rechts auf die N 620, im Wald an den Behindertenparkplätzen vorbei bis zu einer Infotafel an einer Schranke.

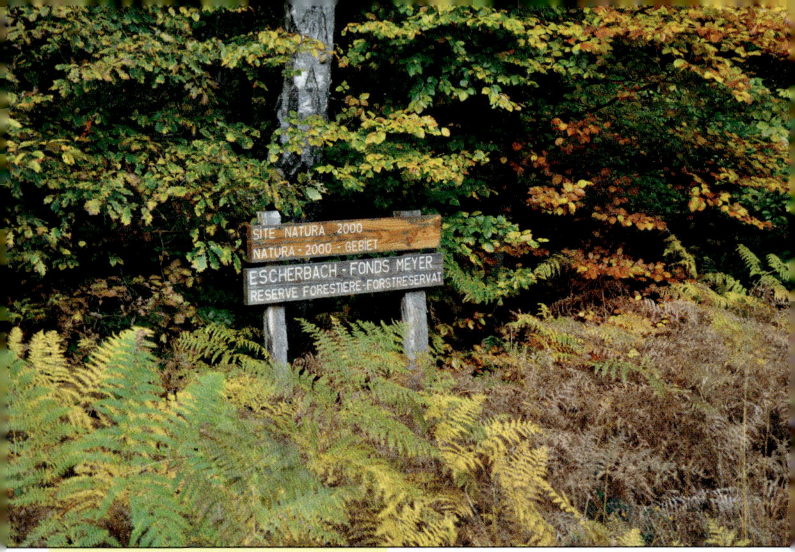

Westhertogenwald

Der Hertogenwald war ein herzogliches Waldareal und reichte im Mittelalter bis an den Stadtwald von Aachen heran. Nach der napoleonischen Zeit wurde der Wald in einen belgischen und einen preußischen Abschnitt geteilt, was sich heute immer noch an den beiden zuständigen Forstämtern und auch an der Namensgebung durch Osthertogenwald und Westhertogenwald erkennen lässt. Heute umfasst das Waldgebiet eine Fläche von über 6.000 Hektar. Die Forstwege sind überwiegend asphaltiert, bieten jedoch ein Netz von Wanderwegen, deren Gesamtlänge mehrere hundert Kilometer beträgt.

Chêne du Rendez-vous

1 0,0 384 An der Hinweistafel links vorbei gehen ⤳ die rot-weiße Schranke passieren ⤳ durch den frischen Laubwald und in Kurven leicht bergab wandern ⤳ einen kleinen Bach überqueren.

2 1,0 (308) 250 m nach dem Bach nach rechts abzweigen und erneut über einen Bach ⤳ nun auf Schotter sanft bergauf wandern ⤳ stets geradeaus bleiben und unter grün leuchtenden Laubbäumen hindurch ⤳ an dem nach links abzweigenden Weg geradeaus weiter ⤳ die Ruhe des hiesigen Forstreservats Escherbach genießen und Eichhörnchen hinterher blicken, die flink an den Bäumen emporkraxeln ⤳ geradeaus weiter bis zum Ende des Wegs, dabei den kleinen Bach Rau Fond Meyer überqueren.

3 2,3 (371) An der T-Kreuzung nach rechts wenden und mit einem weiten Linksbogen weiter durch den

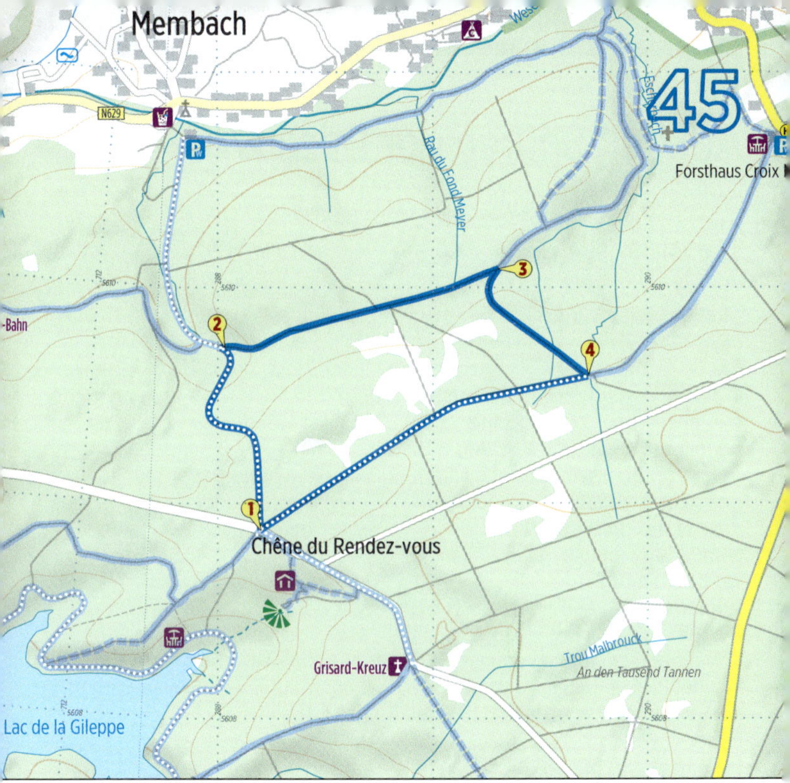

herrlichen Forst ~ an hohen Farnen und dichten Fichten vorbei.

4 3,0 (390) Nach der Sitzbank an der T-Kreuzung nach rechts wenden ~ der Weg trägt den Namen **Route du Trou du Loup**, das bedeutet wörtlich übersetzt „Weg des Wolfslochs" ~ auf dem asphaltierten Weg über einen kleinen Bach hinweg ~ an Waldschneisen vorbei ~ stets geradeaus und die Idylle des Waldes genießen ~ am Ende an einer rot-weißen Schranke vorbei.

1 4,8 (384) Kurz danach erreichen Sie wieder den Ausgangspunkt.

Chêne du Rendez-vous

LEICHT

Tour 46 — 6,1 km

Auf den Spuren der Decauville-Bahn

Start/Ziel: Membach, Wanderparkplatz an der N 629

Aufstieg:	106 m	*Hartbelag:*	18 %
Abstieg:	106 m	*Wanderwege:*	82 %
Gehzeit:	1,5 Std.	*Wanderpfade:*	0 %

Charakteristik: Eine angenehme Waldwanderung, die teilweise auf der ehemaligen Trasse einer alten Bahnlinie verläuft. Gleichzeitig wandert man oberhalb der plätschernden Weser entlang und genießt die Frische des duftenden Forstes.

Markierung: blauer Querbalken im weißen Quadrat

Anfahrt: Ab Eupen über die N 629 Richtung Limbourg. Hinter dem Campingplatz auf der linken Seite erscheint eine Imbissbude. An dieser links in den Wald hinein bis zum Ende.

Wanderparkplatz an der N 629

1 0,0 (252) Am kleinen Parkplatz vor der Informationstafel nach links wenden ~ an einem Wohnhaus vorbei und auf dem Schotterweg die Metallschranke passieren ~ oberhalb der plätschernden Weser (La Vesdre) durch den Mischwald wandern.

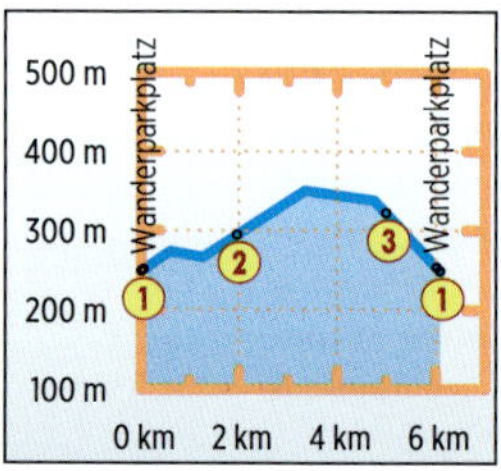

Weser

Die Weser (Vesdre) ist ein fast 70 Kilometer langer Fluss, der in den Fichtenwäldern rund um das Imgenbroicher Venn entspringt und sich zunächst auf den Weg nach Deutschland macht. Den deutschen Boden südlich von Roetgen verlässt der noch junge Wasserlauf bereits nach zwei Kilometern wieder und kehrt nach Belgien zurück. Östlich von Eupen wird die Weser zu einer der wichtigsten Talsperren des Landes gestaut, bevor der Fluss das Wasser der Hill, der Gileppe und der Hoëgne aufnimmt und in Lüttich in die Ourthe mündet.

An einer Leitplanke vorbei ~ in weiten Kurven durch den Wald und an hohen Farnen entlang ~ im leichten Auf und Ab in den Forst Escherbach hinein und an einer Weggabelung halb rechts halten ~ an markanten Felsformationen auf der rechten Seite vorbei ~ dem schmalen Weg folgen bis zu einem Hinweisschild über die ehemalige **Decauville-Bahn**.

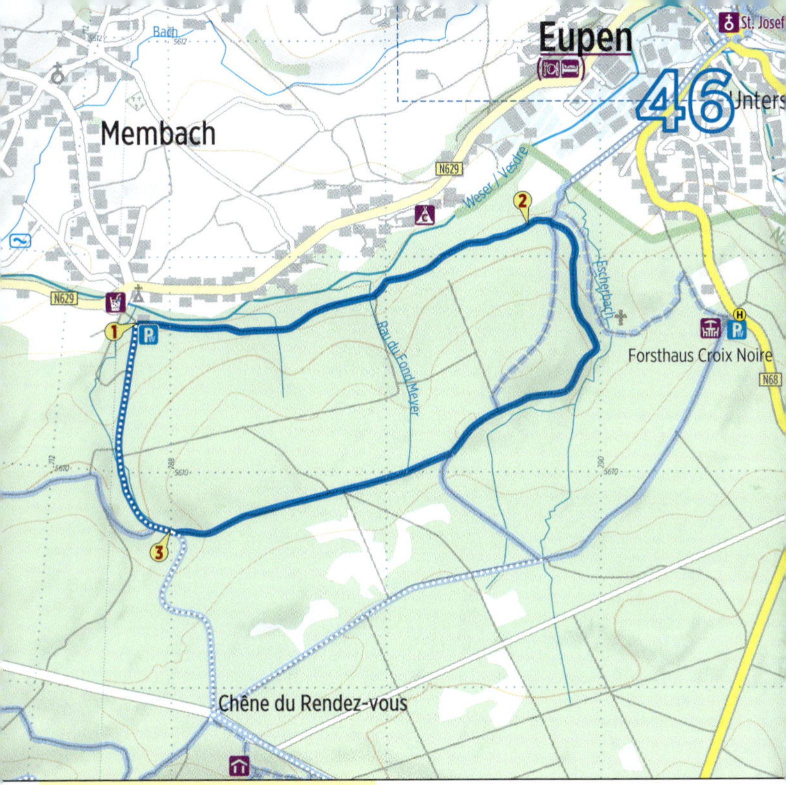

Decauville-Bahn

Die Decauville-Bahn erhielt ihren Namen durch ihren Erfinder, Armand-Louis-Victor Decauville, und wurde auch als „transportable Eisenbahn" bekannt. Die Spurweite betrug anfangs gerade einmal 40 Zentimeter, weshalb die Bahn verhältnismäßig schnell gebaut werden konnte und neben der zivilen Nutzung auch beim Militär gefragt war. Die Decauville-Bahn im Hohen Venn diente dazu, im Ersten Weltkrieg für einen zügigen Transport des hier geschlagenen Holzes zu sorgen. Doch auch nach dem Krieg wurde das Bahnnetz auf eine Streckenlänge von rund 60 Kilometern erweitert und erst ab dem Jahr 1952 wieder zurückgebaut. Heute sind nur noch vereinzelt kleine Dämme und verrostete Schienenstränge zu entdecken.

2 2,0 (295) Auf der einstigen Trasse der Decauville-Bahn weiter wandern ⇝

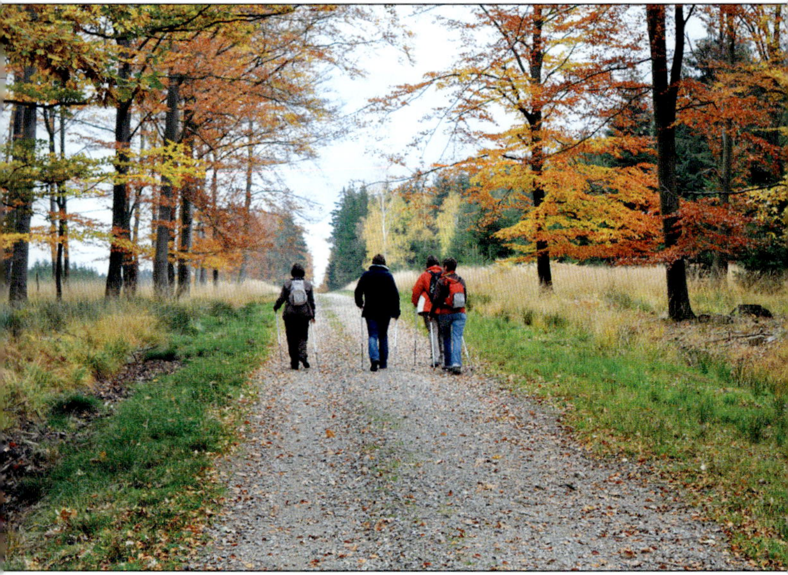

bis zu einer Kreuzung, dort nach rechts wenden und den kleinen Aufstieg meistern.

TIPP Der Weg nach links führt nach Eupen. Die Unterstadt ist gut 1 km entfernt, Stadtplan s. S. 217.

In einem weiten Rechtsbogen durch den dichten Wald ⇝ dem Weg folgen, an einer Sitzbank vorbei ⇝ an einer Gabelung mit einer weiteren Sitzbank halb rechts halten und auf dem schotterigen Weg weiter wandern ⇝ zwischen Nadel- und Laubwald rund um den 340 m hohen, aber kaum spürbaren Meyerskopf ⇝ einen Abzweig zur Rechten ignorieren und weiter geradeaus ⇝ mit einem leichten Gefälle durch mehrere kleine Kurven.

3 5,1 (318) An der quer verlaufenden Asphaltpiste rechts abbiegen und neben einem leise fließenden Bach entlang ⇝ den Bachlauf überqueren ⇝ dem ganz sanft abwärts führenden Wegverlauf folgen ⇝ die Ruhe des Waldes genießen und nach kurzer Zeit an einer Metallschranke vorbei.

1 6,1 (252) Gleich hinter der Wasserentnahmestelle erreichen Sie wieder den Parkplatz, wo die Tour endet.

Wanderparkplatz an der N 629

Tour 47 5 km

Im Forst Escherbach und durch das gleichnamige Tal

Start/Ziel: Wanderparkplatz an der N 68/E 421 hinter dem Forsthaus Croix Noir

Aufstieg:	106 m	*Hartbelag:*	0 %
Abstieg:	106 m	*Wanderwege:*	56 %
Gehzeit:	1,5 Std.	*Wanderpfade:*	44 %

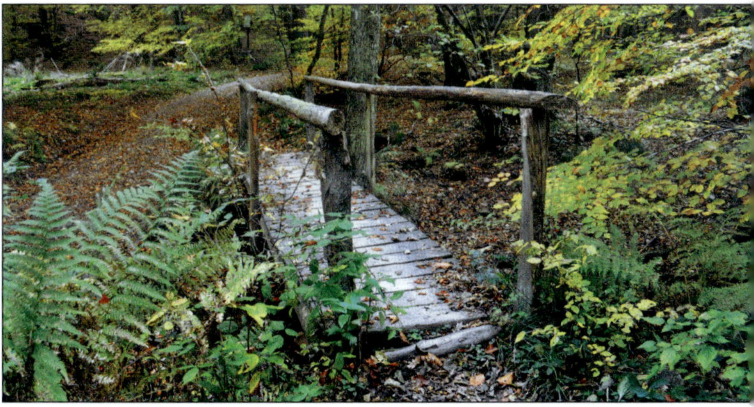

Charakteristik: Auf dieser Tour wandern Sie auf federndem Waldboden am Nordrand des Hohen Venns. Breite Wanderwege werden von alten Bahntrassen abgelöst und mit Schwung geht es hinab in ein schmales Tal, in dem man dem

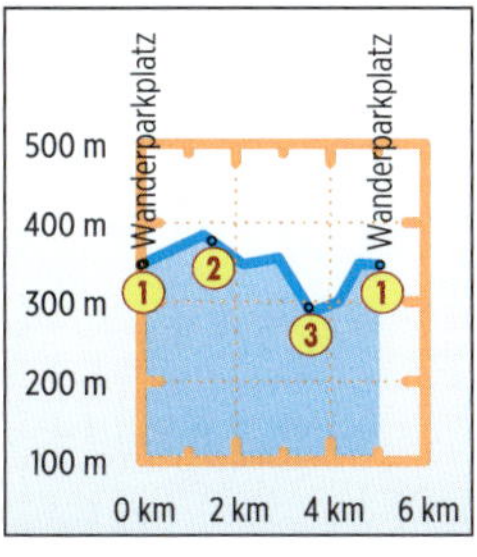

Rauschen eines Baches folgt. Nach einem wurzeligen Pfad erreichen Sie wieder den Ausgangspunkt.

Markierung: gelbe Raute im weißen Quadrat

Anfahrt: Ab Eupen in Richtung Malmedy. Direkt, wenn man den

Wald erreicht, erscheint rechts hinter dem Forsthaus Croix Noir ein kleiner Stichweg.

Forsthaus Croix Noir

1 0,0 (348) Am kleinen Schotterparkplatz gleich hinter dem Forsthaus Croix Noir (Schwarzes Kreuz) vorbei auf den Forstweg namens **Route du Trou du Loup**, das bedeutet „Straße des Wolfslochs" ~ geradeaus durch den grün leuchtenden Mischwald ~ dem leicht kurvigen Weg folgen und einen schmalen Bach überqueren.

2 1,5 (378) Nach insgesamt 1,5 km erreichen Sie einen Abzweig an einer Sitzbank, hier rechts und auf dem Schotterweg in den **Forst Escherbach** hinein ~ dem zweispurigen Forstweg an Farnen, Lichtungen und Schneisen vorbei durch den Mischwald folgen ~ nach einem weiten Rechtsbogen in den nach links führenden Weg abzweigen ~ in den nächsten Abzweig nach rechts und um die Flanke des kaum sichtbaren Meyerkopfes herum ~ immer geradeaus, sie erreichen die schmale Trasse der Decauville-Bahn.

Decauville-Bahn s. S. 201

3 4,1 (293) Am Ende nach rechts wenden, aber nicht den scharf nach rechts führenden Weg nehmen ~ schon an der ersten Möglichkeit nach wenigen Metern wieder rechts abbiegen ~ nun wandern Sie durch das Tal des **Escherbaches** ~ auf einem schmalen Trampelpfad durch das grasige Unterholz ~ geradeaus neben den Bachauen weiter ~ unter dicht stehenden Buchen und Eichen hindurch und nach einer Linkskurve über eine alte Holzbrücke, nun entfernen Sie sich vom Eschenbach ~ an einem Wegkreuz vorbei und auf dem wieder breiteren Weg an Höhe gewinnen ~

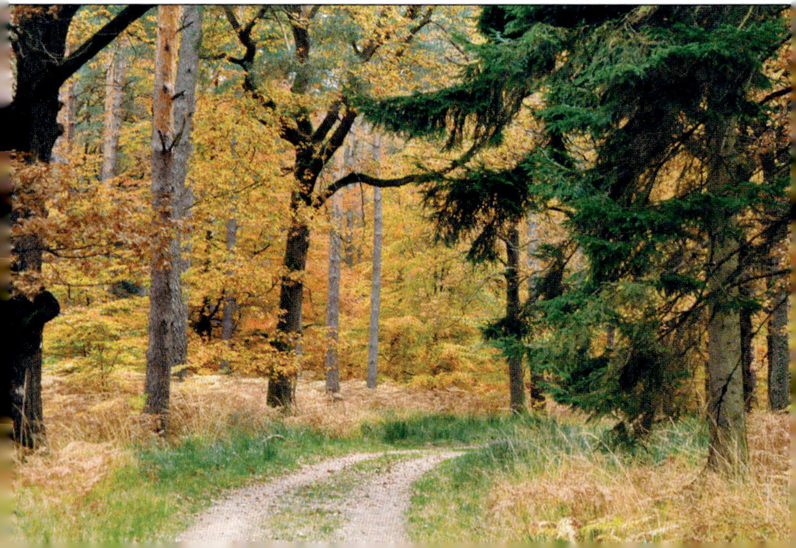

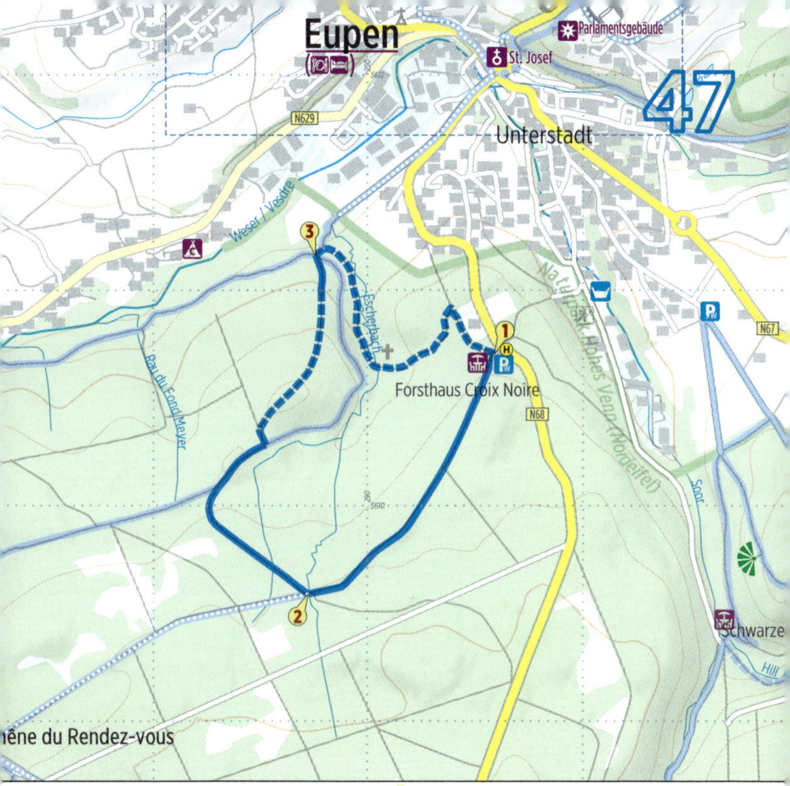

nach einer weiten Linkskurve und im Anschluss an die Steigung gelangen Sie zu einem Metalltor und wenden sich nach rechts, links liegt die Pferdekoppel vom Forsthauses Croix Noir ⤳ auf dem schmalen Pfad durch den Wald wandern ⤳ im leichten Auf und Ab am Zaun der Pferdekoppel entlang ⤳ kurz hinter dem Ende des Zauns können Sie an dem Picknickplatz die Waldwanderung Revue passieren lassen.

1 5,6 (348) Gleich hinter dem Rastplatz endet die Tour am Wanderparkplatz.

Forsthaus Croix Noir

Tour 48 22,7 km

Von Monschau nach Eupen (Große Vennrunde, Teil 1)

Start: Monschau, Parkplatz an der B 258
Ziel: Eupen, Nikolauskirche
Aufstieg: 376 m
Abstieg: 564 m
Gehzeit: 5,5 - 6,5 Std.
Hartbelag: 35 %
Wanderwege: 29 %
Wanderpfade: 36 %

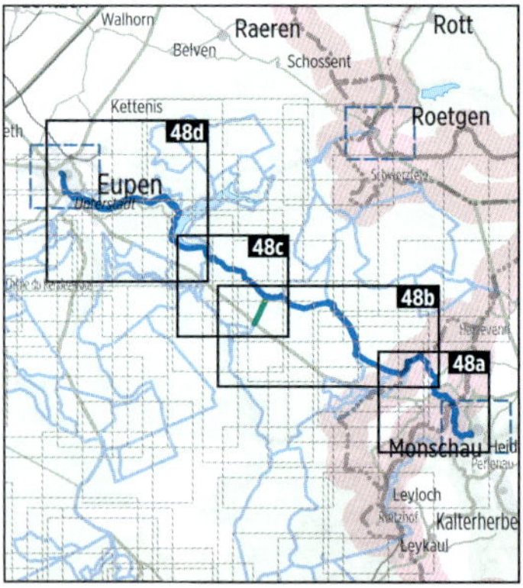

Charakteristik: Ganze drei Mal überschreiten Sie die Grenze auf dieser klassischen Streckentour vom Eifelstädtchen Monschau bis zur belgischen Stadt Eupen. Man passiert dabei die historische Vennbahn, lernt das Brackvenn kennen und streift nicht nur ein Naturschutzgebiet, sondern wandert auch am entspannenden Ufer des Weserstausees entlang. Zum Abschluss spazieren Sie durch das quirlige Städtchen Monschau, welches zugleich das Tor zum Hohen Venn ist.

Markierung: orangefarbenes Kreuz im weißen Quadrat

Anfahrt: Von Eupen über die N 67 bis Monschau. Dort am Kreisverkehr rechts auf die B 258 abbiegen und in einer scharfen Rechtskurve links auf den Parkplatz.

Tipp: Die Wanderweg am Getzbach und entlang der Wesertalsperre waren zum Redaktionsschluss im Frühjahr 2022 wegen der Hochwasserschäden gesperrt. Erkundigen Sie sich vor der Tour im Wanderroutenplaner über aktuelle Sperrungen, „Hochwasser im Juli 2021“ auf Seite 14.

Monschau s. S. 237

1 0,0 (455) Den Parkplatz in der Kurve der B 258 verlassen und auf der Straße **Schloßkehr** geradewegs auf den Rundturm zu.

> **TIPP** An dieser Stelle bietet sich die Gelegenheit zu einer Besichtigung des Eifelörtchens Monschau. Über den Treppenweg gelangen Sie hinunter in die Altstadt.

Für die Wanderung auf der Vennrunde wenden Sie sich vor dem Rundturm nach rechts ⤳ an der Gabelung links ⤳ unterhalb der Landstraße bis zur zweiten Gabelung wandern, dort rechts halten und auf dem **Biesweg** hinauf bis zur B 258 ⤳ in der Haarnadelkurve der Bundesstraße diese überqueren und gegenüberliegend in die kleine **Wilhelm-Jansen-Straße** hinein ⤳ leicht bergauf an einer Schule vorbei.

2 1,1 (476) Nach den letzten Häusern entlang des kleinen **Kleinen Laufenbachs** durch sein Tal ⤳ an der Querstraße ein kurzes Stück nach links, dann rechts durch den Tunnel, dabei nicht nur die alte **Vennbahntrasse** unterqueren, sondern auch belgisches Staatsgebiet betreten.

Vennbahn

Die Vennbahn war eine Bahntrasse zwischen Aachen und Luxemburg und wechselte durch die neue Grenzziehung nach dem Ersten Weltkrieg mehrmals zwischen Belgien und Deutschland. Der belgische Staat forderte jedoch mit Erfolg, dass die Bahntrasse von Belgien aus verwaltet werden sollte. Dadurch entstanden plötzlich fünf deutsche Enklaven, die durch die Bahnstrecke von Deutschland abgetrennt waren. Mittlerweile existiert die Bahnverbindung zwar nicht mehr und selbst die Gleise wurden zugunsten eines Radwegs

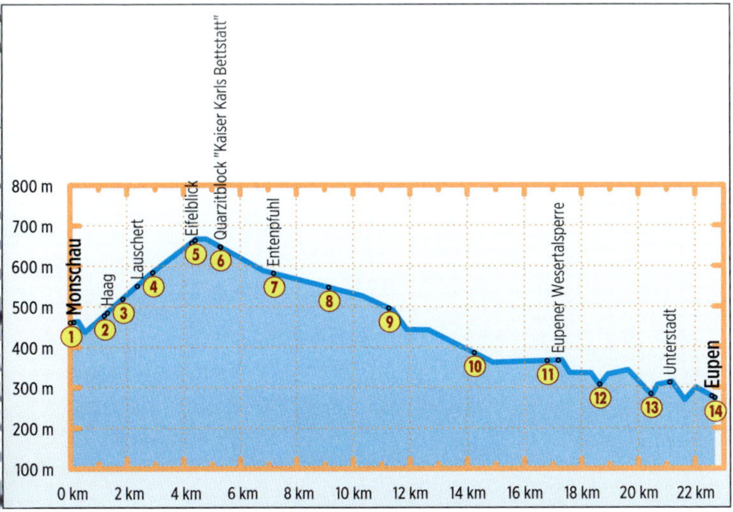

abgebaut, doch bleibt die Trasse auch weiterhin im belgischen Besitz, sodass man jedes Mal, wenn man die Bahnanlage überquert, auch einen Teil Belgiens durchquert.

3 1,7 (513) Direkt hinter der Bahntrasse am Grenzstein 675 gelangen Sie wieder auf deutschen Boden, Sie wenden sich nach rechts ⤳ an der ersten Möglichkeit links abzweigen und weiter am Kleinen Laufenbach entlang ⤳ am Asphaltweg noch ein kurzes Stück geradeaus, wenige Meter später dann links abbiegen ⤳ an den ersten Häusern von Mützenich vorbei und auf die Straße wechseln ⤳ an der Straße **Im Schnellenwind** nach rechts wenden ⤳ die folgende Landstraße überqueren.

Mützenich (Monschau) Ⓓ
s. S. 78

4 2,8 (580) Gegenüber an der Kunst- und Kulturstätte Weißes Pferdchen vorbei und auf dem Rad- und Fußweg an der belebten Straße **Schiffenborn** entlang ⤳ nach 500 m links in die Straße **Im Brand**, das ist die dritte abzweigende Straße ⤳ an der Gabelung rechts halten ⤳ dem ansteigenden Weg zwischen den Feldern folgen ⤳ an der T-Kreuzung links abbiegen ⤳ vor dem Waldrand an einer Sitzbank neben einem Wegkreuz können Sie eine kleine Pause einlegen und die Aussicht auf die Eifel genießen.

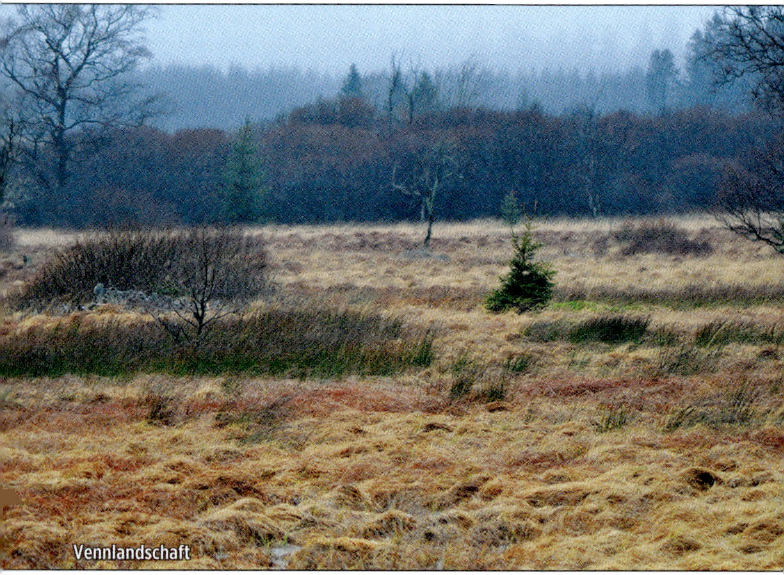
Vennlandschaft

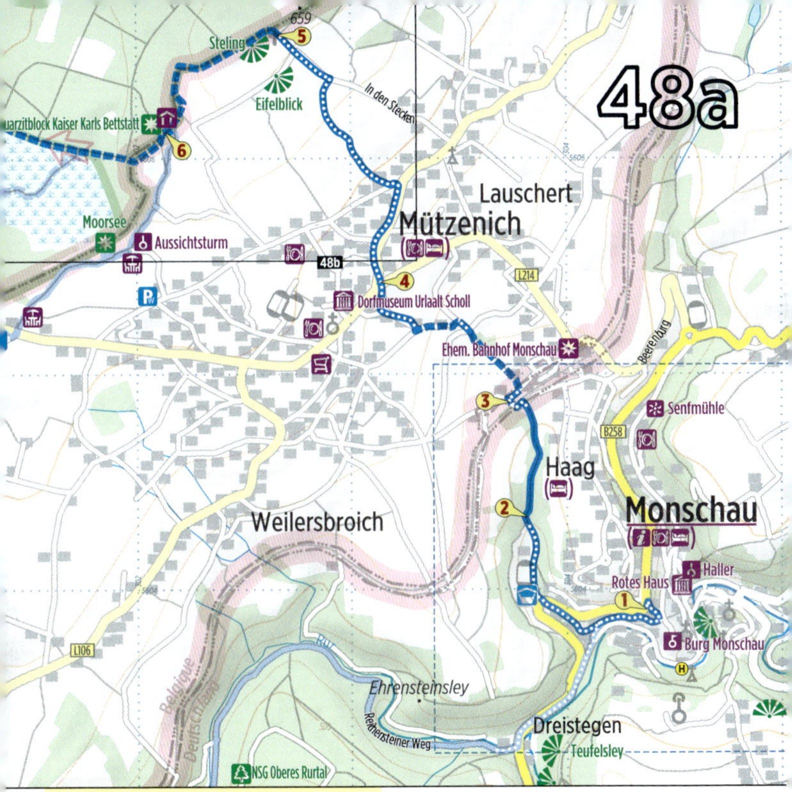

Wegkreuz Nacht des Wachens

Das 1995 errichtete Kreuz mit der Inschrift „Nacht des Wachens" ist alljährlich am Gründonnerstag Ziel einer Prozession, bei der dort Gebets- und Themenstunden abgehalten werden.

5 4,2 (661) An der Rastbank vorbei und im Linksbogen, am Waldrand wandern Sie nun exakt auf der deutsch-belgischen Grenze ⤳ an zahlreichen Grenzsteinen vorbei folgen Sie dem kurvigen Wegverlauf bis zu einer Schutzhütte ⤳ am Abzweig zu „Kaiser-Karls-Bettstatt" nach rechts ⤳ nach rechts wenden und noch wenige Meter zu den beiden Felsen spazieren.

„Kaiser Karls Bettstatt" **s. S. 80**

6 5,1 (641) Am angeblichen Nachtlager des Kaisers links vorbei und am Grenzzaun entlang ⤳ am Grenzstein 720 nach links ⤳ auf dem wurzeligen Pfad dahin, bis sich der Wald lichtet ⤳ auf der linken Seite er-

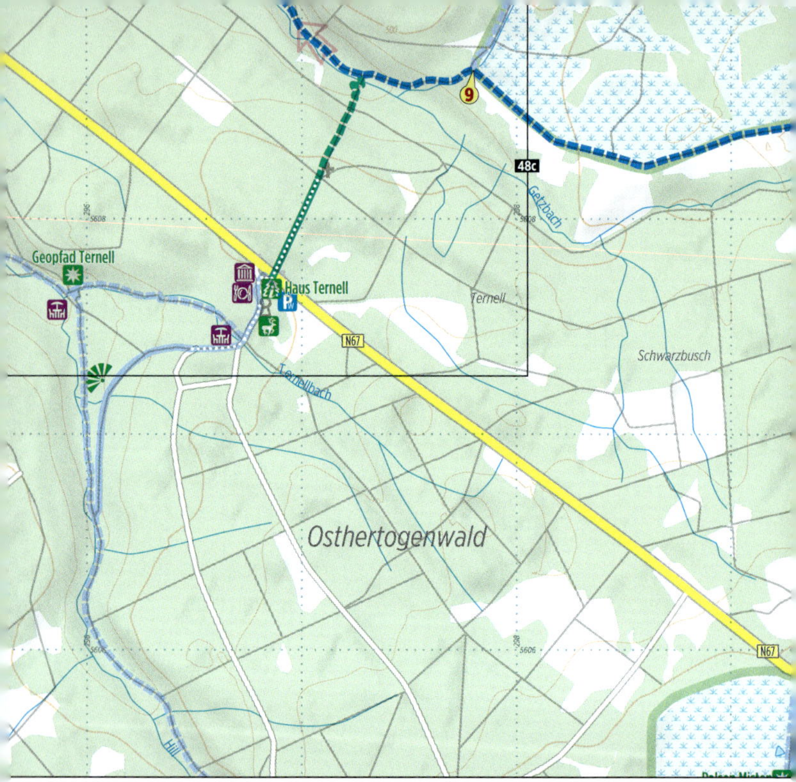

scheint der erste Zugang zum Brackvenn, diesen links liegen lassen und auf dem breiten Grasweg geradeaus wandern ⤳ zwischen Brackvenn und Fichtenwald leicht hinab wandern und nach einiger Zeit den **Getzbach** überqueren ⤳ mit herrlichen Ausblicken auf das Brackvenn erreichen Sie einen weiteren Zugang in das Venn.

7 7,0 (584) Auch diesen Zugang passieren Sie ⤳ gleich danach an der Forststraße nach links wenden, an einem Weiher vorbei und an der Kreuzung wieder nach rechts abbiegen ⤳ nun in einem weiten Bogen längere Zeit parallel, aber in geringer Entfernung zum Getzbach wandern ⤳ an einem Abzweig vorbei geradeaus bis zu einer Brücke.

8 8,9 (531) Den Getzbach überqueren und an dem Jansen-Kreuz vorbei.

Jansen-Kreuz

Das Kreuz erinnert an Christian Jansen, der hier in unmittelbarer Nähe

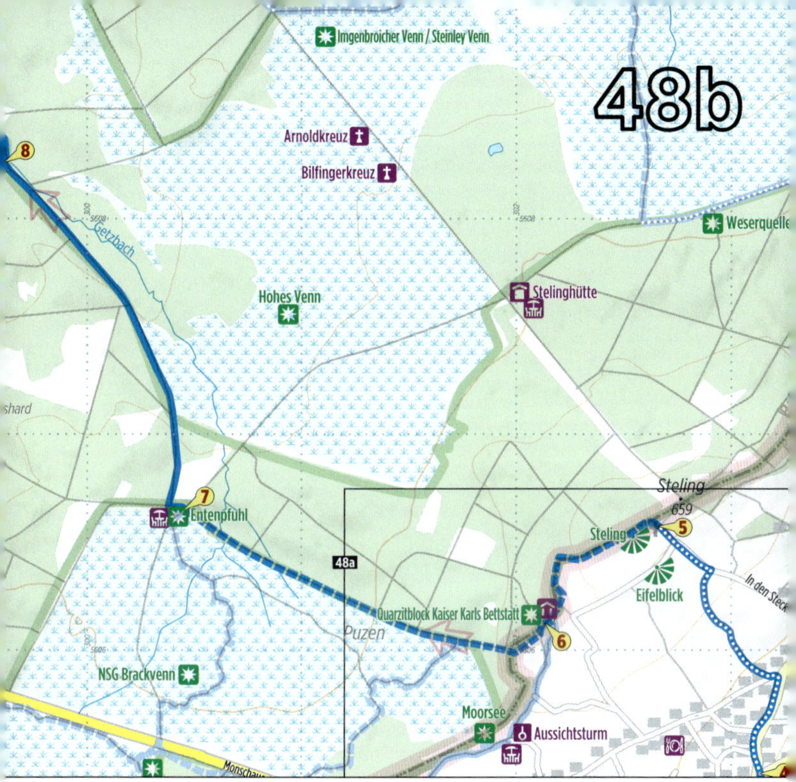

zum Getzbach im Jahre 1872 bei einem Brand zu Tode kam.

Anschließend durch eine S-Kurve bis zum Zugang des **Naturschutzgebietes Kutenhart**, dort nach links wenden und auf dem breiten Grasweg entlang des Kutenharts wandern ~ am Rand der Schutzzone B entlang ~ nach einer Rechtskurve verläuft der Weg deutlich bergab.

9 9,2 (530) An der Informationstafel an einer T-Kreuzung nach links abbiegen und in den Laubwald hinein ~ dabei auf dem Wurzelpfad steil bergab gehen ~ bis hinunter in das kühle Tal des Getzbaches ~ dem Lauf des Wassers folgen.

TIPP Gleich bei der ersten Brücke haben Sie die Möglichkeit, das 1 km entfernte Naturzentrum Haus Ternell zu besuchen. Wenn Ihre Kondition eine Verlängerung der Wanderung zulässt, können Sie für diesen interessanten Abstecher das Flüsschen queren und am anderen Ufer dem Pfad folgen. Nach 50 m stoßen

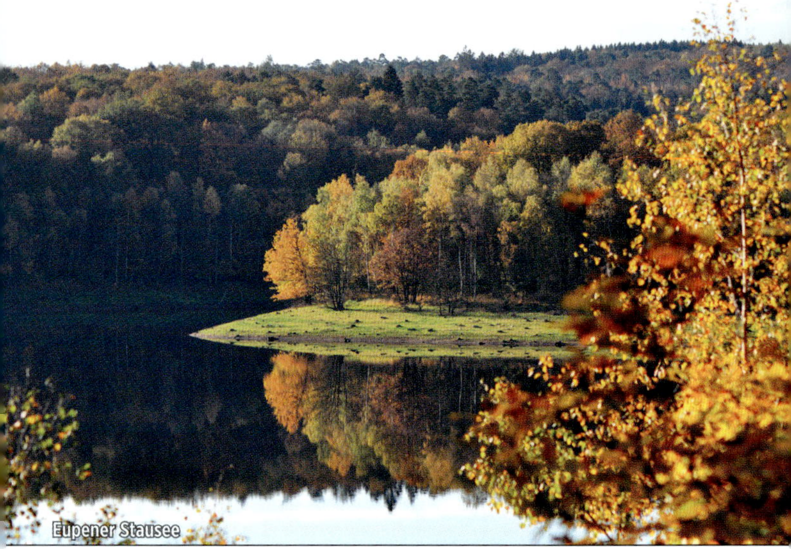

Sie auf einen Asphaltweg, der Sie zum Forsthaus bringt.

Forsthaus Ternell (Eupen)
s. S. 61

Sie laufen lange Zeit im Getzbachtal und können das sanfte Rauschen des Baches erleben, dabei immer wieder kleine Pausen einlegen und die Idylle und Ruhe des Tals genießen ⤳ im leichten Auf und Ab auf dem kurvigen Pfad weiter, an zwei Brücken vorbei bis zu einer Schleuse des Getzbachs.

Getzbach s. S. 64

10 14,1 (379) Die Schleuse überqueren und kurz danach auf dem asphaltierten Forstweg am Knotenpunkt 55 vorbei im sanften Rechtsbogen ⤳ an der Öffnung des Hilltunnels vorbei und erste Blicke auf den Eupener Stausee erleben ⤳ nun längere Zeit am Ufer des Sees entlang wandern , Sie können immer wieder den Blick über das schimmernde Wasser streifen lassen ⤳ kurvig durch den Laubwald, an Sitzbänken vorbei und auf einer kleinen Allee bis zur Staumauer.

Der Eupener Stausee

Der Eupener Stausee wird mit dem Wasser der Weser (La Vesdre) gespeist, weshalb der See auch als Wesertalsperre bezeichnet wird. Während die Weser den See von Nordosten her erreicht, wird er auch von südlicher Seite aus gefüllt. Hier mündet der Getzbach in den See und bringt durch den Tunnel de la Helle

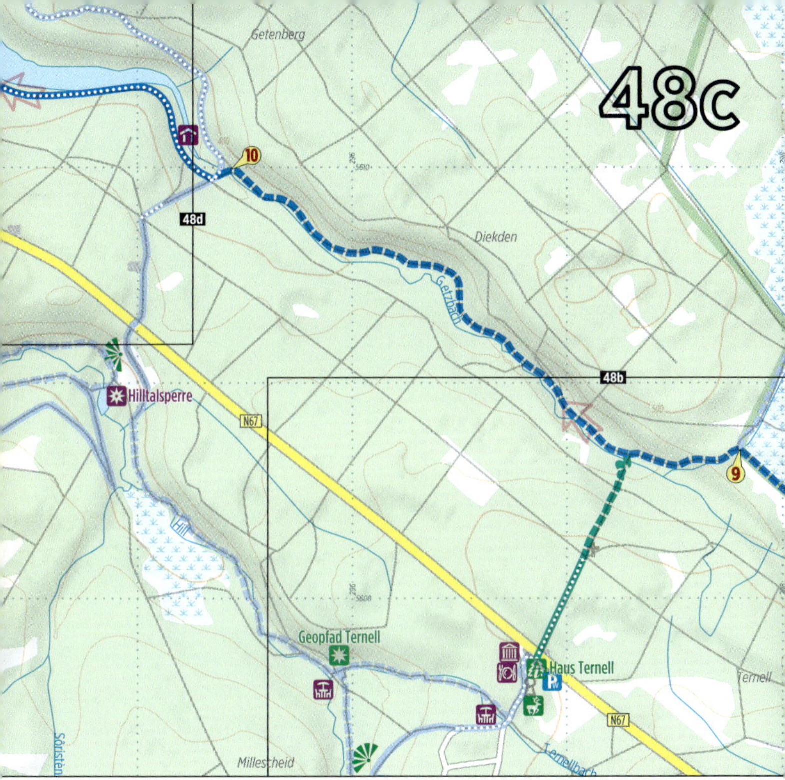

auch Wasser aus der Hill mit. Der Bau der Staumauer wurde im Jahr 1936 begonnen, konnte jedoch erst nach Ende des Zweiten Weltkrieges fertiggestellt werden. Heute ist die Wesertalsperre der wichtigste Stausee in ganz Belgien und versorgt die Region rund um Eupen bis Lüttich und Spa mit Trinkwasser.

11 16,6 (359) Die Staumauer überqueren und an ihrem Ende nach links wenden ~ zunächst ein kurzes Stück auf der Straße entlang ~ nach 250 m links auf den kleinen Pfad und durch den Wald, um die Haarnadelkurve der Straße abzukürzen ~ die Straße dann queren und weiter durch den Wald ~ am Rande des Wesertals dem kurvigen Pfad folgen.

12 20,3 (291) An einem Firmengelände den **Diebach** überqueren und einen weiten Bogen durch den Mischwald oberhalb der Weser beschreiben ~ dabei das **Langesthal** durchqueren, der Asphaltweg ist sehr brüchig und aufgelöst ~ bis zu den ersten Häusern von **Eupen** ↝ hinter diesen weiter am Waldrand entlang.

13 20,3 (291) An der Straße **Langesthal** rechts und an der Weser-Brücke vorbei, diese Brücke wurde durch das Hochwasser im Juli 2021 fast zerstört und musste erneuert werden ↝ wenig später links abbiegen und rechts der Weser entlang spazieren ↝ auf einem Waldweg bis zu einer Landstraße ↝ auf dem Zebrastreifen die breite Straße überqueren ↝ auf der anderen Seite in das kleine Sträßchen **Schorberg** hinein ↝ auf der linken Seite die Treppenstufen hinab steigen, dann an der Kirche vorbei zur **Haasstraße** ↝ dort nach rechts und der Straße durch das lebhafte Städtchen folgen ↝ an der Gabelung mit drei Möglichkeiten gehen Sie halb rechts in die Einbahnstraße **Haasberg** ↝ dem steil bergauf führenden Haasberg folgen und an der nächsten Gabelung wieder halb rechts bleiben, um weiter bergauf zu wandern ↝ bei der Bergkapelle geradeaus über die Kreuzung, nun auf der **Bergstraße** weiter, später **Kirchstraße** ↝ stets bergab in das Zentrum von Eupen.

14 22,6 (274) Die Wanderung endet an der **Nikolauskirche**.

Eupen s. S. 216

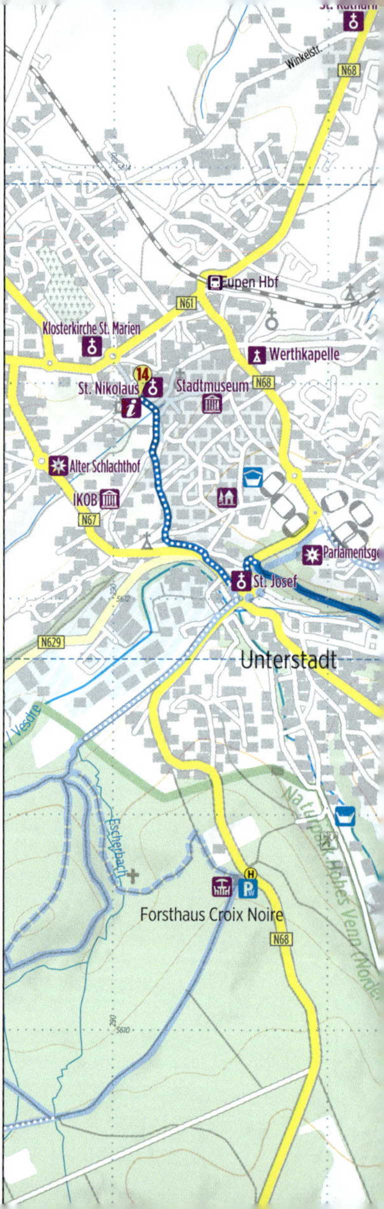

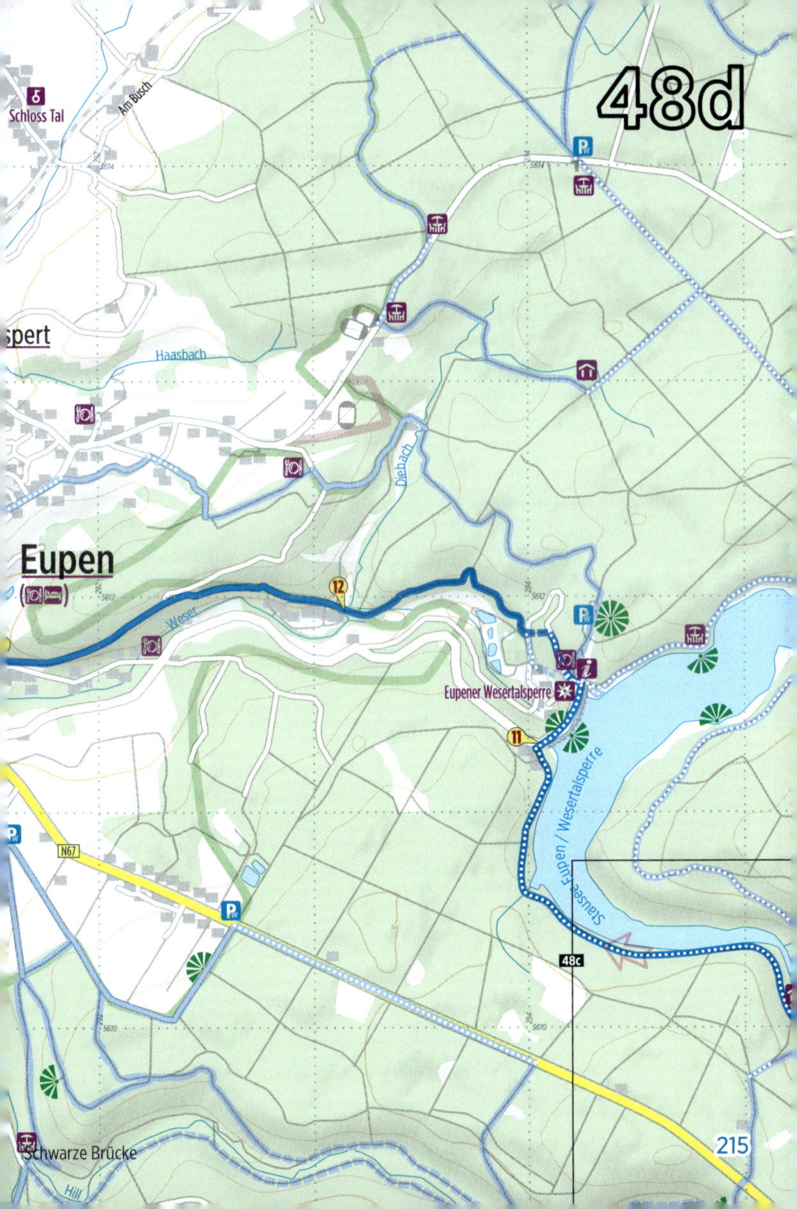
48d
Schloss Tal
Am Busch
spert
Haasbach
Eupen
Weser
Diebach
12
11
Eupener Wesertalsperre
Stausee Eupen / Wesertalsperre
N67
48c
Schwarze Brücke
Hill

Eupen

Tourist-Information, Marktpl. 7, ✆ 087553450, @ ppx861

IKOB – Museum für zeitgenössische Kunst, Rotenberg 12b, ✆ 087560110, Di-So 13-18 Uhr. Wechselausstellungen mit Kunstobjekten aus der Region und dem angrenzenden Ausland. @ jxo186

Schokoladenmuseum Jacques, Industriestr. 16, ✆ 087592967 Zahlreiche Formen, Verpackungen und Maschinen zeigen die Herstellung der Schokolade. Im dazugehörigen Werk kann probiert und bei der Herstellung zugeschaut werden. @ dbk447

Stadtmuseum, Gospertstr. 52-54, ✆ 087740005, Di-So 13-17 Uhr. Die Dauerausstellung informiert auf einer Fläche von 400 m² über die Entwicklung der Stadt sowie das „goldene Zeitalter“ der Tuchindustrie, die in engem Zusammenhang mit Eupen steht. @ bgo765

St. Marien – Klosterkirche, Rathauspl. Die ehem. Klosterkirche ist eine der größten noch erhaltenen Kapuzinerkirchen Belgiens. Sie ist Wirkstätte des 1905 gegründeten Marienchors, der mit seinem Repertoire an hoch stehender Kirchenmusik von überregionaler Bedeutung ist.

St. Nikolaus, Kirchstr. Die zwischen 1721 und 1729 entstandene Barockkirche wurde auf dem historischen Marktplatz erbaut und bildet seither das Zentrum der Stadt. Ihr Baumeister Laurenz Mefferdatis stammte, ebenso wie der Architekt Johann Josef Couven, aus Aachen. Letzter zeichnet für den Hochaltar in der Kirche aus der Mitte des 18. Jhs. verantwortlich.

Werthkapelle, Werthpl. Die 1699 erbaute Kapelle ist dem Hl. Lambertus geweiht und besitzt einen romanischen Vorbau.

Franziskanerinnen-Kloster, Marktpl. 1. In dem ehemaligen Kloster von 1752 ist vor allem der Rokoko-Giebel bemerkenswert. Heute ist in dem Gebäude ein Seniorenheim untergebracht.

Burg Stockem, Stockem 50. Die Anlage wurde im 14. Jh. erstmals erwähnt und in den folgenden Jahrhunderten mehrfach umgebaut.

Alter Schlachthof, Rotenbergpl.,

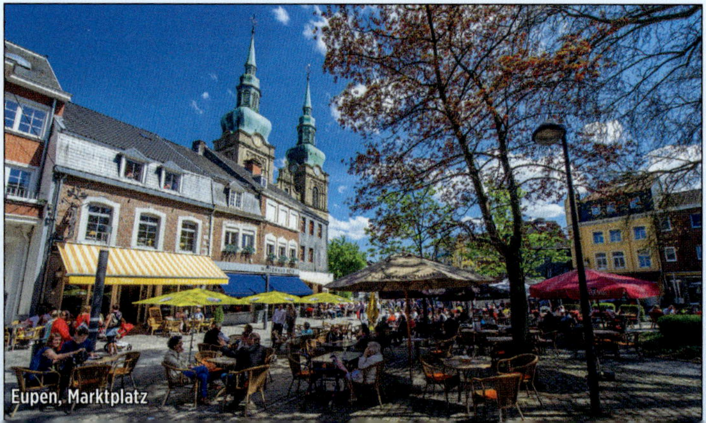

Eupen, Marktplatz

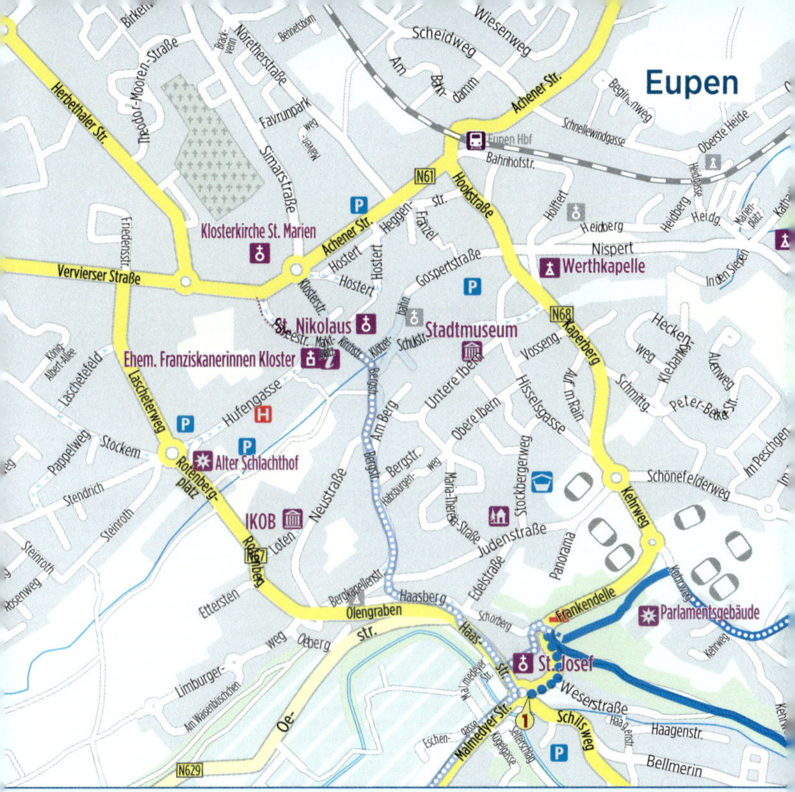

☎ 087331896. Der im Jahr 1903 im Industriestil der Gründerzeit erbaute Schlachthof ist heute zur regionalen Kulturstätte ausgebaut, @ wfv762

✲ **Bürgerhaus**, Werthpl. 40. Das Gebäude aus dem 18. Jh. ist das Geburtshaus des Malers Walter Ophey (1882-1930), der zu den Hauptvertretern des rheinischen Expressionismus zählt.

✲ **Ehem. Fabrikantenhaus**, Klötzerbahn 27. In dem Gebäude aus dem 18. Jh. gibt es eine bemerkenswerte Innenausstattung mit beispielsweise kunstvollen Stuckarbeiten und Türen im Stil des Rokoko. Heute wird es als Gerichtsgebäude genutzt.

✲ **Ehem. Schererwinkel**, Kirchstr. 17-23. Wohn- und Werkstätten der Scherer, die in der Feintuchherstellung arbeiteten. Mit großen, schweren Scheren wurde den Tuchen Glätte und Glanz verliehen.

✲ **Rathaus Eupen**, Rathauspl., ☎ 087595811. Das Rathaus ist seit 1863 in einem ehemaligen Kapuzinerkloster untergebracht, das 1796 säkularisiert wurde. Das Gebäude

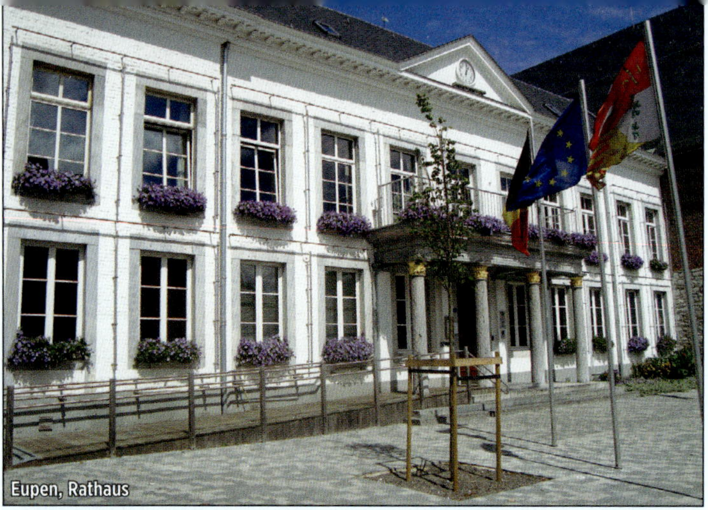

Eupen, Rathaus

stammt aus der zweiten Hälfte des 18. Jhs.

Fine-Food, Neustr. 61, 087556260, vfy615

Labottega, Gospertstr. 29, 087652078, Di-Sa 11.30-14 Uhr und 17-22.30 Uhr, eeu441

Piya, Gospertstr. 116, 087743721, Mi-Mo

Traditions FRITT, Paveestr. 5, 087710225

Hotel Ambassador Bosten, Haasstr. 77-81, 087740800, hru782

SleepWood, Neustr. 61, 087555088, 0494/762011, rbk685

Eupen Inn, Panorama 8, 087560257, 0473474855, ckd558

Zum Goldenen Anker, Marktpl. 13, 087743997, kgo343

Suite 36, Klosterstr. 36, 0478/753979, thw721

Gîte d`Etape d`Eupen (Eupener Jugendherberge), Judenstr. 79, 087553126, ptv674

Hertogenwald, Oestr. 78, 087743222, wwb566

Mit einer Nikolauskapelle erhielt Eupen zu Beginn des 13. Jahrhunderts zum ersten Mal namentliche Erwähnung. In der wechselvollen Geschichte fiel die Stadt immer wieder an andere Machthaber. Die Herzogtümer Limburg und Brabant traten Eupen an das Haus Burgund ab, später folgten die Habsburger, die Franzosen und die Preußen. Im Zweiten Weltkrieg wurde die Stadt von Deutschland annektiert. Heute ist das quirlige Städtchen am Nordrand des Hohen Venns das politische Zentrum der deutschsprachigen Minderheit in Belgien. Seinen Aufstieg von einem kleinen Weiler zu einer Stadt verdankte Eupen der Tuchindustrie, die sich bereits im Mittelalter ansiedelte. Noch heute befinden sich im Stadtzentrum einige schöne Tuchmacherhäuser, die auf diese Zeit hinweisen.

Tour 49 — 28,7 km

Von Eupen nach Robertville (Große Vennrunde, Teil 2)

Start: Eupen, Nikolauskirche
Ziel: Robertville, Kirche
Aufstieg: 529 m
Abstieg: 272 m
Gehzeit: 7 - 8 Std.
Hartbelag: 44 %
Wanderwege: 37 %
Wanderpfade: 20 %

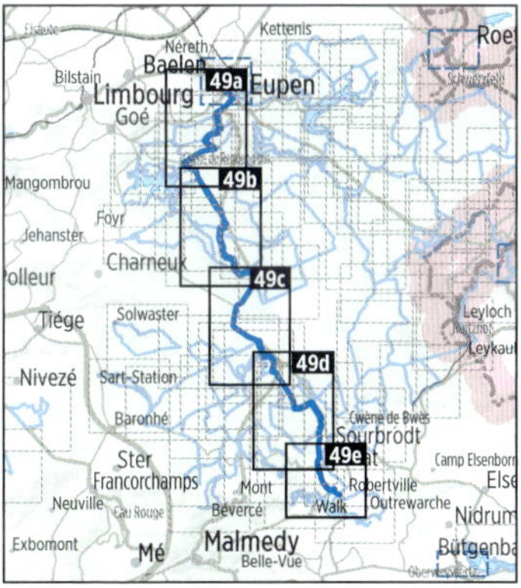

Charakteristik: **Die Venndurchquerung von Nord nach Süd. Ab Eupen laufen Sie aufwärts bis hinauf zum Mont Rigi, nach einem waldreichen Anstieg zum Teil jedoch an der Landstraße entlang. Vom höchsten Punkt des Landes geht es stets bergab und durch Vennlandschaft bis in das kleine Robertville.**

Markierung: **keine**
Anfahrt: **Von den Zufahrtsstraßen N 61, N 67, N 68 und N 629 Richtung Eupen und dort direkt ins Zentrum zur Nikolauskirche.**

Eupen s. S. 216

1 0,0 (274) Auf der **Kirchstraße** laufen Sie an der Nikolauskirche rechts vorbei ~ dem Straßenverlauf folgen, an der Gabelung links und auf der **Bergstraße** aufwärts ~ durch ein Wohnviertel spürbar bergauf bis zu einer kleinen Grünanlage, hinter der sich eine kleine Kapelle erhebt ~ über die Kreuzung und an der Kapelle links vorbei ~ durch eine Kurve mit Schwung bergab wandern ~ an der großen Kreuzung geradeaus und auf der **Haasstraße** weiter in Richtung Kirche.

Die **St. Josefskirche** stammt aus der Mitte des 19. Jhs. und ist damit über ein Jahrhundert jünger als die St. Nikolauskirche. Das dreischiffige Gotteshaus wurde im neogotischen Stil errichtet und markiert

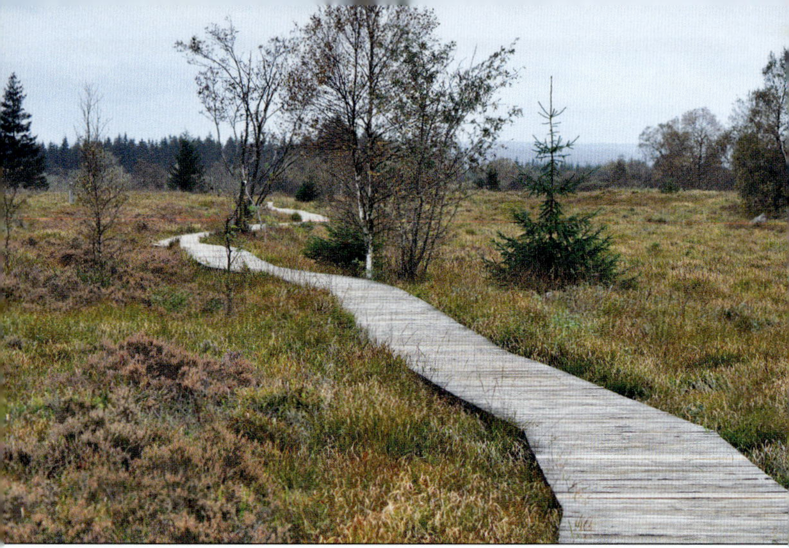

das Zentrum der Eupener Unterstadt.

2 1,1 (264) An der Kirche vorbei zum Kreisverkehr ⤳ rechts abbiegen und die Weser überqueren ⤳ der Steigung folgen und hinter dem Haus Nummer 63 halb rechts neben der Leitplanke weiter wandern, dabei die Hauptstraße und die letzten Häuser von Eupen hinter sich lassen ⤳ auf einem schmalen Weg unterhalb der Straße geradeaus und an einem Wegkreuz links vorbei ⤳

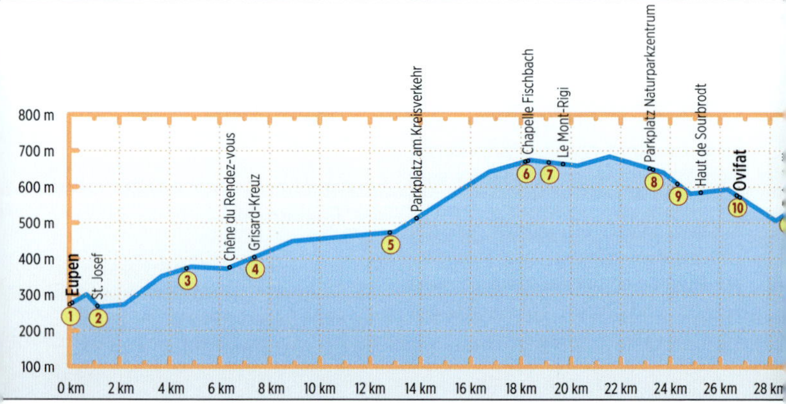

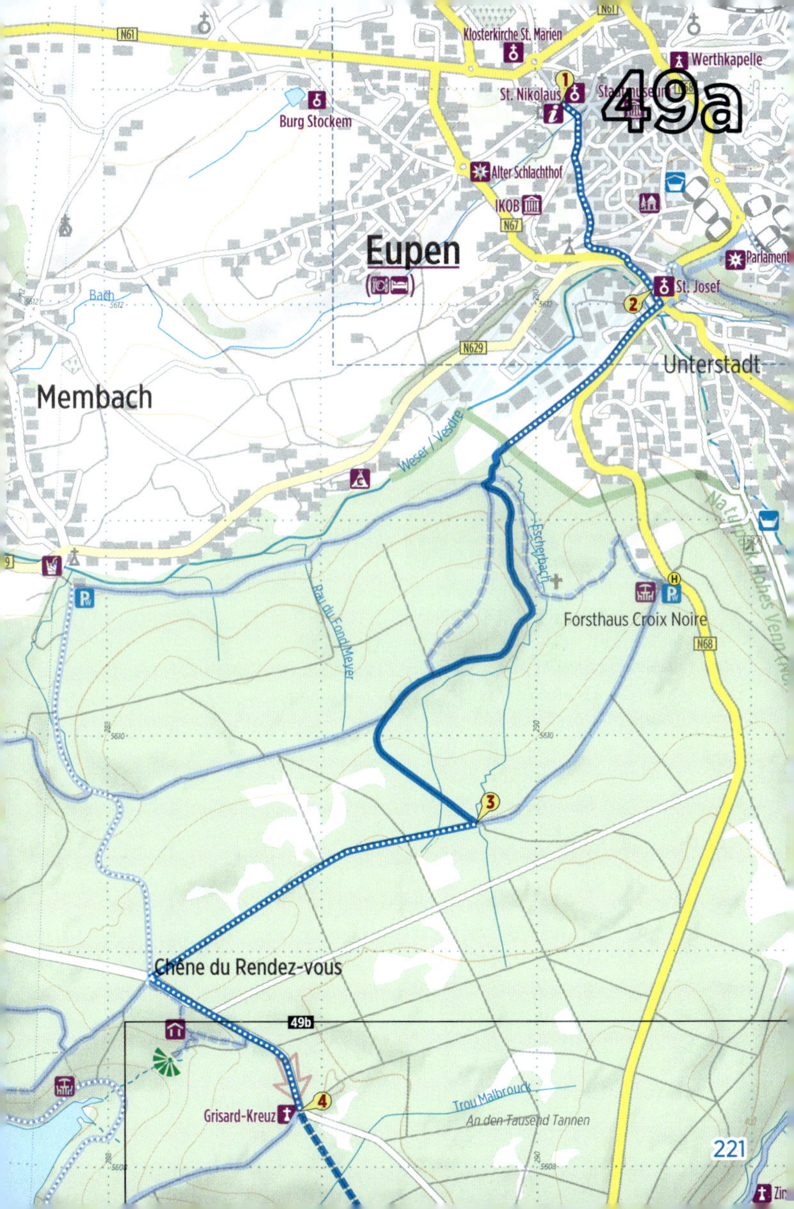

49a
N61
Klosterkirche St. Marien
Werthkapelle
St. Nikolaus
Burg Stockem
Alter Schlachthof
IKOB
N67
Eupen
Parlament
St. Josef
Bach
N629
Unterstadt
Membach
Weser / Vesdre
Escherbach
Rau du Fond Meyer
Forsthaus Croix Noire
N68
Chêne du Rendez-vous
49b
Grisard-Kreuz
Trou Malbrouck
An den Tausend Tannen

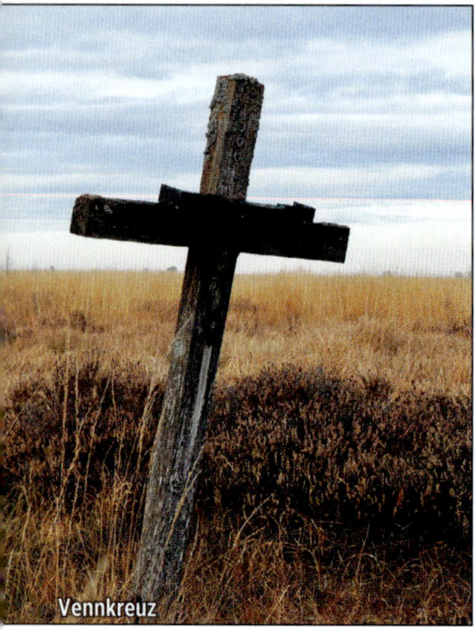

Vennkreuz

einen kleinen Bach überqueren und deutlich bergauf in den Laubwald hinein ⤳ an dem quer verlaufenden Weg links abbiegen ⤳ in einem weiten Bogen den kaum sichtbaren und bewaldeten **Meyerskopf** umrunden ⤳ auf dem Waldweg stets geradeaus und an einer Gabelung halb links halten ⤳ durch einen weiten Linksbogen bis zu einem quer verlaufenden Forstweg namens **Route du Trou du Loup**.

3 4,5 (390) An diesem Weg nach rechts wenden und dem beinahe geraden Weg durch den Hertogenwald folgen ⤳ lange geradeaus, an einer Schranke vorbei ⤳ an der Informationstafel am **Chêne du Rendez-vous** scharf nach links abbiegen und auf dem asphaltierten Waldweg mit einer leichten Steigung geradeaus ⤳ bis zum Croix Grisard.

Grisard-Kreuz s. S. 191

4 7,2 (399) Am Kreuz vorbei und die Straße halb rechts verlassen ⤳ auf dem schotterigen Waldweg weiter geradeaus, dabei stetig bergauf ⤳ an der Hauptstraße nach rechts abbiegen und auf dem grasigen Weg neben der Straße wandern ⤳ am **Forsthaus Hestreux** vorbei ⤳ 300 m danach rechts auf den Forstweg ⤳ nach einer weiten S-Kurve nach links abzweigen ⤳ diesem Weg lange Zeit folgen, achten Sie auf die rot-weiß-rote Markierung ⤳ an mehreren Schneisen des Waldes **Waroneux** vorbei ⤳ der Wald lichtet sich ⤳ Sie folgen der Rechtskurve und laufen nun deutlich bergab in das Tal des Gileppe-Bachs.

Gileppe

Die Gileppe entspringt im Venngebiet zwischen Baraque Michel und dem Drossart und fließt von dort fast durchgehend in nordwestliche Richtung, um die Gileppe-Talsperre zu füllen. Auf der anderen Seite der Staumauer rauscht das Wasser der Gileppe nur noch kurz durch ein enges Tal, bevor es in der Weser/Vesdre aufgeht.

5 12,7 (474) An der Gileppe nach links wenden und dem Gluckern des Baches lauschen ⤳ durch eine weite Kurve und an einer Schranke vorbei zum Kreisverkehr **Drossart** ⤳ über den Zebrastreifen bis zum Parkplatz und an den Hinweistafeln vorbei bis

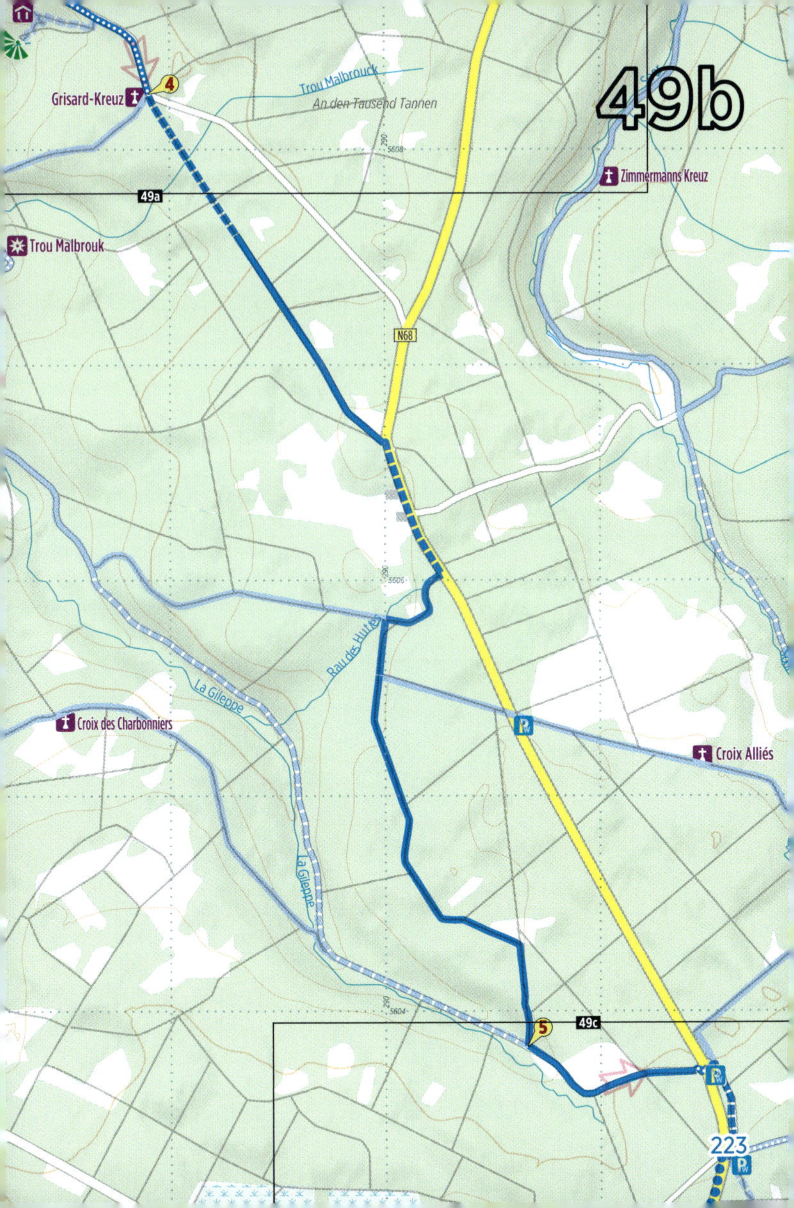

49b
Grisard-Kreuz
Trou Malbrouck
An den Tausend Tannen
Zimmermanns Kreuz
49a
Trou Malbrouk
N68
Rau des Hutes
La Gileppe
Croix des Charbonniers
Croix Alliés
La Gileppe
49c

zum Zaun ⤳ davor rechts abbiegen und durch das hohe Gras auf einem schmalen Pfad bis zu einem weiteren, kleineren Parkplatz ⤳ an dem Parkplatz nach rechts wenden und zur Straße ⤳ dort links, nun für eine längere Zeit an der Straße entlang ⤳ am Schild „Jalhay" die Gileppe überqueren und auf dem grasigen Seitenstreifen weiter an der Straße entlang ⤳ an dem Wegkreuz Belle Croix –und dem Abzweig geradeaus.

Belle Croix

Der Raerener Bildhauer Leonhard Mennicken (1874–1969) schuf das über 5 Meter hohe Kreuz, das im Jahre 1961 eingeweiht wurde. Die Christusfigur ist aus einem Eichen-Kernholz geschnitzt und wurde im Jahr 2011 restauriert.

An einer Haltestelle vorbei, nach beiden Seiten können Sie den Anblick der Vennlandschaft der Schutzzone C genießen ⤳ mit weiten Blicken über das Venn nicht nur an Birken, sondern auch an den typischen Flaggenmasten vorbei ⤳ nach längerer Zeit bis zur Baraque Michel.

Baraque Michel (Jalhay)

Baraque Michel, Baraque Michel 36, ✆ 080444801, Do-So 11-21 Uhr, @ qcy562

Die Herberge Baraque Michel wurde in der zweiten Dekade des 19. Jahrhunderts vom rheinländischen Steinmetz Michel Henri Schmitz gegründet. Schon von Beginn an war das Gebäude als Herberge für Reisende gedacht. Vom ursprünglichen Gebäude ist heute nichts mehr zu sehen, doch der Nutzen der heutigen Baraque Michel ist derselbe geblieben. Durch eine Glocke, die die Familie Schmitz jeden

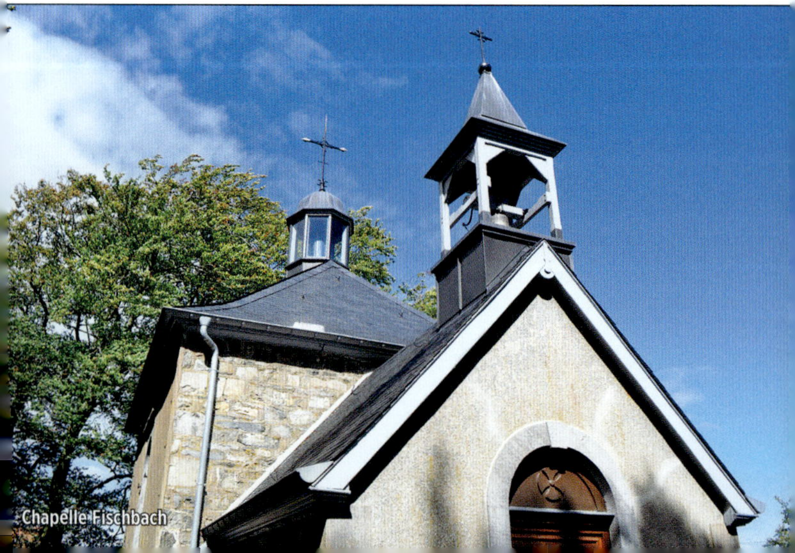

Chapelle Fischbach

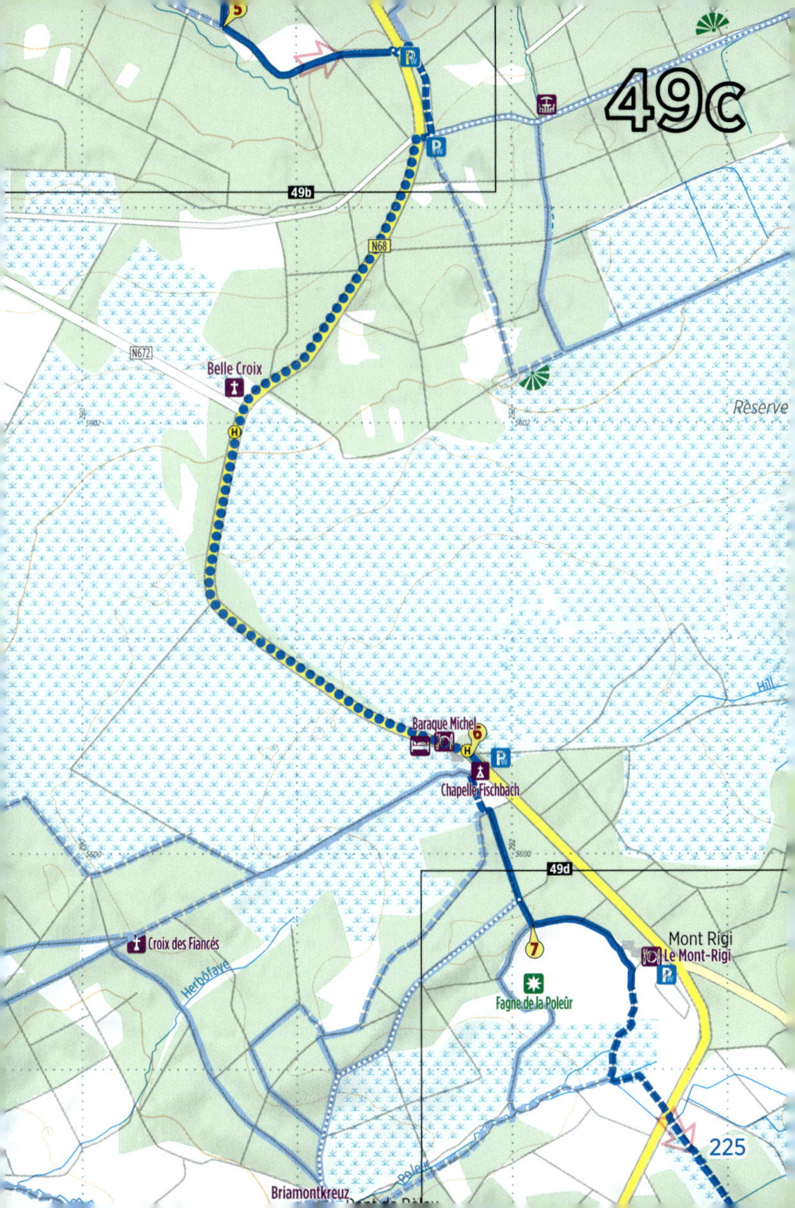
49c
49b
N68
N672
Belle Croix
Réserve
Baraque Michel
Chapelle Fischbach
49d
Mont Rigi
Le Mont-Rigi
Fagne de la Poleûr
Croix des Fiancés
Herbôfaye
Briamontkreuz
Poleur
Hill

Abend läutete, konnten insgesamt 120 Personen aus dem Moor gerettet werden, die sich sonst hoffnungslos verlaufen hätten. Vermutlich schon in der Mitte des 16. Jahrhundert wurde die Boulté aufgestellt, um Reisenden den Weg zu weisen. Diese Steinsäule steht heute direkt am Straßenrand, schräg gegenüber der Herberge.

6 18,0 (671) Hinter dem Parkplatz, gegenüber der Steinsäule **De Boulte** rechts in den Wanderweg zur Chapelle Fischbach einbiegen ⤳ an einem Gedenkstein und der Kapelle vorbei.

Chapelle Fischbach. Die Chapelle Fischbach bzw. Kapelle Fischbach ließ zu Beginn der 1830er Jahre der Industrielle Henri-Toussaint Fischbach aus Dankbarkeit errichten, weil sein Schwiegervater eine Vennwanderung im Jahr 1819 vermutlich nicht überlebt hätte, wenn die Pächter der nahe gelegenen Baraque Michel ihn nicht gerettet hätten.

Vor dem Venn mit seinem Holzsteg links abbiegen und durch ein Wäldchen ⤳ an der T-Kreuzung links, gleich danach nach rechts auf die Langlaufloipe ⤳ stets geradeaus durch den Wald, über einen Forstweg hinweg bis zum Zugang des Fagne de la Poleûr.

Fagne de la Poleûr

Das Fagne de la Poleûr, das sogenannte Polleur-Venn, ist eine Art Hohes Venn in Miniatur. Die vielfältige Botanik des gesamten Venns ist hier auf einer Fläche von rund 50 Hektar vereint und zu erkennen. Das gilt sowohl für die typischen Holzstege, auf denen man durch die Moorlandschaften wandern kann, als auch für die deutlich sichtbaren Spuren, die der Mensch durch den Abbau von Torf und die anschließende Bepflanzung mit Fichten verursacht hat. Plätschernde Bäche mit ihren gekräuselten Wellen gehören ebenfalls zum Polleur-Venn wie das Wollgras, Moose, Blaubeer- und Preiselbeersträucher. Im westlichen Bereich, am Abzweig zum Mont Rigi, hat die Universität Lüttich eine wissenschaftliche Messstation eingerichtet.

7 18,8 (688) Hinter dem Zugang links halten ⤳ am Waldrand bis zum Holzsteg wandern ⤳ auf dem Steg an der Messstation der Uni Lüttich und dem Abzweig zum Mont Rigi vorbei.

Le Mont-Rigi, Route de Botrange 105, ✆ 080444844, Do-So 18-14 Uhr und 18-20.30 Uhr

Auf dem kurvigen Pfad des Holzstegs können Sie diese wunderbare Schutzzone B genießen ⤳ am Abzweig links, nun den Holzsteg verlassen und dem Weg bis zur Landstraße folgen ⤳ die Straße überqueren und auf der anderen Seite weiter, immer geradeaus ⤳ am Ende einer Waldschneise an der T-Kreuzung links auf den asphaltierten Forstweg, der durch den Waldabschnitt 3 verläuft ⤳ nach 600 m kommen Sie zum Naturparkzentrum Botrange.

Naturparkzentrum Botrange

Naturparkzentrum Botrange, Route de Botrange 131, Sourbrodt (Waimes), ✆ 080440300 Das Angebot reicht von einer umfangreichen Dauerausstellung mit

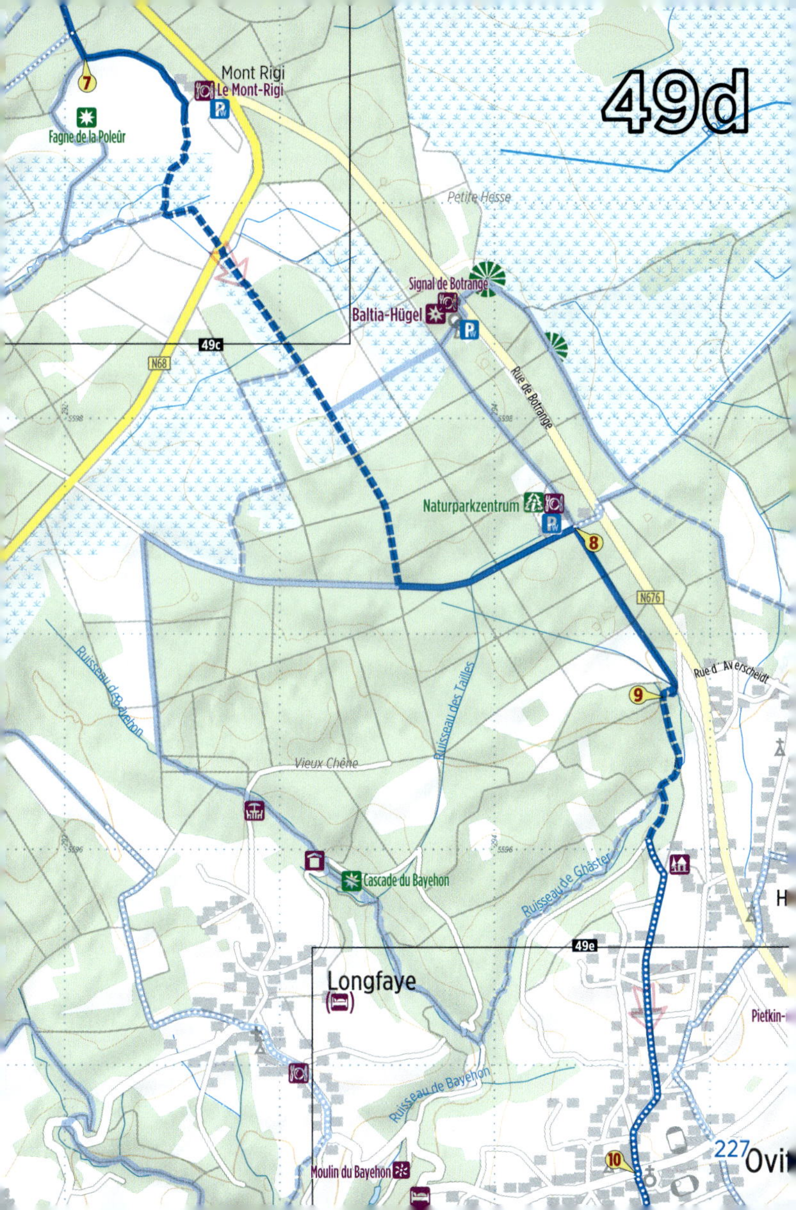
49d
7
Mont Rigi
Le Mont-Rigi
Fagne de la Poleûr
Petite Hesse
Signal de Botrange
Baltia-Hügel
49c
N68
Rue de Botrange
Naturparkzentrum
8
N676
Rue d´ Averscheidt
9
Ruisseau de Bayehon
Ruisseau des Tailles
Vieux Chêne
Cascade du Bayehon
Ruisseau de Ghâster
49e
Longfaye
Pietkin-
Ruisseau de Bayehon
Moulin du Bayehon
10
Ovi

dem Titel „FANIA" mit Multimedia-Raum und Sinnestunnel über geführte Wanderungen bis hin zu mehrsprachigen Informationsbroschüren. Mit Caféteria, ✆ 080445359. @ wfw833

Mitten im Hohen Venn befindet sich das Naturparkzentrum Botrange. Es setzt sich für den Erhalt und die Förderung der Landschaft ein und engagiert sich für den sanften Tourismus. Gleichzeitig bietet es aber auch zahlreiche Aktivitäten an und informiert sowohl über Flora und Fauna als auch über die Gewässer im Hohen Venn. Zahlreiche Veranstaltungen wie der Tag des Baumes, das Pilzfest oder auch ein Naturparkfest unterstreichen die Bemühungen des Zentrums, dem Besucher die Natur näher zu bringen. Darüber hinaus ist das Naturparkzentrum auch Ansprechpartner für geführte Wanderungen oder eine Fahrt durch das Venn mit einem Planwagen.

8 23,0 (655) Hinter dem Parkplatz und dem Spielplatz an der Kreuzung rechts abbiegen ~ den stets bergab verlaufenden Weg nicht verlassen ~ am Ende rechts halten und sofort wieder nach links, Sie kommen in das idyllische Tal des Baches Ghaster.

Ghaster

Die Ghaster ist lediglich ein kleiner Bach, der schon bald nach seiner Quelle in der Nähe des Naturparkzentrums in den Bayehon mündet.

9 24,0 (614) Zunächst am Bach entlang, das Tal jedoch an einer Kreuzung bald wieder nach links verlassen ~ noch ein kurzes Stück durch den Wald, am Abzweig links halten ~ erst an Sportplätzen, dann an Feldern und Koppeln vorbei dem Wegverlauf folgen ~ Sie gelangen in den Ort Ovifat.

Ovifat (Waimes)

10 26,3 (578) Am Kirchplatz rechts vorbei ~ auf dem kurvigen Abschnitt mit einem leichten Gefälle aus dem Ort hinaus ~ an kleinen Feldern und Höfen vorbei bis zur N 681 ~ dort an der T-Kreuzung nach links wenden, 50 m weiter rechts befindet sich ein Hotel-Restaurant.

La Chaumière du Lac, Rue du Barrage 23, ✆ 080446339, Mi-Mo ab 19 Uhr, @ yla677

Sie laufen durch eine S-Kurve oberhalb des Stausees Robertville bis zum Ortseingangsschild ~ mit einer leichten Steigung in den Ort hinein und mit dem Kirchturm im Blick in das kleine Zentrum.

11 28,4 (526) An der Kirche ist das Ende der Wanderung erreicht.

Robertville (Waimes)

Tourismusbüro/Office du Tourisme de Robertville, Rue Centrale 53, ✆ 080446475, @ dvi374

Auberge du Lac, Rue du Lac 24, ✆ 080444159, Do 12-21 Uhr, Fr-So 12-14.30 Uhr und 18-21 Uhr, @ jsp411

Chez Phil, Rue Centrale 32, ✆ 080550023, @ bhp227

Hotel Dry les Courtis, Rue du Barrage 1a, ✆ 080445863, @ aod733

La Chaumière du Lac, Rue du Barrage 23, ✆ 080446339, Mi-Mo ab 19 Uhr, @ yla677

Relais de Poste, Rue du Lac 16, ✆ 080445770, @ qvb571

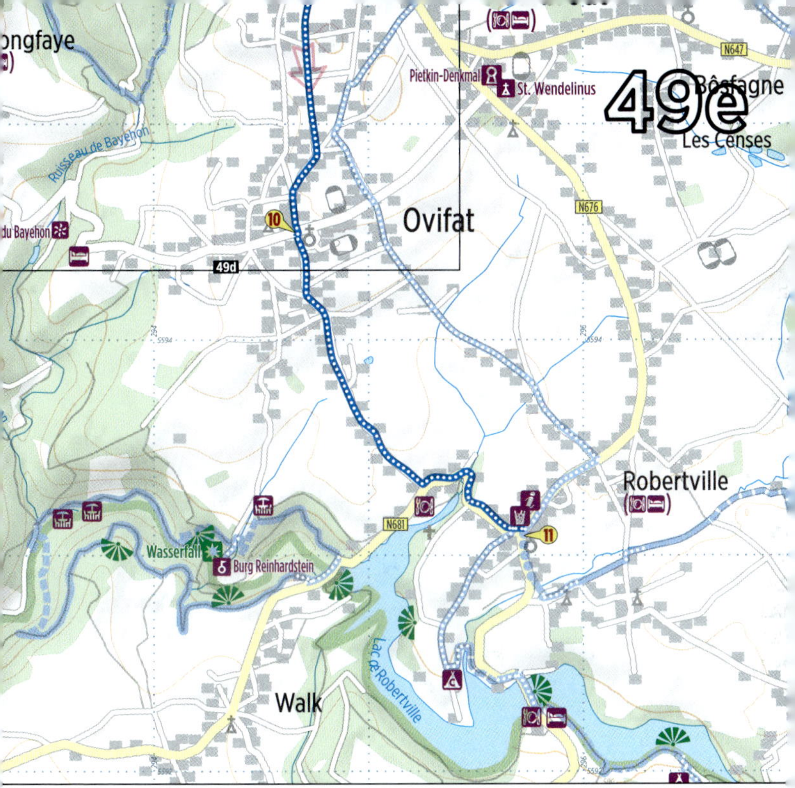

La Romance du Lac, Rue du Barrage 19, ✆ 080444163, @ aav713

Das beschauliche Robertville gehört zu Waimes und wurde im ausgehenden 12. Jahrhundert zum ersten Mal als Ribievile namentlich erwähnt. Markant ist die im Jahr 1839 fertig gestellte St. Josephkirche, deren Portal direkt an die Hauptdurchgangsstraße grenzt. Etwas unterhalb der Ortschaft befindet sich die gleichnamige Talsperre, die den Fluss Warche zum See staut, welcher ein beliebtes Ausflugsziel ist. Robertville und die Nachbargemeinde Bütgenbach sind entlang der Warche durch den herrlichen Warche-Wanderweg miteinander verbunden.

SCHWER

Tour 50 — 20,8 km

Von Robertville nach Monschau (Große Vennrunde, Teil 3)

Start: Robertville, Kirche
Ziel: Monschau, Parkplatz an der B 258
Aufstieg: 238 m — *Hartbelag:* 74 %
Abstieg: 307 m — *Wanderwege:* 26 %
Gehzeit: 4,5 - 5 Std. — *Wanderpfade:* 0 %

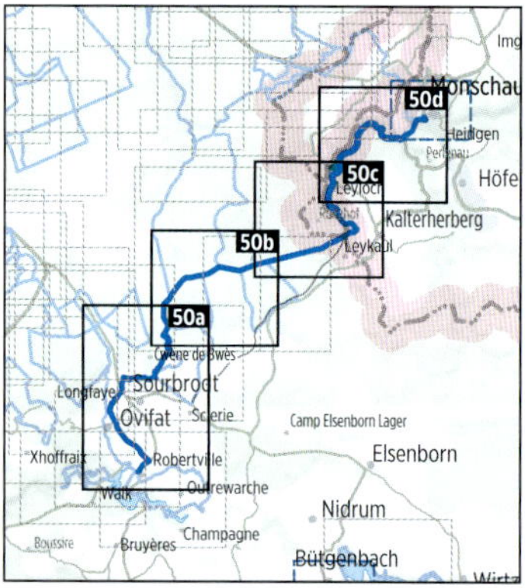

Charakteristik: **Den Abschluss einer großen Vennumrundung und -durchquerung findet man auf einer Tour, die zwischen Feldern zu einem weiten Waldstück führt und von dort entlang des idyllischen Rurtals bis zum pittoresken Eifelstädten Monschau.**

Markierung: **keine**

Anfahrt: **Ab Eupen über die N 68/E 421 Richtung Malmedy. Am Abzweig hinter Baraque Michel links auf die N 676 bis Robertville. Die Bäckerei erscheint auf der rechten Seite, die Kirche hinter der Kurve auf der linken Seite. Ab Malmedy über die N 681 bis Robertville. Im Ort rechts zur Kirche oder links zum Parkplatz an der Bäckerei.**

Robertville (Waimes) — s. S. 228

1 0,0 (526) Die Kirche hinter sich lassen und leicht bergauf zur Kreuzung ⇝ dort rechts und an den beiden Bäckereien vorbei ⇝ nach gut 400 m an der kleinen Kreuzung - rechts befindet sich ein Wegekreuz - links abbiegen ⇝ auf der kleinen Straße hinauf wandern ⇝ an der Gabelung mit einem Tisch unter Bäumen links bleiben ⇝ an den letzten Häusern von Robertville vorbei ⇝ Sie gelangen nun nach Ovifat.

Ovifat (Waimes)

2 2,0 (582) Im Ort über die Rue de l'Église hinweg ⇝ an Feldern und Koppeln vorbei bis zu einer T-Kreu-

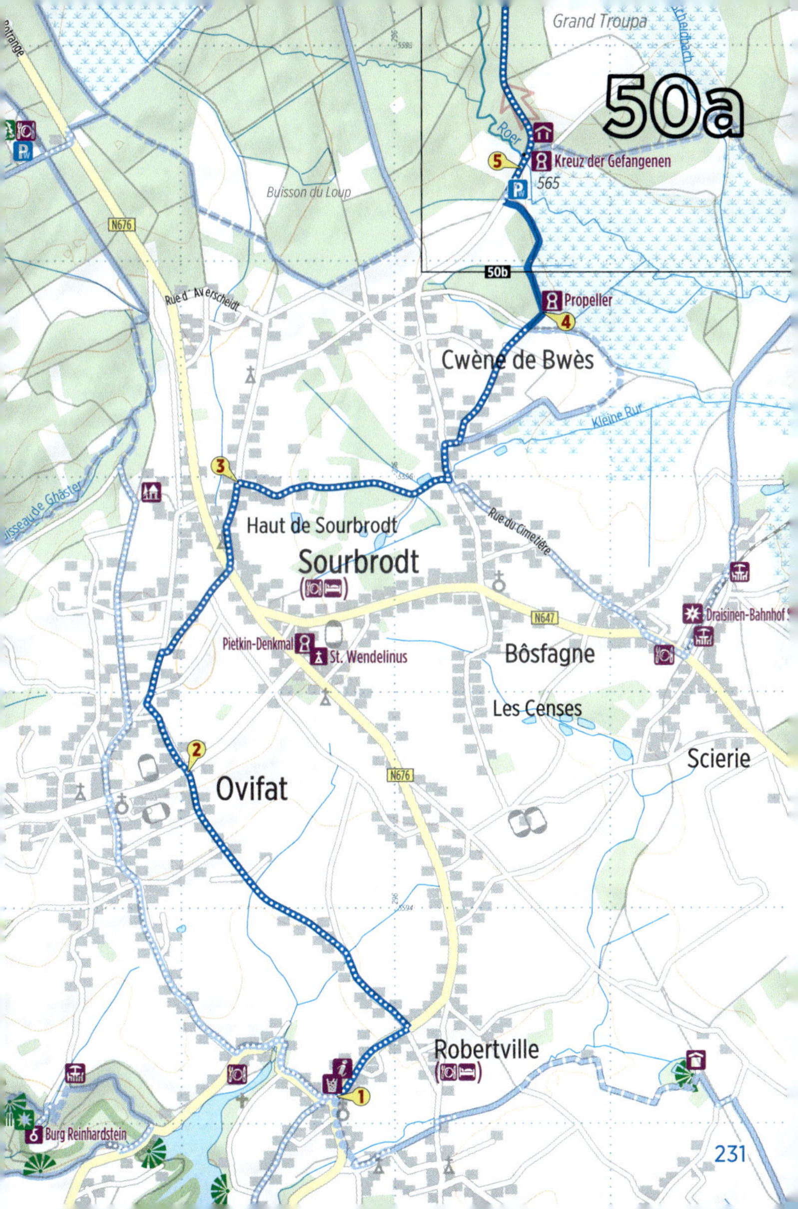

50a
Grand Troupa
Roer
Kreuz der Gefangenen
565
Buisson du Loup
N676
50b
Rue d' Averscheidt
Propeller
Cwène de Bwès
Kleine Rur
Haut de Sourbrodt
Sourbrodt
Rue du Cimetière
N647
Pietkin-Denkmal
St. Wendelinus
Bôsfagne
Draisinen-Bahnhof
Les Censes
Scierie
Ovifat
N676
Robertville
Burg Reinhardstein
1
2
3
4
5

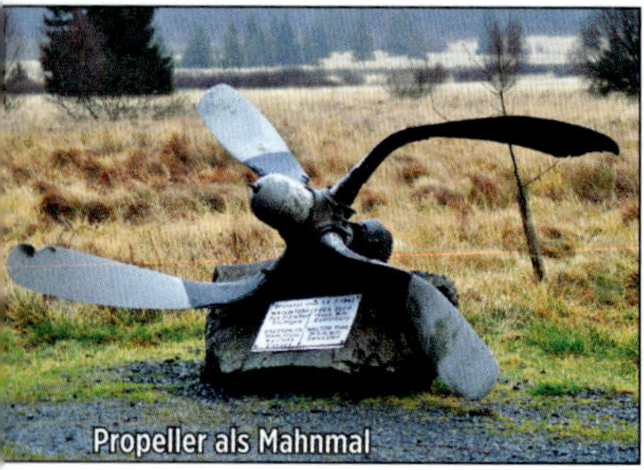
Propeller als Mahnmal

zung, hier rechts abbiegen ⤳ in den zweiten Abzweig, direkt nach einer langen Hecke, rechts abbiegen ⤳ auf dem Asphaltsträßchen unter Buchen und Eichen hindurch und an einem Campingplatz vorbei bis zur Hauptstraße ⤳ die **N 676** überqueren, auf der anderen Seite halb links in die kleine **Rue Haute** spazieren ⤳ an hohen Hecken und stilvollen Häusern entlang bis zum **Knotenpunkt 79** und einer Übersichtskarte über die hiesigen Radwanderwege.

3 3,5 (576) Am Knotenpunkt rechts abbiegen und weiter auf einer kurvigen Asphaltpiste an einigen Häusern vorbei.

Sourbrodt (Waimes)

Office de Tourisme Le Pays des Hautes Fagnes, Route de Botrange 133b, ✆ 080447300, @ csl846

St. Wendelinus. Die Kapelle wurde in der ersten Dekade des 18. Jhs. errichtet und markiert heute das Zentrum der mittlerweile sehr weitläufigen Streusiedlung Sourbrodt.

Pietkin-Denkmal. Zur Erinnerung an den Pfarrer Nicolas Pietkin.

An der Querstraße links abbiegen, kurz darauf in den nächsten Weg nach rechts ⤳ kurz darauf links halten und dem Straßenverlauf an Koppeln entlang folgen ⤳ in der Linkskurve geradeaus auf den schmalen Weg und ins Naturschutzgebiet ⤳ zu einem Propeller aus dem Zweiten Weltkrieg.

Propeller. Am 4. Juli 1943 wurde ein Halifax-Bomber der Briten abgeschossen, als er an der Operation Cologne beteiligt war. Vier der sieben Insassen kamen bei dem Absturz ums Leben und wurden in der Nähe von Brüssel auf einem Soldatenfried-

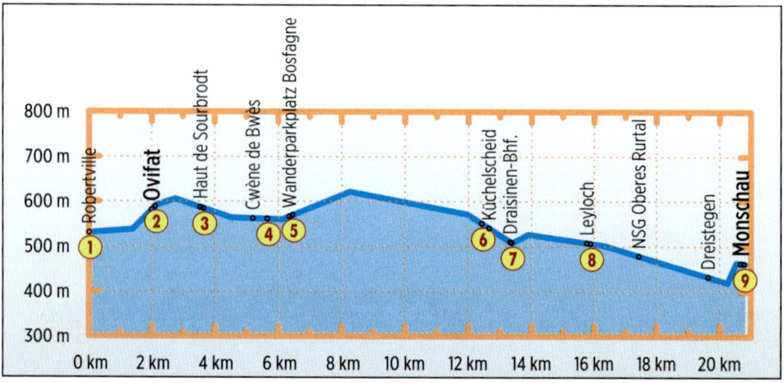

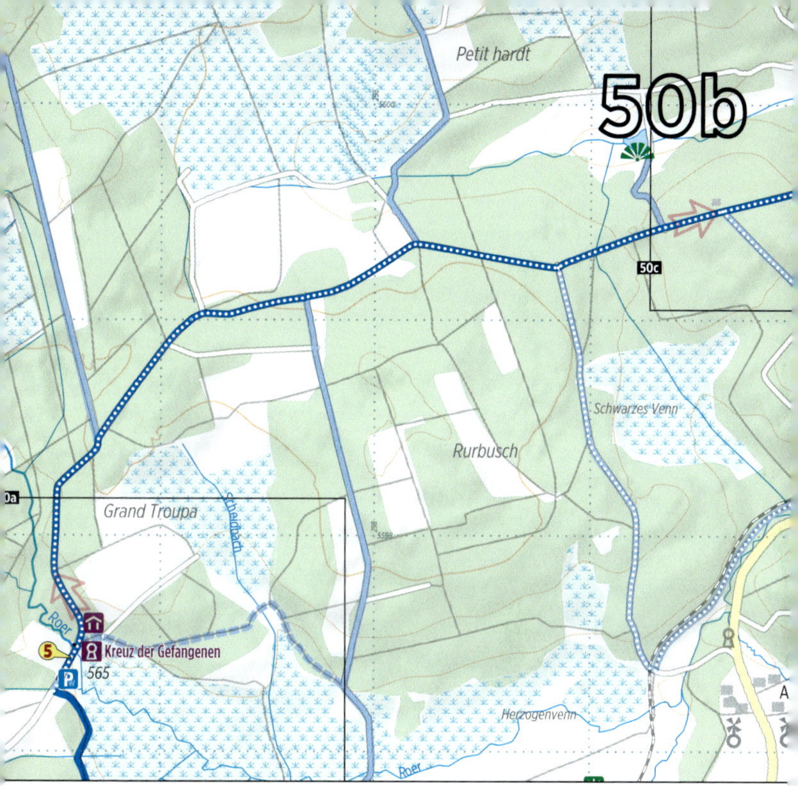

hof beigesetzt. Die drei Überlebenden gerieten in Kriegsgefangenschaft. Der Propeller erinnert an den Absturz und wurde viele Jahre von einem Einwohner von Sourbrodt aufbewahrt, bevor er als Denkmal aufgestellt wurde.

4 5,5 (562) Am Propeller vorbei ~ auf dem Schotterweg durch das ruhige Naturschutzgebiet ~ an dem Parkplatz nach rechts schwenken, der Wanderweg verläuft nun bis Monschau parallel zum RurUfer-Radweg ~ auf dem breiten Forstweg nach kurzer Zeit die Rur überqueren.

Rur **s. S. 87**

5 6,1 (569) Gleich hinter der Rur an der Gabelung links halten ~ mit einer leichten Steigung durch den weiten Fichtenwald ~ an der Gabelung am **Knotenpunkt 83** rechts und den breiten Forstweg nicht verlassen ~ parallel zum RurUfer-Radweg durch den **Küchelscheider Wald** ~ die Ruhe und Natur des Mischwaldes genießen und mit leichten Schritten langsam bergab wandern.

6 12,3 (544) Am Ende des Waldes geradeaus an den ersten Häusern des Weilers Küchelscheid vorbei.

Küchelscheid (Bütgenbach)

Le Café, Auf dem Hau 46, ✆ 080/330608, @ ako247

Küchelscheid ist ein kleiner Weiler, der zwar noch zu Belgien gehört, jedoch direkt an das deutsche Kalterherberg grenzt. Wer von Deutschland aus in die deutsche Exklave Ruitzhof möchte, kommt nicht umhin, zunächst durch das belgische Küchelscheid zu reisen.

Durch den kleinen Ort hindurch ⇝ immer geradeaus bis zu den ehemaligen Gleisanlagen der Vennbahn.

Vennbahn s. S. 207

7 13,2 (509) Die alte Bahntrasse am **Knotenpunkt 38** überqueren, dahinter betreten Sie wieder deutschen Boden und halten sich links, weiterhin dem Radweg folgend ⇝ am **Knotenpunkt 39** links und auf dem kurvigen Weg an einem Klärwerk vorbei ⇝ hinter der Kläranlage zwischen einem Wäldchen und der ehemaligen Vennbahntrasse weiter ⇝ dem Weg durch den Wald folgen, an Schieferfelsen vorbei und durch das idyllische Rurtal ⇝ über eine Straße, rechts befindet sich eine kleine Kapelle.

Norbertuskapelle

Der kleine Bruchsteinbau gehört zum etwas weiter oberhalb gelegenen Kloster Reichenstein. Dieses stammt aus dem 12. Jahrhundert und diente ursprünglich als Prämonstratenserkloster. Zwischen der Säkularisation und dem Jahr 2008 befand sich das Klostergebäude in privater Hand, wurde mittlerweile jedoch von der Priesterbruderschaft St. Pius X. aufgekauft, die dort ein Benediktinerkloster einrichte.

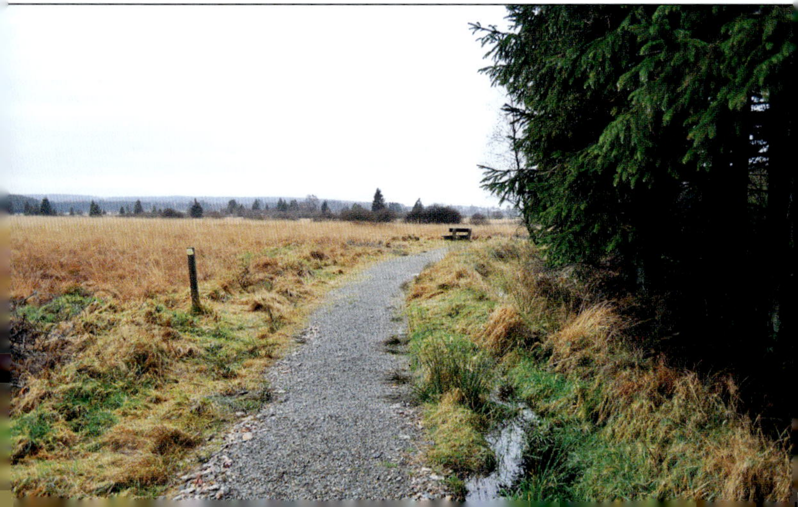

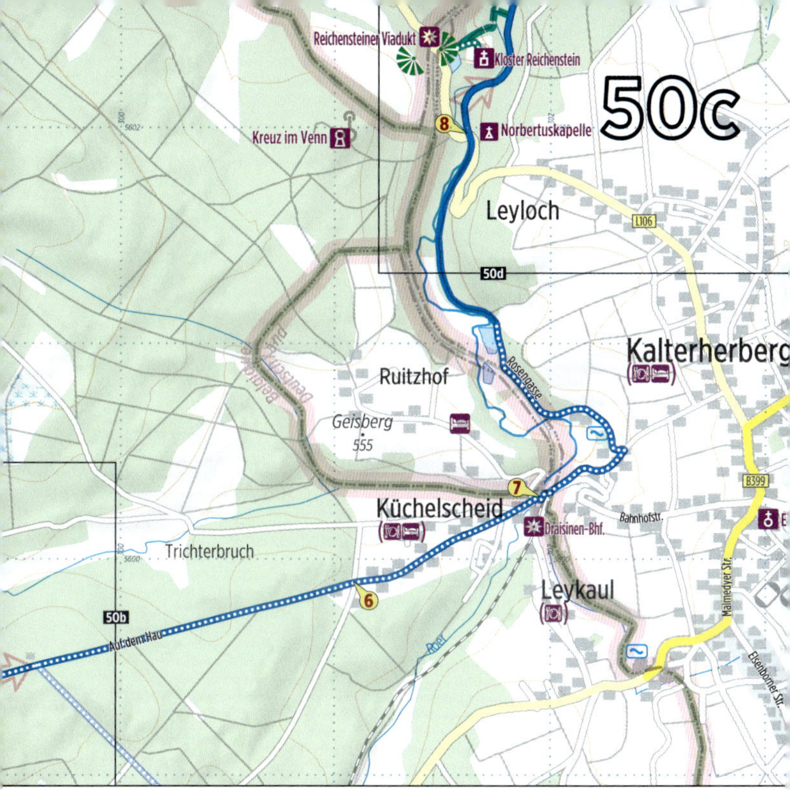

8 15,6 (497) Vom **Knotenpunkt 30** weiter rechts des Flusses durch das Rurtal hindurch.

AUSFLUG An der Wiese nach dem weiten Linksbogen können Sie links auf einem Abstecher das Kloster Reichenstein besuchen. Dafür sind etwa 25 Höhenmeter zu überwinden.

Kloster Reichenstein (Monschau)

Kloster Reichenstein, Reichensteiner Str. 340, Kalterherberg (Monschau), ✆ 02472/8025030. Gruppenführungen nach tel. Anm. unter ✆ 02472/9701451 möglich. Das ehemalige Prämonstratenserkloster stammt aus dem 12. Jh. Seit Oktober 2017 haben die Benediktinermönche aus dem Kloster Unserer Lieben Frau von Bellaigue in der Auvergne das Gut Reichenstein übernommen und dort eine Niederlassung gegründet. @ hii434

Auf dem weiteren Weg folgen Sie weiterhin dem Fluss auf seinem Weg nach Monschau ⁓ nach einer weiten Rechtskurve am Schieferfelsen na-

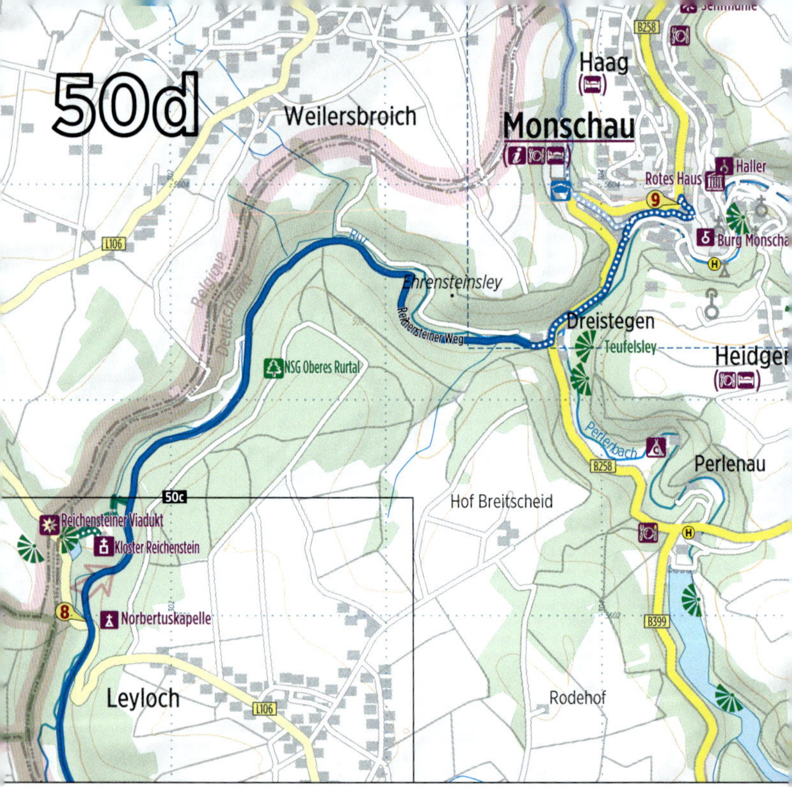

mens **Ehrensteinslay** vorbei → am **Knotenpunkt 32** an der Straße links abbiegen und die Rur überqueren → an der Ampel wechseln Sie auf die rechte Seite der Straße → auf dem Rad- und Fußweg rechts der **St.-Vither-Straße** in den Ort Monschau → an der Brauerei links hinauf dem kleinen Gässchen **Unterer Kalk** folgen → vor dem Rundturm von Monschau nach links abbiegen zum Parkplatz an der **B 258**.

TIPP Für einen Besuch des quirligen Eifelörtchens Monschau folgen Sie dem Treppenweg am Turm vorbei hinunter in die Altstadt.

9 20,8 (455) Am Parkplatz endet die Tour, die Bushaltestelle Monschau Bienenhaus befindet sich rechts.

Monschau Ⓓ

Vorwahl: 02472

Monschau-Touristik mit Nationalpark-Infopunkt, Stadtstr. 16, ✆ 80480, @ rwe133

Rotes Haus Museum, Laufenstr. 10, ✆ 5071, April-Okt., Di-So 10-13 Uhr und 14-17 Uhr. Das kaum veränderte Patrizierhaus der Tuchmacherfamilie Scheibler ist Wahrzeichen der Stadt. Es wurde um 1760 als Wohnhaus mit Kontor, Lager und Wollwäsche errichtet. Sehenswert ist die dreistöckige Eichentreppe, an der zahlreiche Szenerien aus der Tuchmacherzeit künstlerisch festgehalten wurde. Des Weiteren sind die repräsentative Rokoko-Einrichtung des einstigen Geschäftshaus und die interessanten Kontorräumen zu besichtigen. @ cji285

Eifeler Photographica & Film Museum, Laufenstr. 40, ✆ 3590 Sammlung von über 3.000 Kameras und wechselnde Ausstellungen dokumentieren die Geschichte der Fotografie. @ vvl731

Erlebnismuseum Lernort Natur, Burgau 15, bei der Glashütte, ✆ 9877530, Sa-Do 11-17 Uhr. Im interaktiven Museum werden über 1.000 Präparate aus der Tierwelt gezeigt. @ vmc845

Sparkassen Museum Monschau, Laufenstr. 42, ✆ 840, Mo-Fr mind. 8.30-13 Uhr und 14.15-16 Uhr. Additions- und Geldzählmaschinen, Spardosen, Münz- und Papiergeldsammlungen u. v. m. verdeutlichen die Entwicklung des Sparkassenwesens.

St. Mariä Geburt, Kirchenstr. Die Kirche wurde von 1649 bis 1680 erbaut und gilt als schönstes Bauwerk des Bauernbarocks in der Nordeifel.

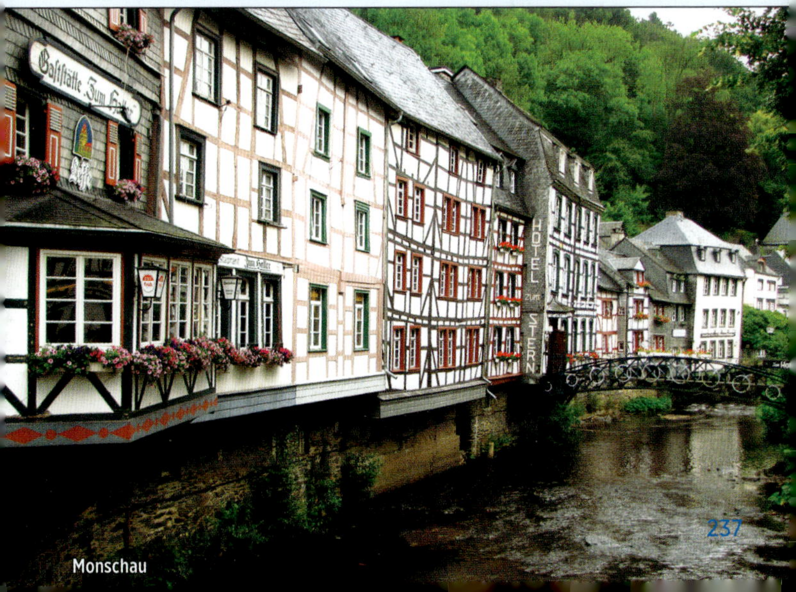

Monschau

Burg Monschau. Die Anlage ist in der Zeit um das 13./14. Jh. entstanden. Heute befindet sich im Westflügel der Burg eine Jugendherberge. Der Innenhof ist im Sommer Schauplatz des Monschau-Festival.

Haller. Von dem Turm auf dem Rahmenberg bei der Burgruine eröffnet sich eine phantastische Aussicht.

Senfmühle, Laufenstr. 118, ✆ 2245 Eine der wenigen handwerklich geführten Senfmühlen in Deutschland, in der 22 Senfsorten hergestellt werden. Im Haus ist auch ein Restaurant und ein kleiner Senfladen untergebracht. @ kyd264

Caffee-Rösterei, Stadtstr. 24, ✆ 8035880 In dem 300 Jahre alten Stammhaus produziert Wilhelm Maassen in der fünften Generation hochwertigen Kaffee. @ fxa385

Glashütte Monschau, Burgau 15, ✆ 8025785 Mit Ausstellungs- und Verkaufsfläche sowie Vorführungen am Glasofen. @ byh343

Handwerkermarkt, Burgau 15, ✆ 990160 Traditionelles Handwerk in den Hallen des Handwerkermarktes und in der Glashütte.

Haus Troistorff, Laufenstr. 18. Das mit Ornamenten verzierte Fachwerkhaus stammt aus dem Jahre 1783 und gehört zu den wichtigsten Baudenkmälern der Stadt.

Kunst- und Kulturzentrum, Austr. 9, ✆ 803194, Di-Fr 14-17 Uhr, Sa, So 11-17 Uhr. In dem ehem. Finanzamt ist eine Begegnungsstätte für Künstler entstanden, in der offene Ateliers und Werkstätten sowie Ausstellungen und Veranstaltungen besucht werden können. @ xkk584

Monschauer Stadtbahn, Herbert-Isaac-Str., Parkplatz P3, ✆ 800010. Regelmäßige 30-minütige Stadtrundfahrten ab Busbahnhof Burgau. @ tli638

Rahmenberg. Der Berg liegt nördlich der Altstadt und ist ein archäologisches Bodendenkmal aus der Tuchmacherzeit. Auf Holzrahmen gespannt wurden dort gewalkte Tuche zum Trocknen auf den Terrassen aufgestellt.

Sandskulpturen, Burgau 15, ✆ 912535, Di-So 10-17 Uhr. Europäische Sehenswürdigkeiten als Modelle, die aus Sand geformt sind. @ sle634

Vennbad, Wilhelm-Jansen-Str. 1, ✆ 8024930, @ sxu411

Restaurant Flosdorff, Austr. 1, ✆ 7273, Di-So, @ kjq428

Rur-Café-Restaurant, Stehlings 16, ✆ 2274, ✆ 0171/9519274, Fr-Di 11.45-15 Uhr und 16.45-22 Uhr, @ aha473

Royal, Stadtstr. 4, ✆ 98770, @ kck557

Gästehaus Luise, Oberer Mühlenberg 10, ✆ 7293, ✆ 2380, @ ypf253

Gästezimmer Nähkiste, Bergstr. 9, ✆ 909541, ✆ 0157/33225906, @ hhk348

Alt Montjoie, Stadtstr. 18, ✆ 3289, Mi-So, @ oid272

Altstadt-Post, Laufenstr. 40, ✆ 3590, @ fdw765

Burghotel, Laufenstr. 1, ✆ 8028055, @ dlc487

Horchem, Rurstr. 14, ✆ 80580, @ jer348

Graf Rolshausen, Kirchstr. 33, ✆ 2038, @ qlf174

Haller, Herbert-Isaac-Str. 20, ✆ 9704690, ✆ 0171/2756969, @ get427

Haus Vecqueray, Kirchstr. 5, ✆ 3179, ✆ 0151/25719159, @ ccr588

Burg Monschau, Auf dem Schloss 4, ✆ 970390, @ ejh647

Monschau

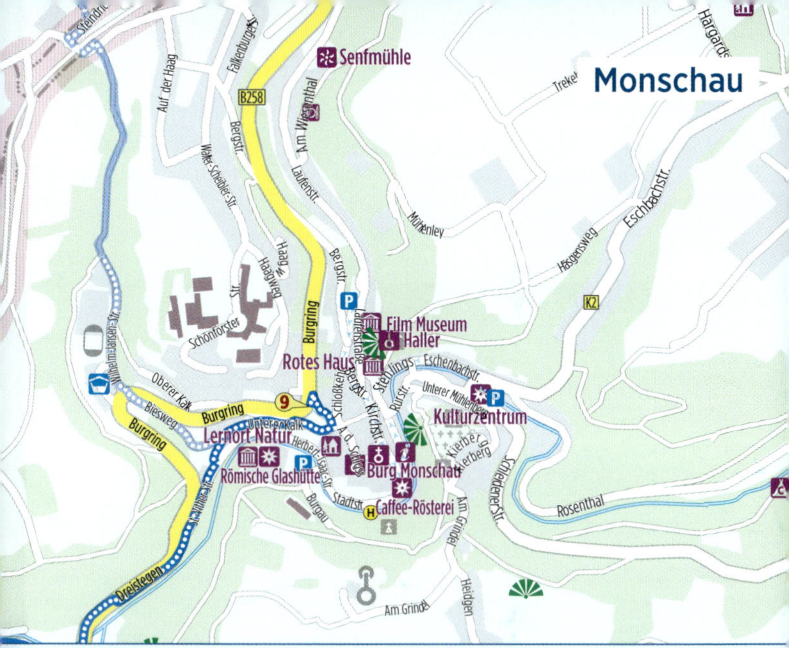

Camping Perlenau, Perlenau 7, An der B 258, ✆ 4136, ✆ 0160/1065305, @ gyx165

Monschau trug bis 1918 den Namen Montjoie und wurde erst durch kaiserlichen Erlass umbenannt. Erstmalig erwähnt wurde das romantische Eifelörtchen Ende des 12. Jahrhunderts als Mons loci. Es folgte die Monschauer Burg, die sich majestätisch oberhalb des Rurtals erhebt. Ähnlich wie in der belgischen Nachbarstadt Eupen, dominierte auch in Monschau das Tuchmacherhandwerk. Markantes Symbol hierfür ist das sogenannte Rote Haus, welches der ehemalige Stammsitz der Unternehmerdynastie Scheibler war und direkt an der Rur gelegen ist. Ein früheres Wasserrad trieb unter anderem die Wollwäscherei im Keller des Gebäudes an. Heute beherbergt es ein Museum. Neben dem Roten Haus und der massiven Burg Monschau, die heute als Jugendherberge genutzt wird, präsentiert sich das pittoreske Örtchen mit mehr 200 denkmalgeschützten Gebäuden im historischen Zentrum.

Ortsindex